Lena Gilhaus

VERSCHICKUNGS
KINDER

Lena Gilhaus

VERSCHICKUNGS KINDER

Eine verdrängte Geschichte

Kiepenheuer & Witsch

INHALT

Für Theo

VORWORT

Immer wieder hat mein Vater von einer Kinderkur auf Sylt erzählt. Von sechs Wochen Heimweh, Essen und täglichem Drill. Als kleines Kind klang das für mich furchtbar: so lange weg von den Eltern, das konnte ich mir überhaupt nicht vorstellen. Genauer nachgefragt habe ich nicht.

2016, ich war inzwischen Journalistin, fielen mir die Geschichten dieser Landverschickung, wie mein Vater es nannte, wieder ein. An Weihnachten wollte ich genauer wissen, was er in der Kinderkur erlebt hat. Ich lauschte seinem Bericht gebannt und erschüttert und fragte mich danach: Was waren das für Kuren, in die in den Jahrzehnten nach 1945 massenweise Kinder verschickt wurden? Ich wollte mehr wissen – und fand: nichts. Bis auf das Buch »Schwarze Häuser« der Berliner Kinderbuchautorin Sabine Ludwig, das auf ihrer eigenen Kurerfahrung auf Borkum beruht, gab es keine Literatur, keine Untersuchung über die Kinderkuren nach dem Zweiten Weltkrieg. Als hätte es sie nie gegeben.

Als ich im Bekanntenkreis von meiner Spurensuche erzählte, meldeten sich immer mehr Menschen mit ganz ähnlichen Geschichten, im Internet stieß ich dann auf Hunderte Berichte ehemaliger Kurkinder über Erholungsheime und Sanatorien von der See bis in die Alpen. Sie erzählten, dass sie dort viele Wochen fern der Heimat verbringen mussten, erinnerten sich an lange Reisen und strenge Tagespläne, einige wenige fanden es dort schön, aber viele erlebten diese Zeit als verstörend.

Was sich bei meinen Recherchen 2017 schon abzeichnete, war, dass die ehemaligen Kurheime, meist abgeriegelte Einrichtungen in wenig besiedelten Gebieten, ein großes Einfallstor für

Machtmissbrauch boten. Aber beim Versuch, die Verantwortlichen dafür zu finden, stieß ich auf Mauern des Schweigens. Als ich einen Franziskanerinnen-Orden aus Thuine mit Gewaltvorwürfen ehemaliger Kurkinder in ihren Einrichtungen konfrontierte, bezeichnete die Generaloberin die Erinnerungen der Kurkinder als »Konglomerat von unterschiedlichen Empfindungen, Gefühlen und Beobachtungen«; man tue den Kurheimen insgesamt unrecht. Die beschriebenen Gewalterfahrungen erklärte sie zu typischer Erziehung der 50er- und 60er-Jahre. Dabei hat es die Erholungsheime nicht nur nach dem Krieg gegeben: Bis in die 90er-Jahre fuhren Kinder allein zur Kur.

Bald darauf veröffentlichte ich Reportagen über die Erfahrungen ehemaliger Kurkinder. Meine Beiträge aus dem Jahr 2017, zuerst im *Deutschlandfunk*[1], dann in der *Zeit*[2] und im *WDR*, lösten eine riesige Welle von Reaktionen aus. Da es zu der Zeit die einzige Recherche zu den Kinderkuren war, meldeten sich immer mehr Menschen bei mir und erzählten von ihren Erlebnissen. Vielen schien es ein großes Bedürfnis zu sein, ihre Erinnerungen zu teilen und mehr über die Zeit zu erfahren. Sie suchten Informationen zu den Heimen, andere Kurkinder oder Literatur zum Thema.

Ich beschloss, ein Buch zu schreiben, sprach mit vielen ehemaligen Kurkindern und sammelte Berichte, doch als ich zu den Hintergründen zu recherchieren begann, nach Verantwortlichen suchte und nach den Trägern, die die Reisen organisierten, stieß ich schnell an Grenzen. Die Stiftung Bahn-Sozialwerk, wie das Bundesbahn-Sozialwerk (BSW) heute heißt, das meinen Vater verschickt hat, und auch andere ehemalige Träger und Gemeinden, die ich anfragte, wollten nichts mehr von den Kinderkurheimen wissen, die sie einst betrieben hatten. Bekannt war weder, wer die Kuren organisiert hatte, noch, wer Unterlagen besitzen könnte. Die Recherche steckte fest.

Doch in den Folgejahren meldeten sich immer mehr ehemalige »Verschickungskinder«, wie sie sich heute nennen, öffentlich zu Wort, und Politiker:innen griffen das Thema auf, gaben sich bestürzt über Vorwürfe strenger Zucht in den Kinderkurheimen. Als ich die Thuiner Franziskanerinnen erneut mit den Berichten konfrontierte, räumte der Orden schließlich doch Gewalt in seinen Heimen ein – genauso die Deutsche Angestellten Krankenkasse (DAK), die dies zuerst abgestritten hatte und zu keinem Statement bereit war. Unter dem zunehmenden Druck wurden nach und nach Archive geöffnet. Und hier fanden sich dann doch Unterlagen, deren Existenz vorher abgestritten worden war. Der Weg zu einer tatsächlichen Aufarbeitung wurde nicht länger versperrt.
Ich bin in den vergangenen Jahren erneut auf Spurensuche gegangen, um Licht in ein verdrängtes Kapitel unserer Alltagsgeschichte zu bringen. Ich habe Aktenberge studiert, jahrhundertealte Erziehungsratgeber und Fachzeitschriften gelesen und mit zahlreichen Verschickungskindern, Verantwortlichen und Expert:innen gesprochen.
Anhand unveröffentlichter Dokumente und vieler Erlebnisberichte erzählt dieses Buch die verdrängte Geschichte der Kinderkuren. Davon, was Kinder in den Kurheimen erlebt haben. Von den Zugreisen in die entlegenen Orte an der See, in den Bergen oder auch mitten in Nordrhein-Westfalen. Vom Personal, das sie begleitet hat, von der Ankunft am Kurort und den »Tanten«, die sie empfingen. Von Mast-, Luft- und Liegekuren, von Toilettenverbot und Strafen, von langen Märschen am Strand und Briefzensur, von nüchternen Verwaltern und einfühlsamen Praktikantinnen und von grenzenlosem Heimweh. Das Buch untersucht Ausmaß, Organisation und Finanzierung der Kinderkuren und es erzählt von Machtmissbrauch und brutaler Gewalt, von Todesfällen und ihrer Vertuschung.

Hinter all diesen Geschichten stehen keine Einzelfälle, sondern ein System – Konzepte und Strukturen, die tief in unserer Gesellschaft verwurzelt sind.

Ich erzählte meinem Vater von den Recherchen, von meinen Funden und meinen Fragen. Und spürte, dass ich damit an lang verdrängten Erfahrungen rührte. Auch er begann, sich mit dem Thema Kinderkur auseinanderzusetzen, und beschloss, noch einmal zum Ort seiner Verschickung zu fahren. Zusammen mit mir, um gemeinsam nach Antworten zu suchen.

Und so ist dieses Buch die Geschichte einer doppelten Reise: einer Fahrt nach Sylt mit meinem Vater, der seine Erinnerungen überprüfen will. Und einer Suche nach den Spuren, die die Kinderkuren in Deutschland hinterlassen haben.

Anmerkung

Für dieses Buch habe ich viele Verschickungskinder zu Hause besucht oder mit ihnen telefoniert und Interviews geführt und aufgezeichnet. Manche Zeitzeug:innen haben ihre Berichte auch selbst aufschreiben wollen und mir geschickt, wiederum andere Erfahrungsberichte stammen aus öffentlich zugänglichen Online-Foren, in denen ehemalige Kurkinder seit Jahren ihre Erfahrungen teilen. In diesem Buch nenne ich alle Protagonist:innen der Einfachheit halber beim Vornamen, wer nicht mit seinem echten Namen erscheinen wollte, ist mit * gekennzeichnet.

1.

KINDERVERSCHICKUNG

Eine Einführung

»Heute reißt der Strom der Kinderentsendungen nach den Heimen und Heilanstalten nicht ab«, schreibt *Die Welt* am 18. Oktober 1949, fünf Monate nach der Gründung der BRD. Bis 1950 sollen bundesweit 350.000 Kinder verschickt werden.[3] Dieser Strom wird in den kommenden Jahren immer stärker. Die 50er- und 60er-Jahre sind die Hochphase der Kinderkur. In den 50ern werden in der BRD jährlich zwischen einer halben Million[4] und 650.000[5] Mädchen und Jungen in Sonderzügen zur Kur verschickt. Hinzu kommen noch Kinder, die in regulären Zügen oder Bussen reisen.[6] Mit rund 12 bis 13 Millionen Verschickungen ist nur die Zahl der Kuren bis in die 90er-Jahre anhand der Kindersonderzugfahrten und Bettenkapazitäten der Heime annähernd schätzbar; die Zahl der Kurkinder lässt sich daran nicht ablesen, weil einige mehrmals verschickt werden.

In der sehr viel kleineren DDR mit einer Bevölkerung von unter 20 Millionen schickt die Sozialversicherung immerhin 2,6 Millionen Mal Kinder in Heilkuren oder zur Prophylaxe. 70.000 bis über 100.000 Kinderkurdurchläufe soll es im Jahresdurchschnitt gegeben haben – um die 60.000 noch in den 80er-Jahren.[7] Bezogen auf den Bevölkerungsanteil kommen in DDR und BRD über die Jahre etwa gleich viele Kinder zur Kur. Auch in Österreich und der Schweiz liegen damals Kinderkurheime, an der Adria oder auf Zypern, die deutsche Kinder aufnehmen.[8] Bis in die 90er-Jahre finden innerhalb der BRD, der DDR und im Ausland schätzungsweise über 15 Millionen Kinderkuren statt.[9]

Das Kurprogramm ist in beiden deutschen Ländern ähnlich. Es wird unterschieden, ob es um reine Erholung geht, von schlechter Luft, Alltagsstress oder falscher Ernährung, oder um das Ausheilen von Krankheiten.

Mit Erholungskuren ist in BRD und DDR eine meist sechswöchige Heimunterbringung gemeint, mit dem Zweck der Prävention. Die Kinder sollen aufgepäppelt werden und zunehmen, sie bekommen viel zu essen und verbringen Zeit an der frischen Luft. Wenn die Ärzt:innen Kinder als krank oder geschädigt einstufen, wie es damals heißt, kommen sie zur Kur in ein Genesungsheim[10], in eine Kinderheilanstalt, -stätte, -klinik oder in ein Kindersanatorium. Die Heilkuren dauern bis zu drei Monate und sollen relativ unspezifische Krankheitsbilder heilen: wie Asthma, Bronchitis, Neurodermitis, Schiefwuchs, Ernährungsschäden, Entwicklungsstörungen oder Infektanfälligkeit.[11] Zielgruppe sind überwiegend sechs- bis 14-jährige Großstadtkinder. Aber auch weitaus jüngere und ältere Jugendliche.[12] Hautkrankheiten oder Atemwegsinfekte gehören zu den häufigsten Indikationen, andere sind Bettnässen, Appetitlosigkeit, Haltungsschäden oder Stützgewebeschwächen.[13] Eindeutige Kriterien zur Unterscheidung von kranken oder nur erholungsbedürftigen Kindern gibt es jedoch nicht.

Der Erfolg beider Kurarten wird nur an zwei Kriterien gemessen: der Gewichtszunahme und dem Längenwachstum der Kinder vor und nach der Maßnahme, kurioserweise auch bei den medizinisch indizierten Kuren. Teilweise geben Ärzte als Kurerfolg auch eine Zunahme der »Atmungsbreite« – heute »Atembreite« – aus [14], wobei der Brustumfang beim Einatmen gemessen wurde.

Eine Gesamtzahl der Einrichtungen ist für die lange Zeitspanne des Kinderkursystems, das sich immer wieder wandelte, nicht zu ermitteln. Für das Jahr 1964 sind rund 1.143 Kinderheilstätten in Deutschland, Österreich und der Schweiz verzeichnet[15] – einzelne Schätzungen lassen höhere Zahlen vermuten, zwischen 600 und 1.000 Kinderkurheime lagen demnach allein in Baden-Württemberg.[16] In der DDR soll es in den 50er-Jahren zwischen 144 und 552 Kurheime gegeben haben.[17]

Die Durchführung der Kuren obliegt in der BRD den Ländern. Die Kindererholungsheime unterstehen den Landesjugendämtern und den Kreisjugendämtern[18] in enger Kooperation mit den kommunalen Gesundheits- und Jugendämtern. Für die Heilstätten hingegen gilt das Krankenhausgesetz.[19]

Kinderärzt:innen wählen in BRD und DDR die Kurkandidat:innen aus. Häufig wird bei der Schuleingangsuntersuchung die »Erholungs-« oder »Heilkurbedürftigkeit« eines Kindes festgestellt. Manchmal ermitteln auch Fürsorgerinnen den Kurbedarf. Fürsorgeerziehung ist die veraltete Bezeichnung für die staatliche Kinder- und Jugendhilfe. Im Auftrag der Jugendämter führen die Fürsorgerinnen Kinder staatlicher Zwangserziehung zu, wenn Eltern nach Ansicht der Behörden dazu nicht in der Lage sind. Sie veranlassen sowohl dauerhafte Fremdunterbringung von Kindern in Heimen im Rahmen von Sorgerechtsentziehungen als auch temporäre Unterbringung in Kinderkurheimen. Die Fürsorgerinnen besuchen Familien zu Hause, ermitteln gesundheitliche oder erzieherische Bedarfe und verweisen Eltern an Gesundheitsämter und Ärzt:innen weiter, die Kinderkuren verschreiben.[20] Auch Lehrer:innen, Erzieher:innen oder Geistliche empfehlen und vermitteln Kinderkuren.

Auch der Bund ist involviert. Er stellt in der BRD finanzielle Mittel für Kinderkuren bereit. Aus dem Bundeshaushalt werden Arbeitshilfen für die Förderung der Kinder- und Jugenderholungspflege finanziert: für Bauvorhaben und die pädagogische Arbeit, die Schulung und Beschäftigung der Mitarbeitenden. Der Bund sponsert auch Fahrten mit der Bundesbahn oder subventioniert Ernährungslehrgänge für die Angestellten der Kurheime. [21]

Bis in die 80er-Jahre sind die Kindererholungskuren Satzungsleistungen, somit kann jede Krankenkasse für sich entscheiden, ob sie die Kinderkuren ganz oder teilweise finanziert.[22] Heilkuren in Spezialeinrichtungen sind auch noch Ende der 80er-Jahre Pflichtleistungen, die jede Krankenkasse zu erbringen hat.[23] Auch Wohlfahrtsverbände[24] oder die Rentenversicherungen tragen Kosten und erhalten zum Ausgleich Steuergelder.[25] Wenn Eltern den Eigenanteil nicht bezahlen können, übernehmen Sozial-, Gesundheits- und Jugendämter die Rechnung.[26]

Bei den Landesjugendämtern gibt es Kinderfahrtmeldestellen. Sie verhandeln Preise mit der ehemaligen Deutschen Bundesbahn, planen Sonderzüge, verhandeln kostengünstige Tarife und vereinbaren einheitliche Beförderungsregelungen für die Kinder und ihre Begleiter:innen.[27] Die extra eingesetzten Sonderzüge sammeln die Kinder an Sammelpunkten ein und lassen sie in verschiedenen Kurorten in einer Region wieder raus. Die Entsendestellen, häufig in kommunaler Trägerschaft oder der Freien Wohlfahrtspflege, Krankenkassen und Werksfürsorge der Privatwirtschaft zugehörig[28], führen die Reisen mit den Kindergruppen durch. In der Regel Frauen, häufig Fürsorgerinnen aus den kommunalen Jugendämtern oder Freiwillige, betreuen während der Reisen häufig zehn Kinder gleichzeitig.[29]

In der BRD veröffentlichen die Landesjugendbehörden jedes Jahr Kurpläne und sichern die Belegung der Heime mit Kindern aus ihrer Region. Gleichzeitig haben sie ab Inkrafttreten des Jugendwohlfahrtsgesetzes von 1962 die Aufsicht über die Anstalten und müssen das »leibliche, geistige und seelische Wohl der Minderjährigen« gewährleisten.[30] Es gibt auch Kinderkuranstalten, die von der Heimaufsicht befreit sind und als Privatkliniken gelten.[31] Die Heime sind überwiegend in Trägerschaft von Privatpersonen, katholischen oder evangelischen Wohlfahrtseinrichtungen, der Inneren Mission, wie früher die Diakonie genannt wurde, Freier Träger, Arbeiterwohlfahrt, Städten, Landkreisen, Werksfürsorge oder des Deutschen Roten Kreuzes.[32] Zusammengefasst: Träger des gesamten politischen und weltanschaulichen Spektrums machen bei den Kinderverschickungen mit.

In der DDR ist die Kinderverschickung zentraler organisiert, die Ministerien für Volksbildung und für das Gesundheitswesen bestimmen stärker mit. Sie geben den Landesbehörden Weisungen und nehmen direkten Einfluss auf die Heimerziehung.[33] Anfang der 50er-Jahre werden die Heime noch von der Inneren Mission, Kommunen, Kreisen, der Volkssolidarität und Privatpersonen getragen. Ab Mitte der 50er-Jahre übernehmen die Sozialversicherungen oder die volkseigenen und ihnen gleichgestellten Betriebe und das Ministerium für Gesundheitswesen fast alle Kinderkurheime.[34] Für die Durchführung sind die Sozialversicherungsanstalten der Länder zuständig.[35] Das Ministerium für Volksbildung ist weiterhin verantwortlich für die Auswahl, Ausbildung und Weiterbildung und Bezahlung der Erzieher:innen und die Kontrolle der pädagogischen Arbeit.[36]

Die Veranstalter in BRD und DDR versprechen den Eltern damals, dass die Kinder gestärkt von der Kur zurückkehren werden – und fünf bis zwanzig Pfund schwerer.[37] Dass die Erholungsreisen viele Kinder stattdessen schwer belasten, darüber hat mein Vater 2017 als einer der Ersten öffentlich gesprochen.

1 Wo alles anfing

Treffen in Dortmund Hauptbahnhof

Münster-Süd, ein Morgen im Oktober 2022, es ist noch dunkel: Mein Vater, Matthias Vollmer, den alle Matthes nennen, sitzt neben mir im Auto. Wir fahren auf den Autobahnzubringer Richtung Innenstadt. Er verstaut eins der Salamibrötchen, die ich gerade beim Bäcker gekauft habe, und lässt noch mal den gestrigen Abend mit seiner Fußballtruppe in der Turnhalle Revue passieren. Beim Bier hätten alle wissen wollen, worum es bei unserer Reise geht. Mit den Freunden Fußball spielen, das ist seit vierzig Jahren ein fester Termin. Egal was ist, er muss sonntags spätestens um 17.30 Uhr in der Halle sein. Inzwischen sind viele seiner Mannschaftskollegen über 60, so wie mein Vater, manche haben sie schon zusammen beerdigt. Das Motto jedes Spielabends: Wenn das Licht ausgeht, gehen wir nach Hause: Die Hallenlampen haben Bewegungsmelder. Schon komisch, dass ich gestern Abend zum ersten Mal zugeschaut habe. Einer seiner Weggefährten hat mir zum Abschied die Hand auf die Schulter gelegt und gescherzt, »Das Kurheim hat deinem Vater nicht geschadet!«. Mein Vater würde das vielleicht anders sehen.

Wir kommen im blassen Morgenlicht am Dortmunder Hauptbahnhof an und warten vor dem Nordeingang auf Barbara, meine Tante, die jüngere Schwester meines Vaters. Der Wind bläst ihm die weißen Haare in den Nacken, er hält den Koffer fest und blickt auf die Rolltreppe, als Barbaras weißer Lockenkopf auftaucht. Sie trägt einen grünen Mantel, mein Vater eine knallrote Steppjacke. Mit den weißen Haaren, der bunten Kleidung und den großen, dünnen Brillengestellen sehen sich die beiden Geschwister so ähnlich wie nie zuvor.

Als sie bei uns ist, stellt sie den Rollkoffer ab und umarmt erst ihren Bruder, dann mich. Wir trinken noch einen Kaffee im Bahnhofscafé und gehen dann hoch auf den Bahnsteig, um in der Morgensonne auf den ICE nach Hamburg zu warten. »Cool, dass wir beide das machen, Babse«, sagt mein Vater und klatscht mit ihr ab. Babse, so wie sie von klein auf in der Familie heißt, nimmt ihren Bruder in den Arm und muss weinen.

Hier, am Dortmunder Hauptbahnhof, begann vor fast sechzig Jahren ihre Kinderkurreise nach Sylt und heute kehren sie das erste Mal gemeinsam zurück. An einen Ort, der sie bis heute nicht loslässt.

Im Frühjahr 1967 sind die beiden vor der Abreise fröhlich und aufgeregt. Wochenlang hat ihre Mutter die Initialen in jedes Kleidungsstück gestickt und mein Großvater ihnen immer wieder von dem Meerwasserwellenbad auf Sylt vorgeschwärmt. Es war der Kinderarzt, der zu einer Kinderkur auf Sylt geraten hat, damit die Kinder zunähmen und sich bei Spiel, Spaß und gutem Essen an der Nordsee vom verrußten Ruhrpott erholen könnten – vom Kohlestaub der Zeche Germania, der die Wäsche auf den langen Leinen im Garten regelmäßig schwarz färbte.

Das Bundesbahn-Sozialwerk (BSW) organisiert die Verschickung der beiden Geschwister, eine Einrichtung, der die Eisenbahnerfamilie vertraut. Denn das BSW verbinden die beiden Geschwister mit ihrem Jahreshighlight: dem Weihnachtskino, in dem der Nikolaus den Eisenbahnerkindern einen Film zeigt und Süßigkeiten bringt. Mein Großvater war selbst 1938 über das Sozialwerk auf Norderney zur Kur. Kurz vor seinem Tod vor ein paar Jahren hat er mir davon erzählt.

»Ich konnte mich nicht beklagen, wir sollten schwimmen lernen, sind gewandert und haben genug zu essen bekommen. Und ich hatte das Vergnügen, in ein Flugzeug steigen zu dürfen – in einen Doppeldecker, weil eine der Erzieherinnen den Piloten kannte.«

Barbara ist sich heute nicht sicher, ob die Kur nur zum Erholen gedacht war. Sie vermutet, dass ihre Reise auch Vater und Mutter entlasten sollte. Meine Großmutter war oft krank, musste mehrfach operiert werden. »Sie lag häufig weinend auf der Couch, bedürftig nach Zuwendung«, sagt Barbara und gibt dieser Krankheit einen Namen: »Depression«. Und mein Großvater, das ist kein Geheimnis in unserer Familie, war viele Jahre Alkoholiker und wurde erst trocken und dann tatsächlich bis zu seinem Tod, als die Kinder erwachsen waren. Als ihre beiden ältesten Kinder zur Kur sollten, durchlebten die Eltern gerade eine ziemliche Krise.

2.

ERHOLEN UND ZUNEHMEN

Das Allheilmittel Kinderkur

»Da wachsen Kinder auf an Fensterstufen, die immer in demselben Schatten sind, und wissen nicht, daß draußen Blumen rufen zu einem Tag voll Weite, Glück und Wind, – und müssen Kind sein und sind traurig Kind.«[38]

Mit diesem Gedicht von Rainer Maria Rilke beginnt der Film »Sonderzug für blasse Kinder«.[39] Vor Backsteinhäusern und Straßenbahnschienen, zwischen Wäscheleinen und dampfenden Schloten, in Hinterhöfen, auf Schotterplätzen und Gärten spielen Kinder in Latzcordhosen und kurzen Kragenkleidern, werfen lachend Kieselsteine oder teilen sich ein Picknick auf der Wiese. Unglücklich seien sie nicht, sagt der Sprecher, aber müde:

»Reine Luft und blauer Himmel fehlen. Nun, anderswo gibt es besseres Klima. (...) Und so schickt man Kinder, denen der Arzt bescheinigt hat, dass ihnen ein vorübergehender Ortswechsel guttäte, für sechs Wochen in die Kinderkurheilfürsorge.«[40]

Wie es den Ruhrgebietskindern damals tatsächlich geht, das ist heute nicht mehr zu ermitteln. Karlheinz ist jedenfalls nicht müde. Er wohnt Anfang der 50er-Jahre mit Großvater, Eltern und Schwester in einer kleinen Wohnung ohne eigenes Zimmer. Die Freiheit auf den Straßen ist sein Ausgleich zum beengten Zuhause. Für ihn ist Dortmund ein Abenteuerspielplatz, dort kontrolliert ihn niemand.

»Wir haben die Zeit damit verbracht, Putz von Steinen zu klopfen, Schrott, Lumpen und Papier zu sammeln und zu Geld zu machen. Zweimal die Woche, wenn Markt war, habe ich auch die Holzkisten, die überbleiben, gesammelt, zerhackt und dann als Brennholz verkauft. So hat man dann Geld für Kino oder Süßigkeiten gehabt.«

Als Einjähriger noch pummelig, isst er nach einer Magen-Darm-Entzündung als Kleinkind nicht mehr richtig. Der Kinderarzt warnt die Eltern: Ohne Kur werde Karlheinz versterben, zu Hause könne er nicht aufgepäppelt werden. In der Kur komme der Junge an die Sonne und erhalte gutes Essen – beides fehle den Ruhrgebietskindern im Allgemeinen.

Hilfe für Flüchtlingskinder

In den unmittelbaren Nachkriegsjahren leiden viele Menschen in Deutschland Hunger. Alte und Kinder verhungern und erfrieren, weil die Landwirtschaft brachliegt, die Lebensmittelindustrie in Trümmern liegt und der Wohnraum zerstört ist.[41] Da auch viele Kinderkurheime im Krieg zerstört, zu Lazaretten und Militärstützpunkten umfunktioniert worden waren und Bahngleise demontiert sind, finden in den Hungerjahren kaum Kinderkuren im Inland statt. Dafür springen die Schweiz und Schweden ein. Gastfamilien nehmen Kinder aus Westdeutschland für dreimonatige Aufenthalte auf, um sie aufzupäppeln.[42] Die Währungsreform 1948 läutet das Ende des großen Hungers in weiten Bevölkerungsteilen ein. Deutschlands Wirtschaft kommt zunehmend in Schwung. In der BRD dreht sich ab 1949 das Rad der staatlichen Kinderheil- und Erholungsfürsorge wieder. Das Schweizer Rote Kreuz ist 1954 deshalb nicht mehr bereit, über die *Hilfsaktion für deutsche Flüchtlingskinder*

Kinder aus Nordrhein-Westfalen aufzunehmen, weil Flüchtlingsfamilien inzwischen sehr wohl Anschluss gefunden hätten und Deutschlands wirtschaftsstärkstes Bundesland mit dem höchsten Lebensstandard »zweifellos selbst in der Lage sei, hilfsbedürftigen Kindern ausreichend zu helfen«[43]. Das nordrhein-westfälische Ministerium für Arbeit, Soziales und Wiederaufbau fordert die Gesundheitsämter auf, Zahlen zu liefern, die dieser Einschätzung widersprechen, aber die Behörden sind dazu nicht in der Lage.[44]

Von den zwölf Millionen Flüchtlingen, die mit dem Ende des Zweiten Weltkriegs aus ehemals deutschen Gebieten in Osteuropa und aus Ostdeutschland nach Westdeutschland kommen,[45] leben anfangs viele in Lagern, dann in provisorischen Unterkünften.[46] In den frühen 50er-Jahren steht die Gruppe der Flüchtlinge ebenso im Fokus der Kinderkurheilfürsorge wie die Geburtenjahrgänge 1944 bis 1948, die unter besonders schwierigen Bedingungen aufwachsen.[47]

Die Fürsorgerinnen

In den Wirren der Nachkriegszeit bemühen sich Behörden nach Kräften, die Kinderkuren bekannt zu machen. Die Initiatoren versenden Prospekte und beauftragen Werbefilme, die die Landesjugendbehörden öffentlich vorführen.[48] Außerdem durchkämmen uniformierte Fürsorgerinnen Wohnungen, Bunker, Flüchtlingsbaracken, einsturzgefährdete Häuser und primitive Hallen, in denen Familien nur durch Decken voneinander getrennt leben. »Wie können Kinder in solcher Umgebung zu gesunden glücklichen Menschen aufwachsen?«,[49] fragen die Dortmunder Gesundheitsbehörden 1953. Ein Werbefilm zeigt in schwarz-weißen Bildern Flüchtlingsbaracken im Ruhrgebiet. In den Gärten wachsen Sonnenblumen, ein

Kind spielt Mundharmonika. Wäsche weht, eine Mutter sitzt allein mit vielen Kindern in einem kleinen Zimmer. Andere Kinder streifen in Banden durch die Anlage, fahren Rad, spielen mit Puppen, Teddybären und einer Katze, rennen mit einem Ball durch einen Tunnel. Die Mädchen tragen Schleifen im Haar, die Jungen sind frisch frisiert, halten lachend einen Fisch in die Kamera. Doch der Sprecher warnt: »Hinter ihrem fröhlichen Lachen steht die Not. Die Armut. Das kümmerliche Einerlei ihres Alltags.« In der nächsten Szene werden einige dieser Kinder sechs Wochen zur Erholung nach Frankreich verschickt.[50]

Sehr viele Überweisungen werden bei der Schuleingangsuntersuchung geschrieben, die Ärzt:innen erhalten dafür sogar Provisionen.[51] Bei regelmäßigen Untersuchungen wiegen und vermessen Ärzt:innen die Kinder. Stellen sie Abweichungen von der Norm fest – Untergewicht, Blässe oder ein zu niedriges Wachstum –, ist das schnell eine Kinderkurindikation.

Andere Kinder werden von Fürsorgerinnen in Gesundheitsämter geschickt, dort werden die Mädchen und Jungen abgehört und gewogen. Die Fürsorgerinnen nehmen selbst Abstriche, Ärzt:innen setzen Spritzen. Ein Film der 50er-Jahre zeigt, wie ein Arzt des Gesundheitsamtes den Kindern, die er als erholungsbedürftig einstuft, eine Verschickungskarte um den Hals hängt. Diese Karten enthalten in der Regel den Namen des Kindes und einen Hinweis auf das Erholungsheim, in das es geschickt wird.[52]

Kurchaos in der DDR

Auch in der DDR öffnen immer mehr Kinderkurheime wieder ihre Türen. Aber die Organisation kommt hier eher schleppend in Fahrt, verläuft zuweilen chaotisch. Anfang 1949 streiten sich Jugend- und Gesundheitsämter zunächst darüber, ob die Erholungsheime eine medizinische Zielsetzung haben oder nicht. Das »Gesundheitswesen« in Berlin bittet alle Landesjugendämter zu prüfen, in welche Kategorie die Heime nun fielen. Noch im November 1949 ist man damit beschäftigt.[53] Nachdem die Behördenzuständigkeiten geklärt waren, herrscht Anfang der 50er-Jahre weiterhin Chaos im Kinderkursystem der DDR. Die Erziehungskräfte, die bereits in den Heimen eingesetzt sind, klagen über verspätete Lohnauszahlungen und -kürzungen. »Die Geduld ist zu Ende«,[54] titelt die *Tribüne,* das Zentralorgan des Bundesvorstandes des Freien Deutschen Gewerkschaftsbunds in der DDR. Sie kritisiert 1952 das Ministerium für Volksbildung scharf.

»Kindergärtnerinnen haben eine Engelsgeduld, wie sollten sie sonst mit den kleinen und großen Sorgen der ihnen anvertrauten Kleinen fertig werden. Jetzt aber ist die Höchstgrenze der Geduld gegenüber den Behörden erreicht. Seit dem 15. Dezember 1951 leisten die Erziehungskräfte im Kreis Usedom ehrenamtliche Arbeit. Ja, seit dieser Zeit bekommen sie einfach kein Gehalt mehr. Jetzt endlich aber soll ihnen ›Vorschüsse‹ auf ihr schon längst fälliges, ihen (sic!) gesetzlich zustehendes Gehalt geben. Fürwahr eine edle Handlung. (...) Damit auch gleich die richtige Atmosphäre des Vertrauens und der Zusammenarbeit geschaffen wird, hat das Ministerium für Volksbildung die Gehälter gleich um 40,– bis 97,– DM monatlich gekürzt. Eine Stellungnahme des Ministeriums ist hierzu unumgänglich.«[55]

Wegen des akuten Mangels an pädagogischen Kräften spitzt sich die Lage in DDR-Erholungsheimen immer mehr zu. Im Februar 1952 sind die beiden Heime Neptun und Hubertus im Ostseebad Sellin noch immer ohne Erzieher:innen – obwohl die Heime schon seit 14 Tagen mit Kindern belegt sind.

Im Deutschen Haus hilft eine Erzieherin aus dem Kreiskinderheim Lanken-Granitz aus, weil dort 29 Mädchen nur vom Heimbesitzer – einem 60-jährigen Mann – betreut werden.[56] Auch das Kindererholungsheim Wiek auf Rügen, wo sich eintausend Kinder in einer sechswöchigen Kur erholen sollen, kann statt 104 benötigter nur zehn ausgebildete und vierzig unausgebildete Kräfte aus dem Bezirk stellen. In Mecklenburg werden 1952 noch knapp 500 Erziehungskräfte für Erholungsheime benötigt. Die meisten der bereits eingesetzten Kräfte haben keine Ausbildung.[57] Die Behörden kritisieren, dass die Sozialversicherungen (SVL) »am laufenden Band« Erholungsheime eröffnen sollen, aber weder Erzieher:innen noch Planstellen »für diese Feuerwehraktionen« vorhanden seien. Sie fordern: »Also, Ministerium für Volksbildung, nun sieh du mal zu, wie du deine Erzieher bekommst und besoldest.«[58] Die Zentralorgane in Berlin rekrutieren daraufhin aus allen Landesteilen Erzieher:innen in die unterbesetzten Heime.[59]

Zunehm- und Luftkuren

In den 50er- und 60er-Jahren, in der Zeit von Schwarzwälder Kirschtorte, Sonntagsbraten und Wirtschaftswunder, werden in der BRD Hunderttausende Kinder verschickt, auch solche, die zu Hause gar keinen Hunger kennen. »Teller leer essen!« ist in vielen Familien die Parole. »Wenn man nicht aussah wie Rotbäckchen – Kugelrund war sehr Gesund! – wurde man zur Kur geschickt«, schreibt ein Zeitzeuge.[60]

Kurz vor der Einschulung kommen deshalb besonders viele Kinder in Kur. So wie Michael. Er schreibt über seine Kurüberweisung ins Kinderkurheim St. Johann in Niendorf an der Ostsee 1968:

»Angefangen hat das Drama damit, dass die Kinderärztin der Ansicht war, dass es unumgänglich sei, mich zu einer Kinderkur zu schicken, damit ich etwas an Gewicht zunehme und die Einschulungsvoraussetzungen von 20 Kilo Startgewicht erreiche und auch den Schulranzen tragen kann. Ich war halt immer ziemlich schmächtig.«[61]

Seine Mutter ist bei der Post angestellt. Auf ärztliches Anraten organisiert die Postgewerkschaft seine Kinderkur. Entsendestellen, Ärzt:innen und Behörden arbeiten Hand in Hand. Die achtjährige Gabi wird Mitte der 70er-Jahre über das Jugendamt ebenfalls nach Niendorf verschickt, zusammen mit ihren Geschwistern, die vier und sechs Jahre alt sind.

»Wir Geschwister waren damals sehr dünn, (…) weil einfach viele in unserer Familie in jungen Jahren unglaublich dünn waren und dies auch heute noch sind. Mein Sohn wiegt mit 20 Jahren nur knapp 60 Kilo. Er ist kerngesund! Wir hatten daheim immer ausreichend leckeres Essen, einfache Dinge, Gemüse vom eigenen Anbau, Milch, Käse, Fleisch vom kleinen Landwirtschaftsbetrieb der Großeltern.«[62]

Die Zunehmkuren existieren bis in die 1980er hinein, auch in der DDR. Nicole* wächst in Königs Wusterhausen bei Berlin auf. Im Kindergarten firmiert sie Anfang der 80er-Jahre unter der Bezeichnung »schlechte Esserin«. Sie muss häufig lange vor ihrem Teller sitzen, bis sie aufgegessen hat.
Ihre Eltern machen sich Sorgen wegen des Untergewichts. Obwohl ihr Trennungen schwerfallen, sie nie bei anderen Kindern oder den Großeltern übernachten will, stimmen ihre Eltern der Empfehlung der Kinderärztin zu, die Fünfjährige vier Wochen lang in Kinderkur zu verschicken, damit sie lernt, besser zu essen.

Die Heilkuren

Anders als Erholungskuren sollen Heilkuren der Genesung dienen. Mit Solebädern, Inhalationen, Heilgymnastik und Gradierluft wirbt die Kinderheilanstalt Bad Sassendorf. Mit einem »Schonklima« das Kleinkinderkurheim »Helenenberg« in Witten im Ruhrgebiet, das auf die Behandlung von Stützgewebeschwächen spezialisiert ist. Auch warme oder kalte Seebäder nennen die Kurheimbetreiber:innen »Heilfaktoren«.[63]

Selbst Kinder, die auf dem Land bei guter Luft aufwachsen, werden zur Luftkur geschickt. Häufig mit der Begründung: Klimawechsel. Er soll wirken gegen Tuberkulose, Skrofulose, Asthma und Bronchitis, auch gegen Schiefwuchs, Rückgratverkrümmung oder Fehlernährung. Ein Auszug aus einer Broschüre der DAK aus dem Jahr 1959: »Nur das Zusammenwirken von Klima- und Milieuwechsel mit ausreichender Kurdauer verspricht bei Kindern einen Erfolg.«[64]

Birgit wächst in den 60er-Jahren in der Nähe von Korbach in Hessen auf. Auf einem großen Bauernhof, einem Rittergut, mit zwei jüngeren Geschwistern ist sie täglich an der frischen Luft. Aber das dünne Mädchen isst nicht gut und Asthmaanfälle plagen sie. »Ich hatte starke Luftnot, sodass der Arzt kommen musste und ich Medikamente bekam. Zum Beispiel Atosil.« Atosil ist kein Asthmamedikament, sondern ein Mittel zur Behandlung von Unruhezuständen bei psychiatrischen Erkrankungen. Die Arznei hilft tatsächlich gegen die Anfälle. »Woher die kamen? Keine Ahnung. Das kann ich nicht mehr nachvollziehen«, sagt Birgit. Auch Asthma bronchiale gilt seit 1951 als Krankheit, die durch emotionalen Stress ausgelöst werden kann.[65] Bei der Hälfte der Kinder heilt das Asthma im Jugendalter von selbst aus.[66] Birgits Kinderarzt ist der Meinung, dass sechs Wochen Luftveränderung gegen das Asthma helfen könnten – obwohl mehrere Urlaube an der Nordsee mit den Eltern nichts gebracht hatten. Nun soll sie in die Berge in die Villa Phönix in Bad Reichenhall. Birgit will das auf keinen Fall, sie möchte nicht von ihren Eltern getrennt werden: Aber der Wille der Ärzt:innen zählt mehr. Ihre Eltern sind sehr autoritätsgläubig und Birgit wird zur Kur geschickt. »Ich habe meinen Eltern in meiner kindlichen Wut gesagt: ›Ich will nichts von euch hören und ihr braucht mir auch gar nicht schreiben!‹«

Helmut soll 1960 als Elfjähriger wegen einer Erkältung zur Heilkur. Er wächst mit seinen Eltern und beiden jüngeren Geschwistern in einer kleinen Wohnung in Münster auf, dreieinhalb Zimmer für acht Menschen. Als Kleinkind ist er kränklich, länger im Krankenhaus. Als er aufs Gymnasium wechselt, bekommt er eine Grippe. Bei der Untersuchung fragt die Ärztin die Mutter, ob ihr Sohn früher an Asthmaanfällen gelitten habe. Sie könne schnell eine Kur beantragen, sagt sie, schaden würde das nie. Helmut wird umgehend vom Unterricht befreit, bleibt die nächsten beiden Wochen zu Hause, bis die Kur beginnt. »Dass ich auch sehr viel Unterricht versäumte, spielte offensichtlich keine Rolle.« Die Kinderkuren finden überwiegend außerhalb der Schulferien statt, die Kinder verpassen dadurch häufig sechs bis zwölf Wochen Unterricht.

Die Heilanstalten in der Bundesrepublik und die Genesungsheime der DDR liegen häufig am Meer, an der Nord- oder Ostsee, oder im Gebirge, teilweise sogar im Ausland. In der DDR haben Auslandsverschickungen eine größere Dimension und längere Tradition als in der BRD. Bis zur Wiedervereinigung geht es für Zehntausende Kinder der ehemaligen DDR nach Zypern oder ins damalige Jugoslawien. So wie für Dirk aus Hartmannsdorf, der 1980 als kleiner Junge wegen Asthma nach Veli Lošinj an die Adria verschickt wird. »Das Paradies der DDR-Kurkinder«[67], wie es die Presse noch 2011 nennt.

Zwischen 1968 und 1990 nimmt Jugoslawien mehr als 30.000 junge Patient:innen zur Erholung auf. Die DDR besetzt die Einrichtung vor Ort mit Ärzt:innen, Physiotherapeut:innen, Erzieher:innen und Lehrer:innen.[68]

Mit den Auslandverschickungen verfolgt die DDR nach dem Ende des verheerenden Zweiten Weltkriegs das Ziel der Völkerverständigung und medizinischer Zusammenarbeit. Die DDR nimmt auch ihrerseits ausländische Kinder auf – zum Beispiel aus Zypern und Syrien. »Internationaler Kuraustausch« wird das genannt.[69] Welche Bedeutung die politische Führung dem beimisst, wird dadurch deutlich, dass Erich Honecker 1982 auf einem Staatsbesuch in Zypern ein solches Kinderkurheim persönlich besichtigt. Zeichnungen der Kinder zeigen einen Fahnenaufmarsch von Arbeitern, jubelnde Menschen in den Fenstern und Baufahrzeugen, »Es lebe die Republik« steht darüber. Weitere Bilder zeigen dunkelhaarige und blonde Kinder, die sich unter den Worten »Freundschaft« und »Frieden« an den Händen halten, und eine Landschaft voller Olivenbäume, durch die Kinder im Sonnenschein ziehen. Neben einer Weltkugel steht »Atom No!«, »Krieg Nein!«, »Solidarität«, »Frieden ja!« und »Völkerfreundschaft«.[70]

Hinter den Auslandskuren steht auch die höchste Staub- und Schwefelbelastung der Luft in Europa. Besonders belastet ist der Süden der DDR, wo die Industrie angesiedelt ist, etwa in Leipzig, Halle, Bitterfeld, Erfurt und Cottbus. Viele der industriellen Abgasfilter sind verschlissen. Wegen der hohen Emissionswerte verschlechtert sich die Gesundheit der Kinder enorm. Chronische Bronchitis nimmt zwischen 1974 bis 1989 um 172 Prozent zu.[71]

Die DDR besitze keine Luftkurorte, heißt es in der Presse.[72] Doch auch innerhalb des Landes werden Kinder zur Luftkur geschickt, meist an die See: Mit 1.000 Betten ist das Kindergenesungsheim Wiek auf Rügen das größte Kinderkurheim der DDR. 1949 besitzt auch Sachsen 49 Kinderheime und Kindererholungsheime »mit ärztlicher Zielsetzung«.[73]

Nicole*, als Kindergartenkind wegen Untergewicht verschickt, wird in der Grundschule als Genesungskurkind klassifiziert, als sie an Neurodermitis erkrankt. »Ich war ständig blutig gekratzt«, erzählt sie. Neurodermitis zählt, wie Asthma, zu den Psychosomatosen, den Krankheiten, bei denen auch psychische Faktoren eine Rolle spielen.[74] An der Ostsee, so wird den Eltern vermittelt, könne Nicole durch die Meeresluft und spezielle Anwendungen von ihrem Leiden erlöst werden. Ihre Tochter an die See zu begleiten, ist den Eltern nicht möglich. Urlaub ist nur in den betriebseigenen Erholungsheimen ihrer Arbeitgeber:innen vorgesehen, aber keins davon liegt am Meer.

Kinderkur als Elternentlastung

Klaus wird 1958 im Alter von vier Jahren aus seiner Kleinfamilie »gerissen«, so nennt er es. Da seiner Mutter eine Operation bevorsteht, organisiert ein evangelischer Pastor für ihn und seinen sechsjährigen Bruder einen Kurplatz in Peterzell im Schwarzwald. Sein großer Bruder bleibt mit dem Vater zu Hause. Freunde, Verwandte oder Nachbarschaft können ihnen zu der Zeit nicht helfen. Dass sie überhaupt einen Platz in Peterzell bekommen, ist eine Besonderheit. Eigentlich dürfen hierhin nur Kinder zur Kur, deren Familien Fluchthintergrund oder soziale Probleme haben.

Erholen, zunehmen oder gesunden, das ist die eine Seite. Oft dienen die Kinderkuren schlichtweg als Kinderbetreuungsangebot in Belastungssituationen oder auch einfach für ungestörte Urlaube ohne Kinder. Meist in den Sommermonaten.

Dieses Angebot nutzen häufig wohlhabende Eltern. Ursula, die im Sommer 1959 im Privatkinderheim Fredeborg auf Sylt ein Schülerpraktikum macht, schreibt in ihrem Bericht, dass fast alle Eltern die Ferien ohne Kinder verbringen wollten und sie deshalb in ein Kinderheim verschickt hätten.[75] Auch laut Gabriele, die 1968 im Kinderheim »Seepferdchen« am Timmendorfer Strand als Pratikantin arbeitet, sind alle Kurkinder dort ausnahmslos gesund, darunter auch solche aus reichem Hause, deren Eltern verreist waren.[76] Mütter und Väter können ihre Kinder zu der Zeit recht einfach selbst zur Kur anmelden, die Einrichtungen freuen sich über zahlende Kundschaft. Und viele Ärzte sind schnell bereit, Kindern eine Überweisung auszustellen. Sie werden sogar extra dazu angehalten, bei familiären Belastungen nicht zu kleinlich mit den Überweisungen zu verfahren.[77]

In den 50er- und 60er-Jahren verändert sich die Lage vieler Frauen in der BRD: Vorehelicher Sex, in den Nachkriegsjahren noch von einer Mehrheit gebilligt, wird jetzt abgelehnt. Ein uneheliches Kind oder ein Leben als Alleinstehende sind ein Stigma.[78] Viele Frauen führen ein Leben, das vor allem der Bequemlichkeit der Männer dient. Die liebende, pflegende, heilende Hüterin des Hauses ist das Ideal. Sie soll den Haushalt führen, Kinder gebären und erziehen und den Mann entlasten.

»Das Bohnern und Scheuern, das Wäschewringen, das Schleppen der nassen Kleidung zum Aufhängen, das Präparieren des Bügeleisens, das sparsame Haushalten mit Einkochen für den Winter, der Einkauf zu Fuß oder mit dem Fahrrad – die ganze Armseligkeit der Lebensführung machte vor allem den Frauen zu schaffen.«[79]

Der Mann hat dem Ideal nach nur eine Aufgabe: im Erwerbsleben für die notwendigen Ressourcen zu sorgen. »Den Ehefrauen wurde eingeschärft, die abends vom Berufsleben heimkehrenden Männer zu schonen und zu pflegen.«[80]
»Mit Frauengold wirst Du wieder glücklich«, so bewirbt das Karlsruher Unternehmen Homoia ab 1953 eine Mixtur aus Goldkraut, Baldrian und dem Hauptwirkstoff Alkohol. »Bist Du etwa nicht mehr so hübsch wie damals?«, fragt eine Hausfrau im Werbespot ihr Spiegelbild. »Du solltest einmal etwa für Dich tun. Du bist nicht mehr Du selbst«, antwortet es. »Ja, woher kommt's denn, wer soll denn die ganze Arbeit machen? Ist doch kein Wunder, daß es mir oft zu viel wird.« Der dicke Ehemann mit Halbglatze und Brille kommt von der Arbeit heim, schmeißt tollpatschig das Geschirr runter. Die hübsche Frau in Kittelschürze rastet aus. Das Spiegelbild mahnt. »Früher hast Du Dich in solchen Fällen anders verhalten!«
Rückblick. Zehn Jahre zuvor: Die Frau winkt lachend ab, als das Geschirr zu Bruch geht, und lässt sich vom ungeschickten und korpulenten Ehegatten aufs Bett tragen. »Das ist Frauengold« heißt es jetzt. Ein Schnaps wird eingeschenkt. Die Ehefrau und Mutter tollt mit Kindern und Mann auf einer Blumenwiese.

»So wirkt Frauengold, sichert Dir Jugendfrische und Vitalität und schafft Dir neuen Lebensmut. Durch eine Kur mit Frauengold wirst Du glücklich gemacht und wirst glücklich machen. Frauengold schafft Wohlbehagen, wohlgemerkt an allen Tagen.«[81]

Dazu tragen 16,5 Volumenprozent Alkohol nicht unerheblich bei. 30 Jahre später wird Frauengold wegen eines mutmaßlich krebserregenden Inhaltsstoffes verboten.[82]
Die Enge zu Hause ist für viele Frauen bedrängend.[83] Unter Druck stehen aber auch die, die arbeiten gehen müssen. Drei

von sieben Millionen Müttern stehen in den 50er-Jahren in der BRD zwischen Beruf und Familie, viele sind ungelernte Arbeiterinnen und Verkäuferinnen.[84]

Die Geschäftsführerin des Deutschen Muttergenesungswerkes Antonie Nopitsch mahnt Anfang der 1950er, dass viele Mütter hungerten, weil sie sich um ihrer Familie und Kinder willen nicht satt äßen und häufig erschreckend untergewichtig seien. Die Zahl der Selbstmordversuche von Müttern steigt, Fälle chronischer Magen-, Gallen- und Herzleiden als Folge seelischer und körperlicher Überlastung nehmen zu. Kinder arbeitender Mütter werden abwertend »Schlüsselkinder« oder »Kühlschrankwaisen« genannt. Berufstätig zu sein gilt anders als in der DDR, wo Frauen alles unter einen Hut bringen sollen und Kinder in Krippen und Kitas betreut werden, in der BRD als ein Ding der Unmöglichkeit. Männliche Ärzte verurteilen berufstätige Mütter als Störung der »natürlichen Ordnung«, die Mütter dieser Zeit nennt Kinderkur-Verwaltungsbeamter Adolf Wolters »abgehärmt und vergrämt«.[85] Als Entlastung verschickt das Müttergenesungswerk erschöpfte Mütter in Erholungsheime[86] – oder ihre Kinder. Kindergärten sind in der BRD noch nicht flächendeckend vorhanden. Und so bietet die Versendung des Kindes zur »Kur« über sechs Wochen auch den Familien Raum zur Regeneration. Auf die Idee, dass dann die Männer die Aufsicht über die Kinder daheim übernehmen, kommt die Gesellschaft in Ost und West nicht.

In der DDR sind Frauen Männern gesetzlich gleichgestellt – praktisch bedeutet das Arbeitszwang und eine noch höhere Rollenerwartung als in der BRD. Sie sollen sich neben der Arbeit ständig weiterbilden und in gesellschaftlichen Organisationen engagieren, den Haushalt meistern[87], gute Mütter und fürsorgliche Ehefrauen sein.[88] So sind die Frauen der DDR ähnlich überfordert wie in der BRD.

Den familiären Alltag in der DDR prägt häufig Zeitnot, weil beide Elternteile berufstätig sind. Viele Paare heiraten schon Anfang 20, jede dritte Ehe scheitert. In den ersten Ehejahren, wenn meist das erste Kind zur Welt kommt, setzt der anderthalbjährige Pflichtdienst der Väter in der Nationalen Volksarmee ein. Den Lebensanfang des Kindes erleben viele Väter nur am Wochenende mit. Um die Arbeitskraft der Mutter zu nutzen, schafft der Staat Betreuungseinrichtungen für Kinder bereits ab dem Säuglingsalter. In den sogenannten DDR-Wochenkrippen bleiben Säuglinge und Kleinkinder sogar über Nacht – von Montag bis Freitag, manche sogar bis zum Samstag. Es war eine »der wirkmächtigsten Maßnahmen der Sozialpolitik der DDR«.[89]

»In einer ›einheitlichen, geschlossenen Erzieherfront‹ sollten die gesellschaftlichen Erziehungsinstitutionen und die ›sozialistische Familie‹ (…) gleichsinnig den gesellschaftlichen Einfluss auf die Entwicklung des Kindes ›potenzieren‹.«[90]

Nicoles* Eltern, die mit ihren drei Kindern in Königs Wusterhausen leben, sind beide berufstätig, der Vater ist oft auf Montage, die Mutter häufig allein mit Kindern. 1977, mit sechs Monaten, kommt Nicole in die Krippe. Erinnerungen hat sie daran natürlich nicht mehr, sie weiß aber von ihrer Mutter, dass sie mit etwa sieben Monaten trocken ist. Die Kinder wurden dafür immer wieder in einer Reihe auf Töpfe gesetzt. »Topfen« oder »Töpfen« nannte man das damals in DDR und BRD. Ihre ältere Schwester gibt die Mutter, die bei ihrer Geburt noch in der Ausbildung ist, mit einem halben Jahr für einige Monate in eine Wochenkrippe. Jeden Montag weint die Mutter, wenn sie ihr Baby abgibt, zählt die Tage, bis sie ihr Kind am Freitag endlich abholen darf.

Auch für ältere Kinder bieten zahlreiche Institutionen Betreuungsmöglichkeiten, sodass kein Kind ohne Aufsicht bleiben muss.[91] Dazu zählt auch die Pionierarbeit an den Nachmittagen in hierarchisch strukturierten Gruppen, an denen fast jedes DDR-Kind teilnimmt, und gemeinsame Ferienlager in Pionierrepubliken.[92] Der Alltag von Kindern aus der DDR verläuft bis ins Erwachsenenalter überwiegend in Einrichtungen.

Kinderkur als Erziehungsmaßnahme

Die Kuren sind auch ein Mittel, um die Kinder auf die institutionelle Betreuung vorzubereiten. Die Vorstellung ist, dass der radikale Bruch mit der Heimat die Kinder auf die Fremdbetreuung vorbereitet und psychosomatische Ausweichreaktionen abmildert: zur Vorbereitung auf die Grundschule, zur Kräftigung der zukünftigen Arbeiter:innen und der Einordnung ins »Kollektiv«.[93] Vorbereitung auf Kollektiv und Klassenkampf ist übrigens auch Ziel der Kinderladenbewegung der 68er-Bewegung in der BRD.[94] Die Weiterbildung der Heimerzieher:innen erfolgt in der DDR nach Anweisung des Ministeriums für Volksbildung. Das pädagogische Personal in den Kindererholungsheimen hat

> »die grosse und verantwortungsvolle Aufgabe (...) die Jugend zu gebildeten, körperlich gesunden (...) fortschrittlichen demokratischen Menschen zu erziehen, die fähig und bereit sind, sich in das Leben der Gemeinschaft einzuordnen«.[95]

Zur Festigung der »Nationalen Front« sieht das Ministerium für die Erziehungsarbeit in den Erholungsheimen Konzepte des sowjetischen Pädagogen Anton Semjonowitsch Makarenko vor.[96] Dazu zählen eine strenge Anleitung durch einen sogenannten Pionierleiter, Traditionen wie Fahnenappelle, Partisanenlager und allgemein eine Erziehung zur bewussten

Disziplin und zum demokratischen Patriotismus, »um aus der alten Praxis der Erholungsheime, nämlich der Kinderbetreuung, herauszukommen«.[97] Ziel der Regierung ist es, »den Kindern das Erlebnis des kollektiven Lebens zu vermitteln und ihre Gesundheit zu festigen«.[98]Allzu streng dürfen die Kinder aber auch nicht diszipliniert werden, denn sie seien schließlich zur Erholung in den Heimen. Dennoch schreibt die Prenzlauer Abteilung Volksbildung Neubrandenburg 1953 zu den Erziehungsmethoden im Kindergenesungsheim Birkenhain: »›Partisanenlager‹, ›Junge Bogenschützen‹ und ›Luftgewehrschiessen‹ finden (...) unsere Zustimmung.«[99]
Den Auftrag, Kinder darauf vorzubereiten, ihre eigenen Bedürfnisse einer Gruppe, einem »Kollektiv«, unterzuordnen, nicht zu stören und der Schulpflicht nachzukommen, haben auch die Kinderkurheime in der BRD. Wolfgang aus Münster, 1959 14 Jahre alt, zeigt laut einer Bezirksfürsorgerin in der Schule schlechtes Verhalten, seitdem er in einem Internat untergebracht wurde. Das Internat sei dafür nicht der Grund.

»Wolfgang wurde von der Mutter maßlos verwöhnt und verhätschelt und machte in der letzten Zeit erheblich viel Erziehungsschwierigkeiten, die daraus resultieren. Er zeigte sich vorlaut und angeberisch. Die Heimunterbringung des Jugendlichen war dringend erforderlich, da seiner (sic!) straffen Erziehung unter männlicher Leitung in Gesellschaft Gleichaltriger bedarf. Wolfgangs Schwierigkeiten beruhen nur auf einer falschen Erziehung durch die labile Mutter.«[100]

Mit Heimunterbringung ist ein »Erholungsaufenthalt« im Jugendkurheim »Schau ins Land« im Harz gemeint.[101]
An den Kindergarten hat Nicole*, der Trennungen von den Eltern als Kind nicht leichtfallen, gemischte Gefühle: Immer dann, wenn ihre Lieblingsbetreuerin, Frau Scholz, nicht

da ist, bekommt sie Bauchschmerzen. Die Mutter geht dann jedes Mal mit ihr zu einer Kinderärztin, die bei Nicole keine Krankheit feststellen kann, sie aber krankschreibt, damit die Mutter von der Arbeit freigestellt wird. »Die wusste bestimmt, dass die Beschwerden psychosomatisch waren«, glaubt Nicole heute. Ähnliches erlebt Sylvia aus dem Vogtland in Sachsen. Sie wächst in den ersten Lebensjahren behütet auf. Ab dem zweiten Lebensjahr und der Betreuung in der Kinderkrippe leidet sie immer wieder an Atemwegsinfekten, einer Kehlkopf-, sogar einer Lungenentzündung. Sie muss mit zwei Jahren ins Krankenhaus. Den Kindergarten besucht sie danach unregelmäßig. Kinderkuren sollen Kinder, die wegen psychosomatischer Ausweichreaktionen wie Asthma oder Infekten häufig nicht zur Schule oder in den Kindergarten gehen, trainieren, sich anzupassen. Ein ehemaliger Kinderkurheimbesitzer aus Sankt Peter-Ording berichtet:

»Viele dieser Störungen, die die Kinder hatten, waren psychosomatische Störungen. Unser Arzt sagte: ›Wenn ein Kind vor einer Mathematikarbeit krank wird, weil es sich erkältet hat, dann ist das Zufall. Wenn es beim nächsten Mal vor der Mathearbeit krank wird, ist das kein Zufall mehr.‹ Wenn Kinder plötzlich Bauchweh haben, weil sie nicht mehr zur Schule wollen oder weil sie mit der sozialen Situation der Schule nicht zurechtkommen – das ist nämlich bei ganz vielen der Fall gewesen –, dann entwickeln sie unterschiedlich schwierige Krankheitsbilder. Der eine reagiert, dass er dauernd erkältet ist und dann sagt der Arzt: ›Der muss an die Nordsee.‹ Das andere Kind reagiert damit, dass es anfängt zu futtern. Und dann heißt es: ›Der muss mal zu einer Adipositas-Kur.‹ Darin waren wir also echt gut. Ich sagte manchmal zu meinen Mitarbeitern. Wir sind praktisch ein Trainingscamp, um Kinder dafür fit zu machen, dass sie in einer größeren Menge von anderen Kindern zurechtkommen.«

Kuren für »Neurotiker«

Ab den 70er-Jahren fokussieren sich immer mehr Einrichtungen auf psychosomatische Krankheiten, damals sogenannte »geistige Neurosen«. Diese Verschiebung beginnt schon Anfang der 60er-Jahre. »Skrofulose und Mangelkrankheiten gehören – gottlob – weitgehend der Vergangenheit an, Kinderseuchen haben dank neuzeitlicher Therapie viel von ihren Schrecken verloren«, schreibt 1961 der *Soester Stadt-Anzeiger.*[102] Stattdessen heiße »die Geißel unserer Zeit« jetzt »Neurose«. In der Kinderheilanstalt Bad Sassendorf, die eine *Spezialabteilung für neurotische und milieugeschädigte Kinder* besitzt, findet unter Leitung der Inneren Mission und dem Hilfswerk der Evangelischen Kirche in Deutschland im Januar 1961 eine Tagung mit dem Titel *Der neurotische Mensch in der Erholungs- und Kurfürsorge* statt. Die Kinderheilanstalt schreibt sich auf die Fahnen, »Fluchtschädigung« und »Milieubedrängung« behandeln zu können, die sich in seelischen Auffälligkeiten niederschlügen.[103]

Johannes ist angeblich so ein neurotisches Kind. Da er als Grundschulkind inkontinent ist, rät seine Lehrerin den Eltern zu einem Kinderkuraufenthalt. Dort werde man Johannes das Einnässen abgewöhnen. Mit acht Jahren wird er 1972 neun Wochen nach Bad Sassendorf verschickt. In die Kinderheilanstalt. Das hält die Familie für ein großes Glück, denn viele Kinderkurheime nehmen keine inkontinenten Patient:innen auf oder verlangen einen Aufschlag. Diese Einrichtung hat jedoch eine Spezialabteilung für Bettnässer eingerichtet.[104]

Als Neurotiker gelten in den 60er-Jahren auch »Nägelkauer«, »Kontaktgehemmte« und Kinder mit Schlafstörungen. Kinder, deren Diagnosen »Schwachsinn«, »organische Hirnschäden«, »Verwahrlosungen«, »Erziehungsschwierigkeiten« und

»Sprachstörungen« lauten, will die Kinderheilanstalt Bad Sassendort hingegen nicht aufnehmen.[105] Da die Nachfrage nach Kinderkuren für »Neurotiker« in den 1960ern das Platzangebot übersteigt, weisen die Behörden die Kurheime an, weitere solcher Abteilungen zu eröffnen.[106]
Manchmal beschließen Jugendbehörden, ein Kind in ein Erholungsheim zu schicken, um es eine Zeit lang aus einer Familie zu nehmen. Vielen Eltern ist das nicht klar. Was genau der Grund für die Verschickung gewesen sein soll, darüber rätseln einige Verschickungskinder bis heute. So wie Bernd, der in den 70er-Jahren ein kräftiger Junge ist. »Da stand so ein Weltbild dahinter, dass Kinder nicht zu dick und nicht zu dünn sein dürfen«, sagt er heute. Die Schule bewirbt Bernds Kinderkur vor den Eltern anders.

»Die Schule hat sich bei meinen Eltern gemeldet, ob ich und auch andere Kinder von der Grundschule nicht Interesse an einer Kur oder Erholung hätten, damit wir in der Schule noch besser werden könnten. Aber warum ich das sein sollte, weiß ich nicht, denn schlecht war ich nicht. Es sind fadenscheinige Gründe gewesen.«

Seine Eltern werden belogen, glaubt Bernd heute. Wegen des hohen Ansehens von Ärzt:innen und Lehrer:innen vertraut man darauf, dass es schon das Beste für das Kind sein wird. Bernd kommt 1979, wie Johannes sieben Jahre zuvor, in die Kinderheilanstalt Bad Sassendorf, die auch auf neurotische Kinder spezialisiert ist. Ob auch Bernd vor der Verschickung als neurotisch eingestuft wird oder ob er abnehmen soll – in den 1970ern werden viele Abnehmkuren in Adipositaskuren umgewandelt –, ist ihm bis heute schleierhaft.
Auch Andrea weiß heute nicht mehr, warum sie zur Kur sollte:

»Ich bekam im Alter von sechs Jahren im Kindergarten vor der ganzen Gruppe gesagt, dass ich zur Kur fahren ›darf‹. Ich war immer ein sehr braves Kind und hätte nie gewagt, etwas dagegen zu sagen. Wie ohnmächtig habe ich die Zeit bis zur Kur und die gesamte Dauer ausgehalten. Das ist meine dunkle Erinnerung in meiner sonst wunderschönen Kindheit. Ich weiß bis heute nicht, warum ich dahin musste. Ich war kerngesund und ganz normal entwickelt für mein Alter.«[107]

Die soziale Indikation

Hinter solchen Kuren ohne medizinische Indikation, ohne erkennbares Untergewicht oder Schwäche, steht häufig die sogenannte soziale Indikation.

»Die Einweisungsdiagnose ›aus sozialen Gründen‹ ist in Kinderkrankenkassenhäusern denkbar unbeliebt, im Verschickungswesen ist sie aber unentbehrlich«,[108] schreibt der Arzt Kurt Nitsch 1964. Er fordert von den Versicherungsträgern eine Anerkennung der Diagnose der »sozialen Indikation«. Sie dürfe nicht aus dem Wunsch der Eltern heraus konstruiert werden, die nur ungestört Urlaub machen wollten. Relevant aber seien folgende Punkte:

»Gesundheitsschädlicher Einfluß der Großstadt durch dauernde Reizüberflutung, Kinder aus Flüchtlingsfamilien für die Übergangszeit; Erkrankung, Operationen oder Entbindung der Mutter, wenn eine ordnungsgemäße Pflege des Kindes in der Familie nicht möglich ist; während der Zeit, in der die Eltern in Scheidung leben; Kinder mit ausgesprochenem Wohnungs- und Milieuschaden (auch in psychischer Hinsicht); Kinder von berufstätigen Müttern, die den Lebensunterhalt bestreiten müssen; Kinder aus kinderreichen, wirtschaftlich schwachen Familien; Kinder aus geschädigten und gestörten Familien.«[109]

»Was für eine menschenverachtende Beschreibung!«, empört sich Gabi darüber, die erst im Nachhinein versteht, warum sie und ihre Geschwister nach der Scheidung der Eltern zur Kur mussten.[110] Das Kinderkurheim Antoniushaus an der Ostsee, in dem die Geschwister viele Wochen verbracht haben, führt Erholungsmaßnahmen sowohl für unterernährte, körperlich geschwächte Kinder als auch für sogenannte seelisch- und milieugeschädigte Kinder durch. Sie ärgert sich darüber. »Wir waren auch Scheidungskinder, aber nicht deshalb dünn. (...) Scheidungskinder waren damals wohl auch Millieuopfer, brauchten wohl eine Spezialbehandlung.«[111]
Braucht diese nach Ansicht der Behörden auch Sabine, die später ein Kinderbuch über ihre Kinderkur schreiben wird? Sie kommt 1954 in West-Berlin auf die Welt. Da ihre Eltern unverheiratet sind und noch studieren, gerät die Familie ins Visier der Verwaltung. Eine Fürsorgerin besucht die Familie regelmäßig und sieht nach dem Rechten. Immer wieder flattern Werbeprospekte ins Haus, die dem Kind eine Kur nahelegen. Mit sechs Jahren, noch vor der Einschulung, wird Sabine für sechs Wochen ins Fichtelgebirge geschickt. Vermutlich nur deshalb, weil sie unverheiratete Eltern hat. An Ärzt:innen appelliert der Arzt Kurt Nitsch 1964, nicht kleinlich zu verfahren, auch Kindern ohne gesundheitliche Probleme Kurüberweisungen zu schreiben, weil Kindern durch die Kur gut geholfen werden könne.

»Das Kind wird dann manche seelische und körperliche Krise besser überwinden. Es wird gekräftigt in den nächsten Winter und in das nächste Schuljahr gehen und wenig anfällig sein. Dann hat die Diagnose ›soziale Indikation‹ ihren Erfolg in ärztlicher, erzieherischer und finanzieller Hinsicht.«[112]

Die Fürsorgerinnen, die in den Familien nach dem Rechten sehen, entscheiden auch darüber mit, welche Kinder ganz aus den Familien genommen werden sollen. Fakt ist, dass unverheirateten Müttern besonders häufig die Kinder entzogen werden. Der Runde Tisch Heimerziehung schreibt:

»Bis 1969 trat bei der Geburt eines, wie es damals hieß, ›unehelichen‹ Kindes die gesetzliche Amtsvormundschaft des Jugendamtes ein. Alleinerziehende Mütter standen unter dem Generalverdacht, ›sittlich und moralisch nicht gefestigt‹ zu sein.«[113]

Die Gründe für eine dauerhafte Heimerziehung ähneln in den 50er- und 60er-Jahren denen einer Kinderkur-Überweisung, darunter »Milieuschaden« oder »gestörte Familie«. Manche Kinderkur- und -erholungsheime nehmen auch Kinder auf, die dort länger oder dauerhaft leben sollen, etwa die Kinderheilanstalt Bad Sassendorf oder das Haus Fredeborg in Westerland.[114] Bisweilen kommen Verschickungskinder auch einige Wochen und Monate in Waisenhäusern oder Kinderheimen unter. Viele Kinder nur deshalb, weil ihre Eltern durch das Raster der Behörden fallen. Nicht aber, weil das Kindeswohl gefährdet ist.

Manche Wissenschaftler:innen gehen davon aus, dass hinter den Worten der Ärzt:innen und Behörden ein repressiver Grundgedanke wohlfahrtsstaatlicher Intervention steht. Der Historiker Marc von Miquel beschreibt das so:

»Demnach sollte das Instrument der Kinderverschickung gezielt eingesetzt werden, um Kinder mehrere Wochen von ihren Eltern zu trennen, weil sie in sozial schwachen Familien aufwuchsen oder die familiären Verhältnisse etwa aufgrund der Berufstätigkeit der Mutter nicht dem vorherrschenden Familienideal entsprachen.«[115]

Und der Historiker Hans-Walter Schmuhl, der das System der DAK-Kinderkuren analysiert hat, resümiert:

»Der Grundgedanke ist der: Kinder müssen aus schädlichen großstädtischen Milieus genommen werden, für längere Zeit, sonst ist das unergiebig. Das bringt dann nichts. Der Bruch mit dem Herkunftsmilieu muss rigoros sein, damit sie wirklich dem veränderten Milieu ausgesetzt sind und es wirken kann. Und neben diesen Faktoren wie Licht, Luft, Bewegung, spielt immer auch ein erzieherisches Moment eine Rolle. Die moderne Familie, wie sie sich in der Stadt entwickelt, ist für Kinder nicht gut. Die müssen raus, die müssen zu einer Gemeinschaft geformt werden. Man muss sich ein- und unterordnen können.«[116]

11 Zugfahrt nach Sylt

Mit meinem Vater auf dem Hindenburgdamm

Unser Zug fährt ein. »Genau auf dem Gleis wie damals!«, sagt mein Vater.

Vor 55 Jahren ist der Bahnsteig voll mit Kindern. Schwestern der Bahnhofsmission mit grauen Hauben und Kitteln führen die Mädchen und Jungen in die Abteile. Der Umgangston ist freundlich, alles wirkt bunt und fröhlich auf meinen Vater, der damals gerade neun Jahre alt ist. Sein Vater erzählt ihm noch mal, wie rau und schön es an der Nordsee ist. Seine Mutter weint. »Ach Kinder, jetzt seid ihr so lange weg!« Mein Vater fühlt Aufbruchsfreude und Trennungsschmerz zugleich. Aber die Freude überwiegt.

»Es war ein sonniger Tag. Ich weiß noch, dass meine Mutter ein sehr schönes buntes Kleid anhatte und dass der Zug, als er eingefahren ist, länger als üblich gehalten hat, damit die vielen Kinder einsteigen konnten. Aus den Zugfenstern, die konnte man ja früher öffnen, guckten zwei dieser Haubendamen raus, die wie Krankenschwestern gekleidet waren, sie winkten fröhlich. Die haben uns in Empfang genommen.«

Mein Vater hat früh gelernt, allein mit der Bahn zu reisen. Mein Großvater, Bahnbeamter, der auf einem Stellwerk in unmittelbarer Nähe der Wohnung den Güter- und Personenverkehr regelte, hängte ihm einen Zettel mit der Adresse um den Hals und erklärte seinen Kollegen im Zug: »Der Junge muss in Horn aussteigen!« Das klappte gut, und so fuhr er immer mal wieder ein paar Wochen zu Verwandten, wenn seine Eltern wenig Zeit hatten.

»Hattest du damals Angst, allein in den Zug zu steigen?«

»Nein, ich war eher unterfordert. ›Mama und Papa‹, hab ich gesagt, ›ihr braucht euch keine Sorgen zu machen! Das ist völlig klar. Da bringe ich Babse und mich sicher hin.‹«
Die Missionsschwestern führen die Kinder ins Abteil. Die Geschwister können zusammensitzen. Als der Zug abrollt, winken die Eltern ihnen lange nach. Meiner Großmutter wird das Herz schwer. Das wird sie ihrer Tochter Barbara viele Jahre später erzählen: Als der Zug den Bahnhof verlässt, fragt sie sich: »Wo schicke ich da meine beiden Kinder hin?«

Jetzt steigen auch wir in unseren Zug. Mein Vater setzt sich ans Fenster, Barbara gegenüber. Sie teilen die Salamibrötchen auf, unterhalten sich, dösen, während das Ruhrgebiet an uns vorbeizieht. So wie während der Zugreise 1967.
»Wie ist das jetzt für dich, wieder im Zug nach Sylt zu sitzen?«
»Als wir gerade aus dem Hauptbahnhof rausgefahren sind, war ich auf einmal wieder in dieser fröhlich-euphorischen Stimmung. Ich glaube nicht, dass ich eine Vorstellung davon hatte, dass das so bittere sechs Wochen würden.«
Meine Tante hatte gemischtere Gefühle, sie war damals erst sechs Jahre alt.
»Eigentlich wurde uns ja diese Reise als ein super Event verkauft und ich hatte mich bis dahin auch gefreut. Aber als unsere Mutter beim Abschied dann bitterlich geweint hat, war ich irritiert und dachte, irgendwas stimmt hier nicht. Auf der anderen Seite war ja mein Bruder bei mir. Das hat mir ein gutes Gefühl gegeben, er war ja älter und hat immer auf mich aufgepasst. Und dann war ich hin- und hergerissen durch diese Abschiedsszene und auch durch die fremden Kinder, die uniformierten Frauen im Zug. Das kannte ich ja auch noch nicht. Es war laut und alles war fremd.«
Mein Vater vergräbt sich in seiner Zeitung. Die drei Stunden

Fahrt bis Hamburg ziehen sich. Mir ist langweilig, aber was sollten die Verschickungskinder sagen, denke ich. Wir werden in sieben Stunden auf Sylt sein, die waren auf ihren Reisen doppelt so lange unterwegs, mussten häufig nachts fahren in überfüllten Waggons. Als wir uns Hamburg nähern, heißt es, dass wir Verspätung haben – wir fragen uns, ob wir unseren Anschluss bekommen. In Hamburg-Harburg müssen wir rennen, wir schaffen es gerade noch in den Zug nach Sylt, der mir ziemlich voll vorkommt für einen Montagnachmittag. Irgendwann finden wir einen Platz. Wir sind müde, und ich hoffe, dass es nicht mehr lange dauert, aber dann bleiben wir noch lange an einem Bahnhof stehen: Vom Lokführer erfahren wir, dass jemand versehentlich die Notbremse gezogen hat.

Am späten Nachmittag erreichen wir endlich Niebüll. Und dann geht's auf den Hindenburgdamm, links und rechts nur noch Watt und Wasser. Für meinen Vater und Barbara war das das Highlight der Zugreise. Zum ersten Mal das Meer sehen und kilometerlang auf Schienen darüber hinweg auf die Insel getragen werden. Mein Vater blickt auch heute gebannt aus dem Zugfenster. Aber bei so niedrigem Wasserstand wie an diesem Tag hält sich die Begeisterung in Grenzen. In Westerland strömen wir mit allen Passagieren über den Bahnsteig auf das Hauptgebäude aus Oldenburger Klinker zu, vor dem die Gleise des Kopfbahnhofs enden.

»Wie hast du dich bei der Ankunft damals gefühlt?«

»Ich habe mich sicher gefühlt, es ging ja nur geradeaus!«, witzelt mein Vater. Interviewpause für heute.

3.

»DER ZUG DER TRÄNEN«

Reisen zum Kurort

Kurz vor der Abfahrt in die »Erholungsferien« herrscht auf den Bahnsteigen meist großes Gewimmel. Hunderte Kinder stehen mit ihren Eltern am Gleis, haben Koffer in der Hand und Verschickungskarten um den Hals. Tränen, Gewusel. Die meisten kennen niemanden in den Gruppen.

Die sechsjährige Alexandra lacht 1979 hinter ihrer Brille und dem roten Pony fröhlich aus dem Fenster eines Zuges, der in Hannover Hauptbahnhof auf dem Gleis steht. Sie winkt ihren Eltern zu, die sich im Fenster spiegeln. Ihr Vater hält diesen Moment mit der Kamera fest. Der ganze Waggon ist voller Kurkinder. Eine Freundin, die mitreist, steht neben ihr und gibt ihr Sicherheit, ihr brauner Teddy Brummi ebenfalls. Den hält sie fest im Arm. Brummi trägt ihre Initialen, die ihre Mutter auch in all ihre Kleidungsstücke im Koffer eingestickt hat. Um Alexandras Hals hängt eine orangefarbene Verschickungskarte der DAK, auf der ihr Name und die Adresse des Ziels stehen: Haus Hamburg Bad Sassendorf. Solche Karten tragen alle Kurkinder auf der Reise, damit die Begleiter:innen sie den Einrichtungen zuordnen können. Das fühlt sich für Alexandra komisch an, aber weil alle Kinder einen solchen Ausweis tragen, gewöhnt sie sich schnell daran. Sechs Wochen Kur stehen ihr bevor. Ein Zeitraum, der für die Sechsjährige noch nicht zu überblicken ist. Da ist nur Abenteuer- und Weltreisenstimmung. Der Teddy wird ihr wichtigster Begleiter auf der Reise bleiben.

Abenteuerlustig starten nicht alle in die Fahrt ins Ungewisse. Britta soll 1966 als Vierjährige wegen spastischer Bronchitis mit dem Zug nach Scheidegg zur Kur fahren.

»Ich stehe mit meinen Eltern am Bahnsteig in Köln. Ich habe furchtbare Angst und klammere mich an meine Mutter. Als mein Vater mir einen Kuss zum Abschied geben will, drehe ich mein Gesicht weg. Ich mache ihn für das Fortschicken verantwortlich.«[117]

Anders als in der BRD reisen die Kinder in der DDR nicht mit dem Zug. Die meisten Kinder starten am Busbahnhof in die Kur. Nicole*, die nicht gern bei den Großeltern übernachtet, jede Nacht zu Hause bei den Eltern sein will, wird als Fünfjährige in Königs Wusterhausen zum Sammelplatz gebracht und von den Eltern in einen Bus gesetzt, ohne zu ahnen, wie lang sie von ihnen getrennt sein wird. Anderen wird hier, an den Haltestellen, schmerzhaft bewusst, dass eine lange Trennung ansteht. So geht es zum Beispiel der fünfjährigen Sylvia aus dem Vogtland und ihren Eltern im Jahr 1984, als sie gemeinsam am Busbahnhof stehen:

»Ich habe geweint und an meinen Eltern geklebt und ich weiß, dass meine Eltern das auch nicht mehr wollten, zu dem Zeitpunkt. Aber die haben gesagt, sie können da jetzt nichts mehr dran ändern. Die Möglichkeit, das rückgängig zu machen, kam ihnen gar nicht in den Sinn.«

Andere DDR-Kinder starten mit dem Flugzeug in den Erholungsaufenthalt und sind nicht weniger aufgewühlt. Mitten in der Nacht im Mai 1980 steigt der siebenjährige Dirk im damaligen Karl-Marx-Stadt zunächst in einen Reisebus. Im Schein der Straßenlampen stehen die Eltern und winken zum Abschied. Als der Bus losfährt und die schlafende Stadt in

Richtung des Flughafens verlässt, beginnen Dirks Tränen zu laufen. Auch er hat seinen Teddy dabei. Es ist das erste Mal in seinem Leben, dass er auf eine weite Reise geht – ohne seine Eltern. Von Berlin-Schönefeld fliegt die Reisegruppe nach Jugoslawien, an die kroatische Adriaküste, »in eine völlig andere Welt, jenseits des Eisernen Vorhangs«.[118]

Ob Bus, Bahn oder Flugzeug, ob BRD oder DDR: Für viele Kinder, die zum ersten Mal ohne ihre Bezugspersonen verreisen sollen, ist die Abfahrt ein Schock.

Thomas* soll als Sechsjähriger 1971 wegen Einnässen und Untergewicht in eine Kuranstalt und weint »jämmerlich«, als er zu Hause abgeholt wird. »Ich verstand nicht, warum ich von der Mutter getrennt und mitgenommen werden sollte. Erst nach längerem Heulen und Betteln, nicht mitfahren zu müssen, fuhr der Bus los.« Mit ihm an Bord.[119]

Schon Kleinkinder ab zwei Jahren werden allein verschickt. So wie Martin, der als Dreijähriger zur Kur soll. Das kränkliche Kind einer evangelischen Saarbrücker Familie leidet an Bronchitis und starkem Milchschorf. Der Kinderarzt verschreibt ihm im Frühjahr 1967 eine sechswöchige Kur in der sogenannten Asthma-Kinderheilstätte in Bad Reichenhall. Am Abreisetag hängen ihm die Eltern ein Schild um den Hals, mit seinem Namen, dem Zielbahnhof und der Adresse der Heilanstalt, und setzen ihn allein in einen Zug.

»Meine Mutter hatte jahrelang erzählt, sie habe mich gut für diese Kur vorbereitet. Ihre Worte waren: ›Du musst nicht traurig sein! Du musst nicht weinen! Das wird schön dort und du kommst gesund wieder nach Hause!‹«

Viele beschreiben die Reisen, die auf herzzerreißende Abschiede und manchmal auch fröhliches Aufbrechen folgen, als endlose Odyssee. Astrid ist sieben Jahre alt, als sie 1979 mit dem Bus nach Pomßen in das Kindererholungsheim Dr. Margarete Blank bei Halle an der Saale fährt.

»Ich erinnere mich an sehr viele Koffer, die verstaut wurden und an eine sehr lange Busfahrt. Ich schaute die ganze Fahrt aus dem Fenster. Freude fühlte sich anders an. Ich hatte Angst: so viele fremde Gesichter. Keine Ahnung, wohin man uns brachte. Keine Ahnung wie weit weg, wie lange und wann es zurückgehen würde.«[120]

Unterwegs

In den Reisebussen gehen die Begleiter:innen oft nicht zimperlich mit den Kindern um. Mario, der keine Jahres- und Altersangabe nennt, erlebt während der Busreise zur Kur nach Osterburg in der DDR einen Unfall. »Uns hat man gesagt, dass wir daran schuld gewesen seien, da wir zu laut waren.«[121] Hier und da werden auch in der BRD Sonderbusse zu den Kurorten eingesetzt. 1953 bringt alle sechs Wochen ein Sonderbus 120 Kinder von Detmold und Lemgo nach Amrum zur Kur. Die Schülerin Erika, die 1953 ein vierwöchiges Praktikum für ihr hauswirtschaftliches Abitur im Kreiskindererholungsheim Detmold in Wittdün absolviert, beobachtet erschüttert, wie energisch man die Kinder bei einer rumpeligen Busfahrt zum Schlafen auffordert, obwohl es unmöglich gewesen sei, die Augen zu schließen.[122]
Auch in den Zügen in der BRD herrscht häufig ein rauer Ton. Daniela und ihr Zwillingsbruder Rene reisen 1977 im Alter von fünf Jahren zur Kur nach Sankt Peter-Ording, weil sie noch nicht in den Kindergarten gehen und vor der Vorschule Kontakt zu anderen Kindern bekommen sollen. Den bekommen sie schon auf der Hinfahrt. »Wir waren sehr viele Kinder in einem Abteil.« Doch sprechen sollen sie nicht. Die Begleiterin

droht, die Kinder mit einer Tageszeitung zu verprügeln, wenn sie nicht ruhig sind.[123]
Die Reisen sind nicht selten lang und beschwerlich. Besonders lang sind die Kinder der BRD in den beiden Nachkriegsjahrzehnten in den Zügen unterwegs. Nacht für Nacht rollen in den 50er-Jahren Sonderzüge aus der Mitte Deutschlands nach Norden und Süden, ans Meer und in die Berge, unterwegs nehmen sie immer wieder neue Kinder an den Bahnhöfen auf. Klaus, der im Jahr 1954 als Siebenjähriger mit der Bahn in die Asthma-Kinderheilstätte in Bad Reichenhall fährt, hat die Reise noch sehr präsent.

»Anfang Juli 1954 wartete ich am späten Abend mit meinen Eltern am Bonner Bahnhof auf den Zug, der mich und andere Kinder nach Bayern bringen sollte. Ich war aufgeregt, aber auch ein wenig neugierig. Schließlich fuhr der Zug in den Bahnhof ein, vorne eine mächtige Dampflok. Ich sehe noch die riesigen Räder der Lokomotive vor mir und den weißen Dampf zwischen den großen Rädern, der mit lautem Zischen entwich. Nachdem meine Eltern mich mit einigen Ermahnungen verabschiedet und einer Betreuerin übergeben hatten, stieg ich in angstvoller Erwartung in den Zug. Ich wurde zu einem Abteil geführt und nahm dort meinen Platz ein. Mit mir saßen mehrere Kinder und eine ältere Frau im Abteil, einige Kinder weinten, manche heftig. In den anderen Abteilen war es wohl ähnlich, denn wenn ich mich richtig erinnere, handelte es sich um einen Sonderzug, sozusagen den ›Zug der Tränen‹. Die ganze lange Nacht über dauerte die Fahrt.«[124]

Die Wünsche der Kinder, die mit fremden Menschen an einen unbekannten Ort transportiert werden, spielen für die Organisatoren der Bahnverschickungen eine untergeordnete Rolle. Effizienz und Sparsamkeit stehen im Vordergrund. Für die Organisation der millionenfachen Bahnfahrten – 300.000 bis 750.000 Sonderzugverschickungen jährlich – sind in den Bundesländern Kinderfahrtmeldestellen eingerichtet worden. Westfalen ist der Pionier: Die »Ausgleichsstelle« beim Provinzialverband nimmt schon 1946 ihre Arbeit wieder auf.[125] Sie beginnt, Kinder zum Aufpäppeln in die wenigen Einrichtungen zu schicken, die vom Krieg verschont geblieben sind und langsam wieder ihre Türen öffnen, während viele andere noch vor dem Wiederaufbau stehen. Das Rheinland startet die Verschickungsorganisation ab 1948, ihm folgen die Kinderfahrtmeldestellen in Schleswig-Holstein und Hamburg, 1949 Hessen und 1950 auch die süddeutschen Bundesländer. Die Kinderfahrtmeldestellen stimmen sich monatlich ab mit der Deutschen Bundesbahn, wie sie ab 1949 heißt, planen Sonderzüge, vereinbaren günstige Tarife und vereinheitlichen die Beförderungsregelungen für Kinder und Begleitpersonal. Dabei beziehen die Meldestellen die Planungen der Erholungsgebiete und Kurheime mit ein. Für die gemeinsame Steuerung und Planung der Verschickungen nach Nord- und Süddeutschland wurde 1949 die »Arbeitsgemeinschaft der Kinderfahrtmeldestellen« ins Leben gerufen.[126]

1951 planen die Eisenbahndirektionen der Deutschen Bundesbahn mit den Kinderfahrtmeldestellen im Bundesgebiet einen Ausbau der Kindersonderzüge, um den restlichen Verkehr zu schonen und die Kosten zu senken. Wegen des gestiegenen Aufkommens von Kinderfahrten im Sommer des Vorjahres fordert die Bundesbahn eine neue Linie. 566.000 Kinder mit 56.673 Begleiter:innen für Verschickungen im Jahr 1951 stünden, besonders in den Sommermonaten, einem katastrophalen Wagenmangel der Deutschen Bundesbahn gegenüber. Zur Entlastung der Fernverbindungen in D- und Eil-Zügen, insbesondere in den Sommermonaten, wünscht sich die Bundesbahn für die Verbindungen Schwarzwald, Allgäu, Oberbayern, Nordsee und Ostsee aus anderen geschlossenen Bezirken den Einsatz von Sonderzügen zu festen Zeiten – »und nicht mehr nach Gutdünken der Heime«.[127] Sonst, droht die Bundesbahn, folgten Fahrpreiserhöhungen. Die Drohung wirkt. Immer mehr Verschickungen werden in den 50er-Jahren in Sonderzügen durchgeführt. Kommen mindestens 400 Kinder für ein Ziel zusammen, wird ein Sonderzug bereitgestellt, oft belegt mit bis zu 800 Passagieren. Sonderzüge senken die Kosten erheblich. Die Bundesbahn gewährt eine bis zu 75-prozentige Fahrpreisermäßigung.[128] Mit 9.000 Kindern in Sonderzügen bricht eine Augustnacht im Jahr 1956 alle Rekorde.[129] Die Nachtfahrten dienen in der öffentlichen Darstellung nicht etwa der Entlastung des Tagesschienenverkehrs. Stattdessen werden ärztliche Überlegungen angeführt, die für die »Zweckmäßigkeit« der Nachtfahrten sprächen – wenn nicht mehr als sechs Kinder in einem Abteil reisten: »Denn die Kinder schlafen auch unter beengten Verhältnissen recht gut und kommen morgens am Zielort an, wo sofort die Einweisung in die Heime und die erst Untersuchung (sic!) auf Infektionskranke vorgenommen werden können.«[130]

Strapazen und Gefahren

Direkte D- und Eilzüge werden den Kurkindern vorenthalten. Als Vorteil der Sonderzüge gelten die geringere Zahl der Umstiege, Mediziner:innen und geschultes Begleitpersonal an Bord. Die Sonderzüge brauchen jedoch häufig viel länger. Der »Sonderzug-Kindertransport« von Bochum ins Oberallgäu benötigt Mitte der 50er-Jahre 21,5 statt vorher 16 Stunden – mit zwei Umstiegen statt vorher einem. Caritasdirektor Johannes Kessels moniert, die Kindersonderzüge sollten »zum mindesten dieselben Vorteile aufweisen wie die übrigen, bisher von uns benutzten Reisezüge«.[131] Solche strapaziösen Reisebedingungen sind für die Deutsche Bundesbahn best practice: Sie lobt den Einsatz der Sonderzüge von Westfalen nach Norderney oder in den Schwarzwald »zum Vorteil und zur Zufriedenheit aller Stellen«.[132]

Auch für die Kinder? Die *Westfälischen Nachrichten* behaupten: »Die Eltern, die ihre Kinder solchen Transporten anvertrauen, können also um das Schicksal ihrer Lieben unbesorgt sein.«[133] Doch Heizungsausfälle, Verspätungen und Überbelegung sind keine Seltenheit. Die Begleiter:innen, die häufig zehn Kinder gleichzeitig betreuen müssen, sind überfordert. Sonderzüge im Kasseler Raum sind monatelang überfüllt. Bei einer Fahrt nach Juist ins Erholungsheim Hibernia im Januar 1952 fehlt ein ganzer Wagen, sodass 60 Kinder und fünf Begleiter:innen im Gang stehen müssen. Wegen nicht schließbarer Verbindungstüren erkälten sich einige Kinder, ein Koffer fliegt wegen Überfüllung aus dem Gepäcknetz in die Türscheibe. Die Kinder bleiben unverletzt. Doch einige müssen nach der eiskalten Bahnfahrt in ärztliche Behandlung.[134]

Fürsorgerin Anny begleitet Mitte Februar 1951 eine Gruppe Kurkinder in einem Kindersonderzug vom Ruhrgebiet nach Sonthofen. 25 Stunden dauert die Fahrt mit vielen Verspätungen. Wegen einer defekten Heizung frieren die Kinder in den frühen Morgenstunden: »Für einen Transport erholungsbedürftiger Kinder dürften solche Mißstände unbedingt zu verhindern sein«, beschwert sich Anny bei den Behörden. Weit kommt sie damit nicht. Landesrat Adolf Wolters nennt die Kindersonderzüge trotz berechtigter Anstände »sowohl in der Platzbelegung wie auch Streckenführung (...) die weitaus bessere Beförderungsmöglichkeit. (...) Den Strich durch die Planung machte hier lediglich die höhere Gewalt.«[135]

Der extra eingesetzte Transportleiter hatte zu Anny und der Kindergruppe, wie sie kritisiert, während der problematischen Fahrt nach Sonthofen kein einziges Mal Kontakt aufgenommen. Wolters entgegnet, dass es die Pflicht der Fürsorgerin gewesen sei, »sich so aktiv wie möglich einzuschalten, d.h. sich (...) Weisungen von dem Transportleiter zu holen und nicht darauf zu warten«.[136] Hätte die Fürsorgerin die Kinder allein lassen und auf die Suche nach dem Transportleiter gehen sollen?

Mehrere Entsendestellen beschweren sich wiederholt über Heizungsausfälle, lange kalte Wartezeiten mit frierenden Kindern auf den Bahnsteigen. Bei einer besonders problematischen Fahrt kommen die Kinder im November 1950 in Norddeich an, als es schon dunkel ist; sie stehen lange in der Kälte am Hafen und werden später an Bord seekrank. Die Begleiter:innen verlieren in der Dunkelheit die Übersicht.[137] Sie schreiben der Verwaltung: »Man kann die Kinder in ihrer überwältigenden Freude, das Meer, die Möven, die Schiffe zu sehen, eben nicht immer anbinden.«[138] Die Behörden wiegeln die Beschwerden ab.[139]

Auch viele Eltern beklagen sich über die Transportbedingungen. »Nur Holzpolsterklasse für Kindererholung?«, titelt eine Zeitung 1955.

»Vor allem erscheint die bereitgestellte ›Holzpolsterklasse‹ der ungefähr ältesten Wagentypen der Eisenbahn als höchst unzuträglich für den gedachten Zweck. Dicht an dicht sitzen so die Kinder zehn, 14 Stunden (...) gar 17 Stunden bei Tag und Nacht in solchen Zügen! So etwas ist unmöglich, sagen die besorgten Eltern. Die Kinder seien ›im Winter zuweilen ohne Heizung‹ gereist. Auf einer 14-stündigen Fahrt bekommen 1.000 Kinder keinen Tropfen Wasser.«

Die Eltern fordern vom Landesfürsorgeverband und der Bundesbahn bequemere Wagen und weniger Auslastung in den Abteilen, damit die Kinder schlafen können – zumindest stundenweise. Sie schlagen vor, dass das Deutsche Rote Kreuz oder die Bahnhofsmission die Kinder an den Bahnhöfen mit warmen Getränken versorgen.[140] Noch 1963 erreichen den Bundestag Klagen, dass die Kinder mangels ausziehbarer Liegeplätze auf dem Boden schlafen müssen. Es wird in Aussicht gestellt, die letzten fünf Sonderzüge mit Nachtfahrten künftig auf Tagfahrten umzustellen.[141] Nachtsonderzugfahrten finden trotzdem auch nach 1963 noch statt.[142]

Der Bundesbahn fehlen intakte Zugwagen für die Menge an Kurkindern: Statt diese Lücke mit anderen Transportmitteln zu schließen, torpediert sie das Omnibusgewerbe, das in den 50er-Jahren stärker ins Kindertransportgeschäft einsteigen will. Gegenüber den Verschickungsbehörden erklärt die Bundesbahn: Die Omnibusunternehmen könnten bei den Preisen nicht mithalten, »da sonst die Kinderbeförderung ein reines Zuschussgeschäft darstellt«.[143]

»Vielmehr sind wir der Auffassung, daß die Betreuung der Kinder während der ruhigen Fahrt in den geräumigen Sonderabteilen, Sonderwagen oder noch besser in geschlossenen Sonderzügen leichter als im Omnibus durchzuführen ist.«[144]

Die Bundesbahn setzt sogar gezielte Sonderangebote ein, um ihre Monopolstellung bei der Kinderverschickung zu behalten und Verschickungen von der Straße zurück auf die Schiene zu holen.[145]

Auf den Zugfahrten mit Hunderten von Kindern, die oft in überfüllten Wagen und mit wenigen Betreuer:innen reisen, kommt es auch zu Todesfällen. Elisabeths Ziel ist im Winter 1955 das Kinderkurheim »Carola« in Bayern. Aber sie kommt dort nie an. Das Mädchen steht kurz vor seinem neunten Geburtstag, als es im Kindersonderzug von Kassel nach Reichenhall und Berchtesgaden mitfährt. In der Nacht sitzt die Bezirksfürsorgerin mit der Gruppe Detmolder Kinder in einem Abteil, dessen Türen sich immer wieder öffnen. Damit kein Kind unbemerkt das Abteil verlassen kann, setzt sie sich auf einen Platz vor die Tür und legt ihre Beine als Barriere auf die gegenüberliegende Bank. Gegen kurz vor vier Uhr muss sie ein »schwer ermüdetes Kind« versorgen, das im Schlaf immer wieder nach vorne zu kippen droht. Zu der Zeit verlässt Elisabeth unbemerkt das Abteil, »um anscheinend die Toilette aufzusuchen«, so die Fürsorgerin. »Dabei muß sie die Türen verwechselt haben und ist aus dem Zug gestürzt.« Der Zugleiter weigert sich wegen eines entgegenkommenden Zuges die Notbremse zu ziehen. Er schnellt kurz darauf an ihnen vorbei. Erst als der Kindersonderzug gegen 7.43 Uhr München erreicht, erfahren die Zugleiterin und die Fürsorgerin, dass das Kind bei Burg-Bernheim in der Nähe von Nürnberg tot aufgefunden wurde: mit Schädelbruch und abgefahrenen Beinen durch den entgegengekommenen Zug.

Die Deutsche Bundesbahn sieht »kein eisenbahnseitiges Verschulden oder ein Verschulden des Personals«. Elisabeths Mutter, eine alleinstehende Frau mit einem monatlichen Nettoeinkommen von 170,30 DM, erhält eine Entschädigung von 1.000 DM.[146]

Elf Jahre später, im Juli 1966, ereignet sich zwischen den oberbayrischen Bahnhöfen Olding und Gröbenzell ein ähnliches »Unglück«, wie der Todesfall genannt wird. Diesmal ist die zwölfjährige Annette im Juli in einem Kindersonderzug des Recklinghäuser Caritasverbandes nach Kärnten unterwegs. Annettes Eltern reisen währenddessen mit dem Pkw nach St. Veith, wo sie ganz in der Nähe ihrer jüngsten Tochter die

Ferien verbringen wollen. Während der Nachtfahrt zieht der Kindersonderzug die Aufmerksamkeit eines Schrankenwärters auf sich, der eine offene Zugtür bemerkt:

»Das Personal eines Gegenzuges fand dann die Leiche der 12jährigen. Der Unfallhergang ist noch nicht bekannt. Untersuchungen am Unfallzug ergaben nach Auskunft der Bundesbahndirektion in München, daß der Türverschluß technisch in Ordnung gewesen sei.«[147]

Auch in diesem Todesfall weist die Bundesbahn die Schuld von sich. Von der Caritas heißt es zur Unfallursache, dass sie »möglicherweise nie ganz geklärt werden kann«. [148]

III Ankunft in Wenningstedt

Von Scholle und Schokoladenpuddingsuppe

Wir fahren mit dem Taxi vom Bahnhof Westerland nach Wenningstedt, wo wir eine Wohnung in einem reetgedeckten Haus mit kleinem Vorgarten beziehen. Als Erstes trinken wir den Sekt, der für Gäste auf der Anrichte steht. Dazu essen wir den Schinken, den mein Vater mitgebracht hat – eigentlich fürs Frühstück an den nächsten Tagen. Danach haben wir immer noch Hunger. Mein Vater und meine Tante gehen in den Supermarkt um die Ecke und kommen mit Scholle zurück. Dann bereiten sie das Abendessen in der kleinen Küche zu. Meine Tante macht einen großen Gurkensalat, schiebt Kartoffeln in den Backofen, mein Vater brät die Scholle an und lässt sie in Zitronen-Sahne-Soße ziehen. Wir sitzen gemütlich um den Tisch, essen, trinken Weißwein und mein Vater beginnt, aus seiner Kindheit zu erzählen. »Bei der väterlichen Linie, da wurden immer Feste veranstaltet, da wurde groß aufgefahren. Und bei uns zu Hause gab es eine sehr abwechslungsreiche Küche, wahrscheinlich sudetendeutsch und westfälisch inspiriert. Vater war für die derben Soßen zuständig. Wir hatten einen großen eigenen Garten, aus dem immer frisches Gemüse kam. Wenn unser Vater auf seinem Turm auf dem Stellwerk gesehen hat, dass eine Lok einen Fasan gestreift hat und der nicht ganz zerfleddert war, dann ist er schnell runter, hat das Vieh geholt und dann gab es bei uns eben am nächsten Sonntag Fasanenbraten. Und in der Nähe unseres Gartens hatten Bekannte einen Fischteich – deshalb gab es auch manchmal Karpfen.«

Meine Großeltern wollen ihren Kindern die Natur näherbringen. Sie verbringen Urlaube in den Bergen, aber auch im Ruhrgebiet gehen sie auf Wanderschaft. »Da gab es eine große Abraumhalde, wo wir Birkenpilze und Rotkappen gesammelt haben«, erzählt meine Tante.
Die Ankunft der beiden hier auf Sylt vor 55 Jahren hat nichts von der Wärme dieses Abends. In einer Gruppe laufen die Kinder vom Bahnhof zum Kurheim. Der Weg ist weit. Dann erreichen sie ein zweistöckiges Haus mit einem einstöckigen Anbau an der Seite, einer großen Freitreppe und einem Hof davor. Hier werden die Geschwister getrennt. Matthes ist an dieser Stelle immer noch fröhlich. Das Haus kommt ihm wie eine Jugendherberge vor, er freut sich auf sechs Wochen Klassenfahrt – so stellt er sich die nächsten Wochen vor. Er bezieht ein Zimmer mit fünf anderen Jungen, von denen einige viel älter sind als er. Fräulein Margret, die für sein Zimmer zuständig ist, ist Anfang 20, freundlich und sanft. »Ich habe die gleich gemocht, die Matratzen waren auch gut zum Rumhopsen. Zu dem Zeitpunkt dachte ich noch, es würde schön werden auf Sylt.«
Dann geht es zum Abendbrot. Jetzt werden sie bestimmt freundlich begrüßt, fassen sich an den Händen, singen zusammen ein Lied – so stellt er sich das vor. Matthes betritt den Saal mit Steinfliesenboden, langen Tischreihen und grellem Licht. Eine Frau in Uniform – mein Vater nennt es Schwesterntracht – hält Aufsicht. »Das war ein Schock. Ungemütlich! Eine Essensabfertigungsanlage.« Küchenkräfte in Kittelschürzen verteilen das Abendbrot, während die Aufsichtsschwester immer wieder »Hinsetzen! Ruhe!« brüllt. »Ordnung! Disziplin! Hände auf den Tisch! Aufessen!«, wie ein Wärter im Gefängnis, so kommt es ihm vor. Der militärische Ton erschüttert den Neunjährigen.

»In meiner Erinnerung gab es morgens und abends trockenes Graubrot, Margarine, Schinken, Wurst und Käse und mittags oft Eintöpfe. Selbst wenn es vielleicht etwas Leckeres gegeben hätte, wäre das in dieser Atmosphäre gar nicht zu genießen gewesen. Wir wurden in Gruppen eingeteilt. Dann kam wie auf ein Kommando die Vorspeise auf den Tisch. Dann wurde zack, zack abgeräumt, dann gab's den nächsten Gang, dann den Nachtisch. Kontrolliert wurde, dass man aufgegessen hat, dass man ordnungsgemäß sitzt, eine Hand am Wasserglas, eine Hand auf dem Tisch: militärischer Drill, furchtbar!«

Als er seine Schwester am anderen Ende des Raums sieht, wird ihm schlagartig klar, dass sie die Zeit nicht zusammen verbringen werden.

»Ich habe dich von da an nur noch aus der Ferne im Speisesaal gesehen, wenn überhaupt. Du warst unerreichbar für mich«, sagt Barbara. Für die Sechsjährige wird ab diesem Moment jede Mahlzeit zur Qual.

»Ich habe den Aufenthalt als sehr grausam erlebt. Ich wurde zum Essen gezwungen, dabei hab ich immer gern gegessen, war aber von Natur aus zart.«

»Die Mahlzeiten im Speisesaal waren für uns eine Horrorveranstaltung, weil man essen musste, auch ekelige Sachen«, wirft mein Vater ein.

»Was denn?«, frage ich Barbara.

»Schokoladenpuddingsuppe und immer wieder Schokoladenpuddingssuppe, jeden Tag, morgens, mittags, abends, immer als Vorspeise und das macht ja allein schon satt. Ich mochte früher überhaupt nichts Süßes. Das traf überhaupt nicht meinen Geschmack. Aber ich habe das klaglos ertragen.«

Ihre Tischnachbarin muss mehrmals ihr Erbrochenes aufessen. Mein Vater, dem das Aufessen zwar leichterfällt, erträgt kaum, seine Schwester in der Ferne leiden zu sehen. Er hat doch zu

Hause versprochen, auf sie aufzupassen. Einmal, als sie wieder zum Essen gezwungen wird, läuft er zu ihr, versucht einzuschreiten, sagt: »Meine kleine Schwester mag das nicht, die mag sonst alles!« Da wird ihm mit dem Löffel auf die Finger geschlagen.

4.

STECKRÜBEN IN DER BODENVASE

Die Ankunft und das Essen

Treffen die Züge am Kurort ein, beginnt die Verteilung der Kinder in die Einrichtungen. Neu geknüpfte Freundschaften während der Reise werden wieder gelöst. Anders als bei Klassenfahrten, mit vertrauten Klassenkamerad:innen und Lehrkräften, ist die Kinderverschickung ein System der Anonymität und Fremdheit.

Gunild arbeitet in den 60er-Jahren im Kinderkurheim Antoniushaus der Thuiner Franziskanerinnen in Niendorf an der Ostsee. Dorthin werden auch Dreijährige verschickt, die sie alle sechs Wochen in Empfang nimmt. Die Kleinen halten dann oft die Zugbegleiterinnen an den Händen, die sie bei der Ankunft wieder loslassen müssen.

»Und die haben dann sehr geweint, das tat mir einfach leid. Aber wir sind dann zusammen ins Heim gelaufen. Die Kinder wurden in die verschiedenen Gruppen aufgeteilt und dann ging unsere Arbeit los, mit der dicken Überschrift: Den Kindern sechs Wochen ein schönes Leben zu machen.«

Häufig zeigen die Erzieher:innen vor Ort jedoch wenig Empathie mit den Kindern, die bei ihnen eintreffen. Bisweilen ist die Ankunft auch noch schlecht organisiert. Kinder, die mit Sonderzügen auf Norderney ankommen, werden nach der langen Reise immer erst auf dem Kai der Insel aufgeteilt. Einem Transportmeister reißt im Januar 1951 der Geduldsfaden, als viele kleine

Kinder lange in der Kälte stehen müssen, weil das Empfangskomitee aus dem Kurheim nicht erscheint. Die Erzieher:innen nähern sich erst nach einer Weile und in gemächlichem Tempo, gehen auf seine Vorhaltungen nicht ein. Das Warten in der Kälte geht sogar noch weiter, weil die Heimleiterin keine Liste dabeihat, um die Kinder aufzuteilen, und dann ist auch noch ein männliches Mitglied des Empfangskomitees betrunken. Der Transportleiter beschwert sich bei den Behörden:

»Herr J., der nicht einmal nüchtern war, wollte zur Entschuldigung anführen, dass wir zu früh gekommen seien. Ich habe darauf erwidert, dass bei einem Kiz.[149] immer mit einer Verspätung bzw. mit einem Früherkommen gerechnet werden müsse. Auch sei es wohl angängiger, dass die Kindergärtnerinnen einige Zeit warten müssten, für die doch immer einige Schutzmöglichkeit vorhanden sei, als dass 100 Kinder in Wind und Wetter stehen mussten.«[150]

Für viele Kinder ist die Ankunft am Kurort ein Schock. Angekommen in der Fremde, spüren viele, dass sie Teil einer Masse geworden sind, die alle sechs Wochen in die Kurheime hinein- und wieder hinausgespült wird. Klaus* sieht noch heute deutlich vor sich, wie er als Vierjähriger nach einer endlosen Zugreise mit seinem Bruder in der Dunkelheit im Kurheim im Schwarzwald ankommt. Die sechs Wochen im Heim gehören zu seinen ersten Lebenserinnerungen.

»Man hatte so wenig Einfühlungsvermögen in die Psyche von kleinen zerbrechlichen Kindern, dass man mich und meinen Bruder getrennt hat in der ersten Nacht. Als ich nachts wach geworden bin, wusste ich nicht, wo ich war. Ich hatte einen totalen Horror, bin aus dem Gitterbettchen raus, durch das Haus geirrt, bis man mich schluchzend und schreiend auf einer Treppe auffand.«

Freund:innen und Geschwister zu trennen ist Kurprogramm. Auch der elfjährige Helmut aus Münster erfährt bei der Ankunft in einem Kurheim auf Juist, das von Nonnen geführt wird, dass er nicht mit seinem Heimatfreund Peter zusammen in einem Zimmer schlafen darf.

»Ab diesem Zeitpunkt habe ich nicht mehr viel verstanden. Peter und ich wurden getrennt.
›Ist schon besser. Da lernt ihr neue Kinder kennen. Und damit Schluss!‹
Es war erst der Anfang einer Zeit, die von Repressalien geprägt war. Gleich nach der Ankunft mussten wir unser Taschengeld abgeben.
›Braucht ihr hier nicht. Wenn ihr abfahrt nach sechs Wochen, kaufen wir mit euch zusammen etwas Schönes! Nach dem Abendbrot sind wir sicher müde und wollen dann besser ins Bett gehen‹.
Und so gern wären wir zum Meer gegangen!
›Und wann gehen wir zum Meer?‹, fragte ein Junge mutig.
›Wir wollten eigentlich morgen Nachmittag gehen. Aber weil du so dumm fragst, gehen wir morgen noch nicht!‹
Meine Zweifel und meine Ängste wuchsen. Warum waren die Nonnen immer so streng? Lange habe ich an diesem Abend wach gelegen. Zwischendurch kam noch eine Nonne und kontrollierte, ob sich alle gewaschen und die Zähne geputzt hatten.
›Und wie sitzt der Schlafanzug? Na, das gucken wir uns erst mal an!‹
Sie zog mir die Jacke gerade und kontrollierte die Hose gründlich. Sie zog sie noch einmal hoch, sie fühlte auch zwischen den Beinen.
›So ist das besser! Nun wollen wir noch ein Abendgebet sprechen.‹

Sie sprach den Text laut vor, manche, ich auch, konnten mitbeten. Eigentlich freute ich mich über die Zuwendung und hatte nichts Negatives empfunden. Trotzdem machte sich in der Nacht so eine traurige Grundstimmung bei mir breit. Ich konnte sehr lange nicht einschlafen. Ein wenig habe ich auch geweint. Und das schon nach dem ersten Tag …«

Harald Schickedanz ist Facharzt für innere Medizin, Psychosomatik und Psychotherapie und selbst Verschickungskind. Als man ihn mit sieben Jahren wegen Infektanfälligkeit zur Kur schickt, traut er sich während der Bahnreise nicht, auf die Toilette zu gehen. Er ist noch nie allein von zu Hause weg gewesen und findet keine Worte, um sein dringendes Bedürfnis bei den Begleiterinnen anzumelden. Angekommen im Kinderkurheim in Sankt Peter-Ording, bietet sich ihm weiterhin keine Gelegenheit.

»Ich hatte schreckliche Bauchschmerzen, weil ich mich nicht getraut habe, zu sagen, dass ich muss. Man hatte mir zu Hause eingeschärft, wegen meiner Erkältung auf keinen Fall am Fenster zu schlafen. Das war ein Schlafsaal mit 50 Betten und das einzige Bett, was noch frei war, stand zwischen zwei Fenstern in der Ecke. Und es gab natürlich auch nichts zu essen, nichts zu trinken und ich wurde sofort in diesen Raum gesperrt. Ich war immer noch nicht auf der Toilette. Und das war die erste Nacht. Dann der nächste Vormittag: Da wurde ich in eine Schlange gereiht, die an einem Pissoir entlang geleitet wurde. Ich konnte immer noch nicht pinkeln, weil zehn Leute zugeguckt haben. Dann gab es Frühstück, irgendein Brei auf dem Teller, der stank nach Ananas. Das fand ich furchtbar. Ich fing an zu weinen. Und es wurde aus der Erde immer schwärzer mit so einem flimmernden Rand und dann war ich einfach weg.«

Die folgenden beiden Wochen der Kur fehlen seinem Gedächtnis bis heute.

Viele Kurkinder, die mit Vorfreude in die Kur starten, spüren spätestens bei der ersten Mahlzeit, dass ihre Wünsche keine Rolle spielen.

»Iss, damit du was wirst!«

Das hören damals viele Kinder, die aufzuessen haben, was Erwachsene ihnen vorsetzen. Das ist in den 50er- und 60er-Jahren nicht in allen Haushalten so, aber in vielen; auch in öffentlichen Betreuungseinrichtungen wie Schulen oder Kindergärten. In der BRD und auch in der DDR.

Für Karlheinz aus Dortmund ist die Kurverschickung ein jährliches Ritual seiner frühen Kindheit. Er muss zwischen seinem fünften und elften Lebensjahr fünf Mal sechs Wochen lang zur »Erholung«, um zuzunehmen. Überall erlebt Karlheinz die gleiche Form der Zwangsernährung, ob in Oberstdorf, Bad Waldliesborn, Heidenoldendorf oder in Niendorf an der Ostsee.

»Man kriegte dann irgendwelches Essen hingestellt, dann musste man so lange sitzen bleiben, bis man es aufgegessen hat. Und wenn man es erbrach, dann musste man es trotzdem essen. Das ist mir nur ganz selten passiert. Aber es ist auch passiert. Und ich habe ja wegen meiner Magen-Darm-Erkrankung gar nicht alles vertragen können. Und ich kriegte immer die Sachen, die ich überhaupt nicht vertragen habe. Ich musste zum Beispiel immer Käse essen und der hat auch unheimlich gestunken. Für mich war das eine Tortur, den habe ich regelmäßig ausgebrochen. In meiner letzten Kur in Oldendorf, da kriegte ich nach dem Mittagessen immer noch zusätzlich gekochte Steckrüben in Sahne – die ich bis heute nicht essen kann – und einen Liter Schwefel-Heilwasser, das nach faulen Eiern gerochen hat. Das musste ich immer dazu trinken und anschließend Mittagsschlaf machen. Das war für mich wirklich der Horror. Und in Oberstdorf kriegte ich immer so ein schwarzes Pulver ins Essen gerührt. Das sollte angeblich den Appetit anregen, hat aber das Gegenteil hervorgerufen. Und alles ungenießbar gemacht. Es war eine Tortur. Das Schlimmste war, allein in dem großen Saal sitzen zu müssen, bis ich aufgegessen hatte. Da hatte ich in Oberstdorf den Vorteil: Wenn alle weg waren, habe ich die Bodenvasen mit dem Essen versorgt, sodass ich schnell mit dem Essen fertig war. Und ich konnte als Kind unheimlich viel, wie so ein Hamster, in den Backen aufbewahren. Und sobald das Essen vorbei war, bin ich auf die Toilette und hab alles ausgespuckt. Eine Technik, die man sich dann als Kind beigebracht hat.«

Heute blickt er mit großer Befremdung auf diese Zeit zurück.

»Das war überhaupt nicht zielführend. Man kann den Kindern Essen anbieten. Schmackhaft, mit Liebe gemacht, sodass Essen kein Zwang, sondern ein Genuss ist. Das alles ist versäumt worden und das macht das Ganze auch so problematisch. Heute würde ich über einige Dinge, die ich damals nicht essen konnte, sagen: Das ist ja lecker, das schmeckt doch prima. Nur: unter Zwang wird egal welches Essen problematisch.«

Auch Rosi ist zu dünn. Ihr Eltern stellen in den 60er-Jahren Tabletts vor ihr auf, damit ihr Blick nicht beim Essen abgelenkt wird. Doch das hilft nicht, die Kinderärztin stellt bei der Schuleingangsuntersuchung Untergewicht fest. Damit fällt die Entscheidung der Eltern, die Fünfjährige vom Teutoburger Wald sechs Wochen zur Kur nach Bayern zu schicken, damit sie endlich lernt, gescheit zu essen. Druck beim Essen kennt sie von zu Hause, aber hier wird daraus Ekel.

»Es gab Frühstück, Mittag, Abendbrot nur auf Plastiktellern. Und dieses Plastik hatte einen Eigengeschmack, einen eigenen Duft. Und das ganze Essen, insbesondere das warme, nahm diesen Geruch und Geschmack auch an, fraß sich in die Mahlzeit hinein. Wir waren bei der Nahrungsaufnahme immer verpflichtet, unsere Portionen zu essen. Es hat mir so viel Ekel bereitet, dass ich gerade die warmen Mahlzeiten nicht aufgegessen habe. Da gab's immer Ärger, immer Schimpfe, ich hätte wieder nicht aufgegessen. Aber ich konnte das Essen nicht essen und kam deutlich gewichtsreduziert wieder nach Hause zurück.«

Viele Eltern der Babyboomer, die in den 50er- und 60er-Jahren zur Welt kommen, haben gehungert. Wenn noch nicht im Zweiten Weltkrieg, dann spätestens in der »Niemandszeit«[151] zwischen 1945 und der Gründung der BRD, als größte Not im Land herrscht.[152]

40 Millionen Entwurzelte, Geflohene, Gestrandete, Obdachlose irren im Land umher, viele haben nur noch das, was sie am Leib tragen.[153] 45 Prozent der Wohnungen sind zerstört. Die Menschen hausen in Trümmern, verheizen Parkbänke und Esszimmerstühle, Alt und Jung stehlen gemeinsam Kohlen und Briketts von den Zügen. Als 1946 über die zerbombten Städte der kälteste Winter des Jahrhunderts hereinbricht[154] und die Besatzer die Brotration 1947 auf eine einzige dünne Scheibe pro Tag senken, sterben unzählige Menschen, vor allem Kinder, Alte, Schwache.[155] Knapp zwei Drittel der »werktätigen Normalverbraucher« haben über 25 Prozent Untergewicht. Die Sowjets beschlagnahmen im Osten Lebensmittellager und Fernmeldestellen.[156] Das Meer, das voller Heringe ist, kann nicht befischt werden. Die Alliierten wollen nicht, dass

die Deutschen, so kurz nach dem Krieg, in dem sie Millionen Menschen getötet haben, erneut eine Flotte aufbauen.[157] Laut einem Touristenführer auf dem Kölner Melatenfriedhof leben hier bis in die 60er-Jahre ganze Familien in den Gruften ihrer Vorfahren, weil es dort wärmer und trockener ist als in den ausgebombten Häuserruinen. Viele Menschen ernähren sich von frei laufenden Katzen und Hasen, Hunden und Pferden. Gekocht werden Bucheckern, Pflanzenwurzeln oder Eicheln.[158] »Wolfszeit« werden diese Jahre genannt.[159] Diese dramatische und provisorische Lage währt bis zur Währungsreform 1948 und prägt die Kinder jener Jahre. Heinrich Böll bittet seine Söhne deshalb um Verständnis für das Verhalten seiner Generation, »das Euch fremd, vielleicht gar unerklärlich geblieben ist: dass es uns nicht nur schwerfällt, unmöglich ist, Brot wegzuwerfen«.[160]

Nicht nur die Hungerjahre prägen diese Generation, sondern rigide pädagogische Konzepte, die seit Langem in der Gesellschaft verwurzelt sind (siehe auch Kapitel 7). Gerade sitzen, nicht kleckern, schweigen. Das sind allgemeingültige Tischregeln für Kinder in den 50er-Jahren. Der Film »Vater, Mutter und neun Kinder« von 1958 zeigt ein typisches Mittagessen. Heinz Erhardt spielt den Vater einer elfköpfigen Familie: »Was gibt's zu essen?«, fragt der freche Ede, einer der Söhne. Herrisch poltert die Haushälterin: »Na das, was auf den Tisch kommt!« – »Los Herrschaften! Los, los!«, zischt die Mutter ihre Kinder bei Tisch unentwegt an. »Erst wird gebetet!«, ruft die Haushälterin.

Als Ede nach den Kartoffeln greift, kassiert er einen Klaps auf die Hände, weil zuerst die Jüngste, das Julchen, dran sei. Sie wird ermahnt, weil sie beim Beten umhergeguckt hat. »Ich wollte aber sehen, was er uns bescheret hat«, kontert Julchen. Beim Essen kommen die Ermahnungen Schlag auf Schlag:

»Schling nicht so! Julchen, bohr doch nicht mit dem Finger in der Nase.« Auf »Mutti, ich mag kein Fett!« folgt: »Na iss, damit du was wirst!« Wieder sagt Julchen: »Mutti, ich mag das Fette da nicht!«, und bleibt ungehört: »Man spricht nicht mit vollem Mund«, mehr interessiert die Mutter nicht.[161]
Als sich der Vater mittendrin an den gedeckten Tisch setzt, macht Ede einen kleinen Witz auf dessen Kosten. »Wenn du weiter so vorlaut bist, bekommst du gar nichts mehr zu essen!«, droht jetzt die Mutter. »Na schön, der Klügere gibt nach!«, zeigt sich Ede einsichtig. Da rastet Heinz Erhardt in der Figur des Vaters aus: »Jetzt reicht's aber mal, du unverschämter Bengel!«, schreit er über den Tisch. Ede schrickt zusammen, nimmt den Teller in die Hand und springt auf. »Zur Strafe isst du draußen weiter!«, ruft der Vater hinterher. Und leiser werdend: »Verdammt und zugenäht ...!« Alle Familienmitglieder lächeln. »Da hast du mir ja was Schönes eingebrockt mit all den Kindern«, sagt der Vater. »Ich ... ist gut!«, antwortet die Mutter. Am Ende sitzt der Junge allein mit seinem Teller in der Hand auf der Treppe. Die Mutter seufzt beim Sockenstopfen zur Haushälterin: »Heutzutage lässt man die Kinder am langen Zügel laufen.«[162]
Die Tischordnung in vielen Kurheimen sieht auf dem Papier recht fortschrittlich aus. Kinder, die wegen einer Unterhaltung das Essen vergessen, müssen »an einen besonderen Tisch gesetzt« werden, »nicht als Strafe, sondern zur Beruhigung«, schreibt der Arzt Hans Kleinschmidt 1964 in einem Leitfaden für Kinderheilstätten. Zwar sollen Kinder gerade sitzen und gut kauen. Das Sprechen und die Unterhaltung während des Essens solle man aber nicht ganz unterbinden. »Unruhe und Hast« verhindere in vielen Familien eine »gemütliche Mahlzeit«. In der Kinderkur könnten die Kinder endlich »in Ruhe und Besinnlichkeit« speisen, die Mahlzeiten würden dort die »Feststunden« des Tages bilden.[163]

Kleinschmidts Empfehlungen haben aber wenig mit der Realität zu tun. In vielen Heimen sitzen 60, 70, 80 Kinder in riesigen Speisesälen nur wenig Personal gegenüber. Während des Praktikums in der Kinderheilanstalt Bad Sassendorf erlebt Iris ihre schlimmste Stunde, als sie mit 43 Kindern im Speisesaal allein gelassen wird. Sie trampeln mit den Füßen, laufen herum, schlagen mit Löffeln auf die Teller. In ihrer Verzweiflung fängt sie an zu singen. Irgendwann stimmen alle Kinder mit ein, die Situation ist unter Kontrolle gebracht.[164] Im Kinder- und Kurheim »Emilienruhe« werden keine Lieder gesungen, stattdessen Punkte für den leisesten Tisch vergeben. Erfolgreich: 85 Kinder sprechen laut Praktikantin Ruth kein Wort.[165] Oft wird aber mit erzieherischer Härte für Ruhe gesorgt. Praktikantin Sigrid verstört die Strenge im Deutschen Erholungsheim am Timmendorfer Strand. Wenn eins der Kinder die Hand etwas zu weit auf den Tisch legt oder den Löffel zu voll nimmt, wird es laut zurechtgewiesen. Nicht viele junge Frauen dieser Zeit fühlen so mit. Ihre Praktikumsberichte zeigen, wie über Kinder und Erziehung damals gedacht wird. Ilse ist 1959 Praktikantin in einem Kinderkurheim in Bad Sachsa. Sie erzählt vom kleinen Dieter, der dort nicht essen will und oft am Tisch weint. Bis zum Kaffeetrinken setzt man ihm das Essen immer wieder vor. Niemand beachtet ihn mehr, wenn er dort weinend sitzt. Mit Erfolg, wie die Schülerin befindet. Am Ende habe der Junge fast keine Schwierigkeiten mehr gehabt. Doch als es eines Tages grüne Bohnen gibt, fängt er wieder an zu weinen, muss wieder bis zum Nachmittag dort sitzen. Ilse schlussfolgert, dass es für den Jungen sicherlich leichter gewesen wäre, wenn er von seiner Mutter nicht so verwöhnt worden wäre.[166]

Die Kurkonzepte in den 60er-Jahren sehen Esszwang nicht vor, zumindest nicht explizit. »Mahlzeiten nicht hineinpressen«, rät

Hans Kleinschmidt 1964. Die frische Kost in den Heimen würden die Kinder nicht kennen, sie müssten sich daran erst einmal gewöhnen, so schreibt er. Aber es gebe »Brotfresser«, »Suppenesser«, »Salatverweigerer«, die »erzogen werden könnten«.[167] Das gelinge allein dadurch, die Speisen schmackhaft zu drapieren. Mit Küchenkräutern, Eigelb oder Rote Bete.[168]

In der Realität ist »Hineinpressen« von Essen gängige Praxis in vielen Kurheimen. Insbesondere von hochkalorischer Milchsuppe. Das liegt insbesondere daran, dass die Kurheime die Gewichtszunahme der Kinder brauchen. Wird diese nicht erreicht, gilt die Kur als Misserfolg – was die Daseinsberechtigung der Heime gefährdet. Viele Kurkinder im Kinder- und Kurheim Emilienruhe lehnen Milchsuppe ab. Doch die Schwestern kennen laut Praktikantin Karin kein Pardon: Alles muss gegessen werden, weil die Kinder zunehmen sollen.[169]

Mitleid wird nicht geduldet. Am Anfang ihres Praktikums 1952 im Kindererholungsheim Schwalenburg spricht die Praktikantin Brigitte einem Kind, das am Tisch leidet, noch gut zu. Doch in der Mittagspause wird sie gebeten, das nicht zu tun, weil die Kinder sich dann gar nicht mehr ans »Durchessen« gewöhnen würden. Brigitte nennt Kinder danach »unartig«, die sich beim Essen sofort übergeben, wenn sie sich beeilen sollen. Ein- bis zweimal lässt man die Kinder gewähren, dann setzt es eine »Radikalkur«. Ein Mädchen, das sich mehrfach dem Essen verweigert, wird drei Tage ins Bett gesteckt und bekommt nur einen Zwieback und eine Tasse Tee zu den Mahlzeiten. Das habe immer geholfen, schreibt Brigitte. Nach der »Radikalkur« essen alle Kinder, was ihnen vorgesetzt wird. Die Lehrkraft, die den Praktikumsbericht Korrektur gelesen hat, schreibt in Brigittes Bericht, dass man den Kindern doch stattdessen wenig, aber dafür schmackhafte Kost hätte geben können. Brigitte hingegen gefällt ihr Praktikum. Am Ende schreibt sie: Wäre sie die Leitung, würde sie es ganz genauso machen. [170]

Praktikantin Sigrid ist da anderer Meinung. Im Deutschen Erholungsheim am Timmendorfer Strand, in dem sie im Einsatz ist, bekommen alle Kinder immer zwei Portionen. Den Kindern, die früher fertig sind als die anderen, wird eine dritte Zusatzportion aufgeladen, ob sie wollen oder nicht. Diese dritte Portion würgen die Kinder unter Tränen herunter. Wer sich während der Prozedur übergibt, wird auch hier bei Wasser und Zwieback ins Bett gesteckt. »Unglaubliche Pädagogik«, schreibt Sigrids Lehrkraft neben diese Stelle im Praktikumsbericht. Und als Sigrid fortfährt, dass sie nicht verstehe, wie man Kinder erst so dermaßen überfüllen und dann zur Fastenkur zwingen könne, dass man die Kinder doch hätte selbst entscheiden lassen können, wie viel sie vertragen, dass das Essen wirklich sehr gut gewesen sei und die Kinder doch bestimmt genauso zugenommen hätten, kommentiert die Lehrkraft »Richtig!«.[171]

Auch der Autorin Sabine Ludwig ist Essensdruck als Kind der Kriegsgeneration aus ihrem Zuhause in den 60er-Jahren vertraut, aber die Brutalität, die sie als Sechsjährige in der Kinderkur im Fichtelgebirge erfährt, geht weit darüber hinaus.

»Wenn die jüngeren Kinder nicht essen wollten, dann hat sich die ›Tante‹ eine Gummischürze angezogen, den Kopf des Kindes zwischen die Knie genommen, festgehalten und es gestopft wie eine Weihnachtsgans.«

Die Bilder haben sich tief eingegraben, sie werde sie nie wieder vergessen, sagt die Autorin. Diese Gewalt wird in vielen Kurheimen praktiziert. Im Kinderheim Waldhaus der Diakonie in Bad Salzdetfurth endet sie 1969 tödlich. Der siebenjährige Stefan erstickt an seinem eigenen Erbrochenen. Im Bericht wird die Todesursache wie folgt beschrieben:

»Erhebliche Speisebreieinatmung und weitgehende Ausfüllung der Bronchien (...) die unmittelbare Todesursache ein Ersticken bei Speisebreieinatmung. Dieses setzt voraus, daß Stefan (...) zur Zeit des Erbrechens bewußtseinsgetrübt oder bewußtlos war. Die tödliche Speisebreieinatmung war also eine sekundäre Folge des von den Zeugen beobachteten und geschilderten Ohnmachtsanfalles, dessen Ursachen durch die Sektion nicht aufgedeckt werden konnten.«[172]

Im selben Jahr kommt es zu zwei weiteren Todesfällen in dem Heim. Kurz darauf wird es geschlossen.
Die Zwangsernährung setzt sich auch noch in den 70er-Jahren fort. Matthias, der nicht dazuschreibt, wie alt er damals ist, berichtet in einem Onlineforum über die Esssituation in den 70er-Jahren im Kinderkurheim Antoniushaus in Niendorf:

»Als die Schwestern das Essen brachten, wurde lauthals verkündet, dass wir, ›so schnell wie die Feuerwehr‹ essen mussten – sonst keinen Nachtisch und weitere Strafen. Das war Trauma – ich hatte immer große Angst, dass ich es nicht schaffte, so schnell zu essen. Ein Junge konnte den Spinat nicht essen. Er wurde gezwungen. Natürlich hat er erbrochen und wurde dann gezwungen alles Erbrochene zu essen. Wir wurden alle dafür bestraft – wie, weiß ich nicht mehr.«

Anders sieht das für die 60er-Jahre aus: Die ehemalige Mitarbeiterin Gunild sagt, dass das Essen zu dieser Zeit gut gewesen sei. Keins der Kinder sei gezwungen worden, etwas zu sich zu nehmen, was es nicht wollte.

»Das Ziel war, heute würde ich sagen, leider, dass die Kinder zunahmen. Und wie nehmen Kinder in dieser relativ kurzen Zeit von sechs Wochen zu? Man gibt ihnen Brei, der sie so ein bisschen aufpeppt. Man war ja froh, wenn die Kinder, die zart und blass zu uns kamen, ein bisschen zunahmen. Das Essen, das muss ich sagen, bestand abends vor allem hauptsächlich aus Vanillebrei, Milchbrei, Reisbrei. Dieser Brei war total lecker. Aber es standen immer noch große Platten mit Schnitten auf dem Tisch. Wer den Brei nicht mochte, nahm dann die Schnitten. Dass sich einer geekelt hat, so was zu essen und das auch noch aufessen musste, was er erbrochen hatte. Das habe ich nicht erlebt.«

Wunsch und Wirklichkeit

Das Speiseangebot in den Heimen verändert sich über die Jahrzehnte kaum und ist schon in den 50er-Jahren nicht zeitgemäß. Mit dem Wirtschaftsaufschwung erfasst in den Nachkriegsjahrzehnten eine Fresswelle die BRD. Die Erwachsenen werden gelassener, rundlicher und legen sich einen Bauch zu.[173] Partys feiert man jetzt mit Käse- und Mettigel, Lambrusco, Kellergeister, Bier, Limonaden, TRI-TOP-Getränkesirup, Salzstangen, Pittjes-Partynüssen und Fischli. Auf den Büfetts stehen Frikadellen, kalte Koteletts oder Schnitzel mit scharfem Senf, gefüllte Tomaten, als Fliegenpilz dekoriert, dazu Kartoffelsalat, Mixed Pickles, Roastbeefrolls und russische Eier. Ein Hauch von Exotik weht mit dem Toast Hawaii nach Deutschland. Es ist die Zeit von Ragout fin, roter Grütze, grünem Wackelpudding mit Vanillesoße und Filterkaffe mit Bärenmarke-Kondensmilch. Der Sonntag wird als Großereignis zelebriert, zu dem immer ein Braten in brauner fetter Soße, dann Kaffee und Kuchen und ewige Verwandtenbesuche gehören.
Zur Verköstigung der Kurkinder raten die Jugend- und Gesundheitsämter in den 50er-Jahren zu einem ausgewogenen Ernährungskonzept. Zu Müsli-Gerichten aus Vollkorngetreide, Milchprodukten, Fisch, Fleisch, Innereien, Eiern, Sojaerzeug-

nissen oder Nüssen, zu Frischkost aus Obst, Gemüse, Vollkornschrot oder Weizenkeimen, Tees und hart gebackenem Vollkornbrot.[174] Den Küchenleiter:innen wird nahegelegt, an Ernährungslehrgängen teilzunehmen, die das Bundesministerium für Ernährung subventioniert, weil die Einrichtungen finanziell zu schwach ausgestattet sind.[175] Die Jugend brauche für ihren großen energetischen Umsatz viele kalorienspendende Nährstoffe. Abzulehnen sei aber »Fettmast und Gewebsaufschwemmung«. Die Ernährung solle so natürlich wie möglich sein, ohne chemische Stoffe. »Art, Menge und Aussehen« sollten »dem individuellen Bedarf und den Bedürfnissen der Jugend entgegenkommen«.[176] Speisepläne der Kinderkurheime Bad Laasphe und Bad Waldliesborn aus den 50er-Jahren enthalten etwa: Kartoffelsalat, Suppe, Ei und Obst. Dorschleber und Tomaten oder belegte Brote, Kartäuserklöße in Weinschaumsoße, Wurstschnitten mit Gurken, Kalbsfleisch mit Bohnengemüse, Gulasch mit Nudeln und vorneweg Erbsensuppe. Pellkartoffeln mit Specktunke, Frikadellen, Bohneneintopf mit Speck oder gebackenen Fisch mit Weißkrautsalat. Daneben stehen jedoch immer wieder Reisschnitten und süße Suppen, Puddingsuppe oder Grützebrei in den Plänen.[177] Für die 70er-Jahren beschreibt Gaby das Essen im Antoniushaus so:

»Kinder aus einfacher ländlicher Schwarzwaldküche werden gezwungen, Labskaus, irgendwas Ekeliges mit Hackfleisch, Heringsstipp, warmen Pudding, trocken Brot und Tee zum Frühstück statt Landmilch mit Butterbrot zu essen. Keine gesunden Zwischenmahlzeiten – wir aßen alle gerne Obst, liebten Salate, nagten gerne zwischendurch an Karotten – stattdessen schleimiger Kartoffelpüree, Quark, vermischt mit Götterspeise, schleimige Nudelsuppen, keinerlei süße Leckerchen.«

Die Behörden raten den Kurheimen schon in den 50er-Jahren explizit von den Milchsuppen ab.[178] Doch statt der empfohlenen ausgewogenen Mahlzeiten bleiben Suppen und Breis in etlichen Kurheimen Standardmahlzeiten: Sie sind günstig, nahrhaft und können schnell in Masse hergestellt werden. Kurheime sind Wirtschaftsbetriebe. Manche Betreiber:innen sparen noch mehr am Essen.

»Jeden Morgen gab es eine absolut ungenießbare Milchsuppe aus vergorener alter Milch, die Würste waren teilweise verfault. Wenn es mal sonntags Kompott gab, dann hat immer der gewonnen, der die meisten Würmer im Kompott hatte. Also, es war Schweinefraß.«

Das berichtet die Kinderbuchautorin Sabine Ludwig über ihre zweite Verschickung nach Borkum Ende der 60er-Jahre in das Privatkurheim eines Arztes.

Tauschhandel unter den Kindern

Ab den 70er-Jahren finden parallel zu den Zunehmkuren immer mehr Adipositaskuren statt. Für manche Kinder ist das eine Chance zu tricksen. Alexandra, die als Sechsjährige im Haus Hamburg der DAK in Bad Sassendorf bei Soest zur Kur ist, berichtet:

»Mit mir am Tisch saß ein Mädchen, das abnehmen musste, und ich sollte ja zunehmen. Und es gab eines Tages Milchreis ohne Ende. Keiner konnte den mehr aufessen und ich habe ihr den heimlich immer auf ihren Teller geschoben. Sie hat sich total gefreut. Wir haben uns zum Glück nicht erwischen lassen.«

Anja schreibt über ein Kurheim an der Ostsee:

»Was ich doof fand, war, dass über- und untergewichtige Kinder im selben Speisesaal ihre Mahlzeiten einnahmen. Wir Dünnen wurden regelrecht gemästet und die Dicken mit ihrer Magerkost sahen uns neidvoll zu. Wir haben die Betreuerinnen aber ausgetrickst: Wenn wir unser Essen nicht schafften, durften wir es mit auf den Spaziergang nehmen. Dort haben wir dann heimlich getauscht: Meine dicke Freundin bekam meine Bananen und ich ihre Tomaten.«[179]

IV Auf der Seestraße

Suche nach Erinnerungen

Am nächsten Morgen beginnt ein kalter, klarer Oktobertag. Nach einem kurzen Frühstück brechen wir in Richtung Seestraße auf. Vor sechs Jahren haben mein Vater und seine Schwester mir zum ersten Mal genauer von ihrer Kur erzählt, und nun versuchen wir das Kurheim wiederzufinden. Die Stiftung Bahn-Sozialwerk behauptet seit der ersten Anfrage 2017, keine Daten mehr zu besitzen, und schreibt 2020 auf wiederholte Nachfrage:

»Die Stiftung Bahn-Sozialwerk (BSW) in ihrer heutigen Rechtsform als privatrechtliche Stiftung gibt es erst seit ihrer Gründung 1997. Wir können zu der Zeit davor keine Angaben machen. Bitte sehen Sie dahin gehend von weiteren Anfragen dieser Art ab, wir werden diese auch nicht mehr beantworten.«

Auch in Dortmunder und Sylter Archiven, im Bundesarchiv, dem Deutsche Bahn Museum, im Westfälischen Wirtschaftsarchiv, in Jugend- und Gesundheitsämtern in Schleswig-Holstein und NRW gibt es bislang keinen Hinweis auf eine Gruppe Eisenbahnerkinder, die 1967 von Dortmund nach Sylt zur Kur gefahren ist.

Eine Spur haben wir trotzdem. Auf Fotos ehemaliger Kinderkurheime aus Wenningstedt, die wir abgeglichen haben, glaubt mein Vater ein Haus wiederzuerkennen. Das Kinderkurheim Decker. Ein Privatheim, das in den 60er-Jahren in Strandnähe auf der Seestraße steht. Heute gibt es an dem Ort nur noch ein Ferienhaus mit dem Namen Decker. Als ich dort anrufe, sagt man mir, dass es sich dabei nicht um das ehemalige Kinderkurheim, sondern das Logishaus der Familie Decker handele: das ehemalige Kinderkurheim habe ein paar Meter weiter gestanden, es sei inzwischen abgerissen worden.

Mein Vater und Barbara spazieren auf der Seestraße Richtung Meer. Genau wie in ihren Schilderungen führt die Straße auf die Dünen zu. Die beiden fluten Erinnerungen.

»Dieses Haus hat für mich so ein Grauen!«, sagt mein Vater zu seiner Schwester.

Barbara nickt: »Ich habe es wie eine Klinik im Kopf, weiße Wände, kein Bild an der Wand.«

»Und Bohnerwachs, den Geruch habe ich präsent. Weißt du noch, wie das war, als wir getrennt wurden?«

»Den Moment werde ich nicht vergessen. Ich bin nach rechts zu den Mädchen und du nach links, da war der Jungstrakt.«

Die streng organisierten Mahlzeiten sind nur ein Teil des freudlosen Kurprogramms. Jeder Morgen beginnt mit dem Appell: »Aufstehen!«, dann folgt kollektives Zähneputzen und Waschen, bevor es zum Frühstück in den verhassten Speisesaal geht. Danach müssen alle Kurkinder ihre Schuhe auf der Treppe zum Hof putzen und sich draußen aufstellen. Wie Insassen eines Straflagers marschieren sie in Reih und Glied, die Knoten eines Seils festhaltend, aus dem Kurheim auf die asphaltierte Straße Richtung Meer, nehmen dann den Strandzugang, ein hölzernes Treppenhaus, das in die Düne gebaut ist und im Zickzack steil nach unten führt: »Wenn ich den Sand unter den Füßen gespürt habe, dann kam endlich etwas Freude und Aufregung in mein Herz«, sagt mein Vater. Er ist damals das erste Mal am Meer und beeindruckt von der Weite und den Wellen. Kurz rückt das Heimweh und die Sorge um seine Schwester in den Hintergrund, die mit der Mädchengruppe irgendwo anders unterwegs ist. Es regnet und stürmt häufig in den Wochen auf Sylt. Oft müssen sie gegen den Wind Richtung Norden marschieren. Die Sandkörner fliegen ihnen ins Gesicht. Statt mit den Kindern im Schutz der Dünen abzuwarten, wenn der Wind zu heftig ist, schreien die Schwestern »Weiter! Weiter!«.

»Das hatte nichts mit den schönen Wanderungen zu tun, die ich vom Sommerurlaub mit Mama und Papa kannte«, sagt mein Vater. Und Barbara ergänzt: »Danach war ich auch total ausgekühlt. Und dann war es eben nicht so, dass man einen heißen Kakao oder Tee bekam. Man war dann einfach kalt. Fürsorglichkeit gab es keine.«

Nach den Märschen dürfen sie manchmal Volley- und Völkerball spielen. Ein Foto zeigt meinen Vater mit einem anderen Jungen am Strand, auf einer Wippe sitzend: ein einfaches Holzbrett, das auf einer Rolle balanciert. Zwei weitere Jungen stehen daneben und blicken zu Boden. »Eine Ausnahme«, sagt er. Frei spielen dürfen sie selten. Ein paar Ausflüge findet er als kleiner Junge ganz schön. Mehrmals sind sie tatsächlich im Meerwasserwellenbad, von dem sein Vater so geschwärmt hatte, und einmal besuchen sie Krabbenfischer. Doch fast nie kommt er mit anderen Kindern ins Gespräch. Der durchstrukturierte Tagesablauf lässt für Beziehungsaufbau keinen Raum. In den Ferien mit der Messdienergruppe oder im Gemeindezeltlager findet er immer schnell Freunde. Aber unter den Kurkindern ist er isoliert. Meine Tante vergleicht ihre Kinderkur mit einem Gefängnisaufenthalt. Drill und Gehorsam, Härte und Strenge prägen den Alltag.

»Alles passierte wie in einem Straflager. Es war eine Massenabfertigung, die keinen Raum ließ für einen freundlichen individuellen Umgang.«

Wer die Regeln nicht beachtet, wird drangsaliert und bestraft. Häufig mit Isolation. Sprechen oder flüstern die Kinder beim Essen oder der strengen Mittagsschlafzeit, werden sie auf eine

Bank auf dem Flur gesperrt. Für meine Tante Barbara gehören diese Isolationsstrafen zu den schlimmsten Züchtigungsmaßnahmen, wie man damals pädagogische Strafen nennt.
»Das Mädchen auf meinem Zimmer war Bettnässerin, und bei ihr wurde regelmäßig die Bettdecke zurückgeschlagen, um zu überprüfen, ob sie ins Bett gemacht hatte, und wenn das so war, musste sie zur Strafe die halbe Nacht im kalten Flur auf einer Truhe sitzen, mit der nassen Hose.«
Barbara versucht, dem Mädchen zu helfen. Sie sagt den Erzieherinnen: »Seien Sie doch nicht so böse! Sie kann doch nichts dazu.« Aber sie erreicht nichts.
»Das ist ja schon herzlos, wenn man so mit Kindern umgeht. Nichts dagegen machen zu können, das war für mich schrecklich. Es gab keine vertraute Person, da war niemand, der warmherzig gewesen wäre, die waren alle kaltherzig und im Grunde grausam.«
Mein Vater verzieht das Gesicht. »Dass auf dem Flur nachts Kinder waren und jämmerlich geweint haben und die Stimmung in diesem Treppenhaus und Flur so kalt war, das spüre ich heute noch in meinem Herzen.«
Mitten in der Kur wird Barbara krank. Sie bekommt Mumps. Mit dem Einsetzen der Symptome wird sie in einem Raum isoliert. Hier beginnt der schlimmste Teil ihrer Kinderkur.
»Ich lag als kleines Kind mit hohem Fieber im Bett und wurde alleingelassen, nur dreimal am Tag wurde Fieber gemessen und Essen und Trinken gebracht. Mein Bruder durfte mich nicht besuchen, niemand war freundlich zu mir. In dieser Zeit habe ich nur geweint und war verzweifelt. Das kann man mit kleinen Kindern nicht machen.«
Eines Tages registriert mein Vater, dass seine Schwester, die er manchmal im Speisesaal oder auf dem Hof beim Vorbeigehen gesehen hat, ganz verschwunden ist.

»Das macht eben die gesamte Herzlosigkeit dieses Systems deutlich, dass nicht mal der Bruder informiert wird, wenn die Schwester krank ist.«

Auf Nachfrage erfährt er, dass seine Schwester an Mumps leidet.

»Mehr nicht. Und damit war ich dann auch alleingelassen. Ich wusste, dass meine Schwester krank ist, ich ihr aber nicht helfen kann und damit gegen mein Versprechen verstoße, auf sie aufzupassen.«

Als Barbara endlich gesund ist, wird ihr gesagt, dass sie das Krankenzimmer verlassen darf. Freudestrahlend läuft sie hinaus.

»Ich bin sofort aus dem Haus gelaufen, Richtung Meer, dann die Treppe runter zum Strand. Dort waren die Erzieherinnen aus dem Kinderheim und andere Kinder, und ich dachte, die freuen sich mit mir – aber ich bekam großen Ärger. Wie ich einfach allein nach draußen gehen könnte. Ich wurde ins Haus geschleift und musste mich den Rest des Nachmittags allein auf eine Kiste im Flur setzen. Noch nicht mal mein Bruder durfte zu mir. Ich verstand die Welt nicht mehr.«

Trost von den Eltern erreicht sie nicht. Das Päckchen mit Süßigkeiten, das ihr die Eltern an Ostern schicken, nehmen die Erzieherinnen weg mit den Worten: »Weil du dafür noch zu klein bist.« Das Päckchen mit Geschenken zu ihrem siebten Geburtstag, das sogar eine Puppe von ihrer Oma enthält, stehlen die großen Mädchen aus ihrem Zimmer.

»Die haben alles aufgegessen, was dadrin war, die Puppe kaputt gemacht und niemand hat mir beigestanden. Ich habe mich hilflos und verzagt gefühlt.«

Eines Tages bekommt auch ein Junge aus Matthias Schlafstube ein Süßigkeitenpaket von den Eltern. Er verteilt großzügig davon und es ist noch viel übrig, als sie das Zimmer verlassen. Als sie später zurückkommen, ist das Paket verschwunden.

Der Vorfall wird gemeldet. Das Paket wird in Matthias' Nachtschränkchen gefunden. Aber nicht er hat es dort versteckt, die älteren Jungen müssen es dort hineingetan haben.

»Und dann wurde ich auch noch als Dieb denunziert und musste auf die Bank im Flur und dort für etwas büßen, das ich gar nicht getan habe.«

Jungen und Mädchen sind im Kinderkurheim streng voneinander getrennt. Nicht aber unterschiedliche Altersgruppen. Mein Vater teilt sich sein Zimmer mit älteren Jungen, die er auf 16 bis 18 schätzt. Die Älteren triezen die Kleinen, zeigen immer wieder, dass sie die Stärkeren sind, wann immer kein Aufsichtspersonal da ist.

»Die haben dann gesagt: ›Wir zeigen euch, wie man richtig boxt.‹ Aber das war nur wieder ein neuer Trick, um uns Kleine rumzuschubsen.«

Nach dem Abendessen dürfen die Acht- bis Zehnjährigen Brettspiele spielen. Dann geht es geschlossen in den Waschraum. Um neun ist Bettruhe, dann werden die Lichter gelöscht.

»Ich habe mich gefreut, dass der Tag zu Ende ist, weil es mich näher an die Heimreise gebracht hat, aber mit dem Abend stieg auch die Angst: Was werden die großen Jungen heute Nacht tun?«

Die älteren Zimmergenossen kommen immer etwas später als die Kleinen in die Schlafkammer.

»Dann haben die großen Jungen, die für mich schon richtige Männer waren, ihre Taschenlampen rausgeholt und dreckig gelacht: ›Hey, du kleiner Schisser aus Dortmund‹, haben die dann gerufen. Dann haben die ihre Penisse rausgeholt. Die waren für mich riesig, die haben die angefasst und komische Geräusche gemacht. Das hat mich schockiert. Ich wusste nicht, was ich machen sollte, und es gab niemanden, an den ich mich wenden konnte.«

Denn die Aufseherin, die für die Kammer zuständig ist, hilft ihnen nicht. Sie legt sich zu den älteren Jungen in die Betten, es kommt zu sexuellen Handlungen. Mein Vater und die anderen Kleinen wickeln sich in die Decken ein, um nichts hören und sehen zu müssen: »Wir haben uns unsichtbar gemacht, mumifiziert.« Während Matthias unter der Decke liegt, fragt er sich, warum das nette Fräulein nicht zu ihm kommt, ihn in den Arm nimmt und tröstet.

Es gibt keinen Ausweg aus dem sexuellen Missbrauch, dem Zwang, der Angst, der Scham und der Einsamkeit. Die Verbindung nach Hause ist vollständig gekappt. Eines Tages dürfen die Kinder Postkarten an die Eltern schreiben. Barbara schöpft Hoffnung, dass sie ihre Mutter endlich bitten kann, sie abzuholen. Sie kann noch nicht schreiben, deshalb diktiert sie der Frau. »Mama, ich habe Heimweh, ich will nach Hause!« Aber die Frau entgegnet: »Das schreiben wir nicht, da wird die Mama noch ganz traurig!« Stattdessen schreibt sie: »›Barbara isst gut, nimmt aber nicht zu!« Barbara hat keine Möglichkeit, mitzuteilen, wie es ihr geht. Matthias muss seinen Text auf einen Zettel vorschreiben. In seinem Brief an die Eltern steht, dass Barbara Mumps hatte, sie getrennt sind und wie traurig er ist. Die Betreuerin ist damit nicht einverstanden, er soll stattdessen von einem schönen Erlebnis berichten und die Eltern bitten, Gummistiefel für die Wanderungen zu schicken. Er malt damals Wellen auf das Papier und ganz unten ein kleines winkendes Mädchen mit Zöpfen. »Das ist Susanne« steht daneben. Seine jüngste Schwester. Den Brief hat er aufgehoben.

> »Liebe Eltern!
> Ich bin gut angekommen. Es gibt immer gutes Essen. Schicke Barbara und mir bitte Gummistiefeln (sic!), mir bitte noch einen Kugelschreiber. Wir waren gestern am

Meer. Ich fand einen schönen Stein. Wenn man ihn anfasst, ist er warm. Wir schlafen zu fünf Jungens in einem Zimmer. Nun will ich schlußmachen.
Schöne Grüße an Euch alle
Matthias.«

Mitten im Gespräch erreichen mein Vater und meine Tante eine Einfahrt, mein Vater bleibt stehen. »Hoho«, sagt er, wie ein tiefes Seufzen. Er hat plötzlich Tränen in den Augen. Er wendet sich zu seiner Schwester: »Das ist nicht das Haus, aber hier muss es gewesen sein. Von der Entfernung zum Strand her passt das!« Das Haus, das ihn so beeindruckt, ist das ehemalige Wohnhaus der Familie Decker, das frühere Nachbarhaus des Kurheims, das in einem ähnlichen Stil gebaut ist. »Ja, das könnte passen!«, sagt Barbara unsicher. Mein Vater legt seine Hand auf ihre Schulter und schaut lange auf das Haus.
Über die Agentur, die dort heute Ferienwohnungen vermietet, habe ich vor der Reise Kontakt zu einer Einheimischen aufgenommen. Paula* will sich zwar nicht mit uns treffen, ist aber bereit, mit mir zu telefonieren.
Ihre verstorbene Großtante leitet das Heim in den 60er-Jahren, ist aber inzwischen verstorben und hat keine weiteren Nachfahren. Paula hilft damals als Teenagerin in dem Heim aus. Die Kinder kommen von weit entfernt ins Kurheim, um zuzunehmen, erinnert sie sich. Es gibt Völkerballspiele und Schokoladenpudding, einen Hof, über den die Kinder rein- und rausgehen, ein Wäldchen hinterm Haus und einen Weg durch die Heide zum Strand. Als ich meinem Vater und meiner Tante die Schilderungen der Frau vorlese, nicken sie, das klingt nach ihrem Kurheim. Aber eine letzte Gewissheit fehlt.
Nach einer Weile spazieren wir zum Meer. Genau wie in ihren Berichten führt ein hölzernes Treppenhaus hinunter zum

Strand. Beide stellen sich an das Geländer, schauen lange aufs Meer, es windet heute ziemlich, frisch ist es, die Wellen schlagen hoch. Aber die Sonne scheint und am Strand spielen Familien. »An so ein schönes buntes Bild kann ich mich nicht erinnern«, sagt mein Vater. »Es gab nicht einen einzigen Tag, an dem es so schön hell und klar war.«
In seiner Erinnerung herrscht Düsternis.

5.

LIEGEN, LUFT, MARSCHIEREN

Der Kuralltag

In allen Kinderkurheimen gibt es ein einheitliches Tagesprogramm, das aus Essen, Liegen und Bewegung an der frischen Luft besteht. Laut ärztlichem Konzept aus Sepp Folberths Leitfaden »Kinderheime, Kinderheilstätten« aus dem Jahr 1964 soll es keinen einheitlichen »Tageslauf« für Kindererholungskuren geben, wegen der »örtlichen und jahreszeitlichen Gegebenheiten«.[180] Erlaubt ist Flexibilität, vor allem in den Uhrzeiten. Ein guter Kindererholungstag startet laut ärztlichem Rat der 60er-Jahre mit dem gemeinsamen Singen des Morgenliedes und leichten gymnastischen Übungen.[181] Für den elfjährigen Helmut, der 1960 aus Münster nach Juist verschickt wird, beginnt der Tag hingegen so:

»Es gab Brot und die gleiche Wurst wie am Vorabend. Dazu tranken wir Tee. Danach setzten wir uns in einen Stuhlkreis und wollten die Abläufe und den Tagesrhythmus besprechen. Leider gaben lediglich die Nonnen den Ton an, im wahrsten Sinne des Wortes. Keiner von den Kindern sagte etwas.«

Anders ist es im Privatkinderkeim Haus Fredeborg in Westerland auf Sylt: Dort absolvieren die Kinder 1959 an jedem Morgen Atem- und gymnastische Übungen. Danach reibt Praktikantin Ursula die Kinder mit Seewasser ab, um sie danach noch mal für zehn Minuten ins Bett zu schicken. Gegessen haben die Kinder bis dahin noch nichts. Die Heimleiterin selbst lässt es sich nicht nehmen, auszuschlafen. Erst um Viertel nach zehn erscheint sie, um eine Haferschleimsuppe zu kochen. Nach dem Essen beschäftigen sich die Kinder allein. Um 11 Uhr gibt es noch mal Butterbrote.[182]

In vielen Kinderkurheimen starten die Tage gegen sieben Uhr und mit einem straffen Programm. Im Adolfinenheim auf Borkum gehen die »Asthmakinder« in den 50er-Jahren zum »Asthmaturnen« und die rachitischen Kinder zum Geräteturnen, das Klappturnen genannt wird, die anderen absolvieren Gymnastik auf dem Hof.[183]

Frischluft und Marschieren

Ärzte wie Kurt Nitsch oder Hans Kleinschmidt, die bei den Behörden als Experten gelten und Programme für Kinderheilstätten schreiben, empfehlen, Kurkinder täglich und bei jedem Wetter ins Freie zu schicken; geeignet sei ein kurzer Spaziergang am Vormittag. Kinder dabei an einem Seil laufen zu lassen ist nicht vorgeschrieben, aber Usus in vielen Kurheimen.

Helmut erinnert sich noch heute an diese Märsche auf Juist:

»Am dritten oder vierten Tag freuten wir uns über die Mitteilung beim Mittagessen, dass wir einen Spaziergang zum Strand machen würden. Ich weiß noch, dass Jubel ausbrach bei den Kindern. Die Nonnen drohten: ›Ruhe! Wir können das auch gerne noch verschieben‹, aber: Ungefähr um 15 Uhr marschierten wir los. Dieser militaristische Ausdruck war damals nahezu angebracht. Vorweg zwei Nonnen, dahinter die Kindergartenkinder. Denn so kamen wir uns vor. Immer fassten sich zwei Jungen an, hinter uns lauerten wieder zwei Nonnen. Gingen wir am Strand? Waren wir gar wenigstens mit den Füßen im Wasser? Weit gefehlt! In gehörigem Abstand zum Meer gingen wir im Gänsemarsch circa zwei Stunden mit Blick aufs Meer – immerhin! – durch die Landschaft. Als wir wieder im Kurhaus waren, hielt sich unsere Begeisterung in Grenzen. Ich weiß noch, dass auch unsere Aufpasser nicht zufrieden waren. Es hatten sich doch tatsächlich hin und wieder Kinder kurz aus der Umklammerung gelöst, um auf Möwen oder ein Schiff zu zeigen. Am nächsten Tag gingen wir dann mit einem langen Seil – jedes Kind musste sich daran festhalten – los. Grauenhaft! Selbst Urlauber und Anwohner blieben stehen und schauten uns lange nach. Einige schüttelten mit dem Kopf. Unser Ausflug lief nun immer nach diesem Muster ab. 1959 war ein sehr heißer Sommer. Und nicht einmal mit den Füßen bin ich in die Nordsee gekommen. Und Fußballspielen war auch nicht erlaubt!«

Bernd ist bei seinem Kuraufenthalt im Jahr 1971 neun Jahre alt. Bei einem der Märsche in der Kinderheilanstalt in Bad Sassendorf läuft er seinen Fuß blutig.

»Als ich mich dann nach ein paar Kilometern gemeldet und mir den Socken ausgezogen habe, sah man, dass am Fuß überall Eiter war. Die haben mir den wieder angezogen und man hat mich weitergeschleift.«

Auch für Günter, der als kleiner Junge in den 70er-Jahren auf Norderney zur Kur ist, sind die Spaziergänge buchstäblich Gewaltmärsche: »Wir liefen immer in Reih und Glied, zwei an einer Hand, und wenn jemand aus der Reihe getanzt ist, hat die Betreuerin uns in den Hintern getreten.«

Die Liegekuren

Die Liegekur ist ein weiterer ärztlich vorgeschriebener Tagesordnungspunkt vieler Kuranstalten. Eine Stunde Mittagsruhe für die Älteren, zwei Stunden für Vorschulkinder in abgedunkelten Räumen sind auch noch Mitte der 70er-Jahre Pflicht.[184] Für unruhige Kinder wird sie als besonders wichtig erachtet.[185] Häufig liegen die Mädchen und Jungen dabei reglos und schweigend aufgereiht in sogenannten Liegehallen, verglasten Anbauten, unter den strengen Augen einer Aufseherin. Besonders schwer durchzuhalten sind die Liegekuren für ältere Kinder, die mittags gar nicht mehr schlafen. Unterhaltungen sind streng verboten. Auch Petra, 1972 elf Jahre alt und zur Kur im Sole-Kinderkurheim Haus Hamburg, verbringt mittags mehrere Stunden liegend im Wintergarten.

»Damit das Essen schön ansetzte. Da durfte man auch nicht auf Toilette. Wir durften uns nicht bewegen. Wenn wir uns bewegt hätten, hätten wir ja wieder abgenommen. Wir lagen da aufgebahrt, wie in einer Totenhalle. Es durfte keiner sprechen. Dass die uns nicht noch die Decke über den Kopf gezogen haben, fehlte noch.«

Das bayerische Verschickungsheim, in das Rosi Mitte der 60er-Jahre als Fünfjährige verschickt wird, damit sie dort zunimmt, verfolgt mit der Liegekur noch einen weiteren Plan – vermutet sie:

»Angstbesetzt war die pflichtmäßige Mittagsruhe auf dem Balkon. Wir mussten da alle liegen in Reih und Glied. Das war ganz schrecklich, heute denke ich, wir sollten einfach schön braun gebrannt wieder nach Hause zurückkommen.«

Dieses Ziel wird von Ärzten bisweilen kritisiert. Der Bad Dürrheimer Kinderkurheimleiter und Arzt Hans Kleinschmidt empfiehlt 1964 in dem erwähnten Leitfaden »Kinderheime und Kinderheilstätten«, bei Liegekuren im Freien direkte Sonnenbestrahlung zu vermeiden: »wenn auch nachher die braungebrannte Haut einen guten Kurerfolg vortäuscht«.[186]
Karlheinz erinnert sich, dass er sich bei seinen Kuren an der Ostsee häufig mit anderen Kindern an den Strand legen sollte.

»Das sieht ja auf dem Foto dann immer sehr schön aus. Die Kinder liegen auf Liegestühlen. Aber man durfte sich ja auch nicht bewegen, musste ruhig sein. Von daher war das nicht gerade das, was man sich als Kind am Strand vorstellt – Sandburgen bauen, rumlaufen: das war alles nicht.«

Schon 1949 kritisiert der Verwaltungsbeamte Adolf Wolters von Deutschlands größter Kinderfahrtmeldestelle, dass einzelne Heime dazu übergegangen seien, den Kindern allzu viel Ruhe- und Liegekuren zu verordnen, weil die Ärzte der entsendenden kommunalen Gesundheitsämter auf Gewichtszunahme der Kinder Wert legten.[187] Den Kindern werde nicht gestattet, Handball oder Fußball zu spielen. Das sei ein Widerspruch zum Therapieplan von Heimärzten, der, angesichts der »schlechten bzw. fehlerhaften Körperhaltungen« zahlreicher Kinder, orthopädisches Turnen und Atemgymnastik vorsehe.[188]
»Liegekuren« oder »Mittagsruhe« sind ein Mittel, um den Betreuerinnen eine Pause zu verschaffen, weil sie wegen des geringen Betreuungsschlüssels sonst im Dauereinsatz wären. Praktikantin Christel berichtet, dass die Aufseherinnen erst frühstücken können, wenn die Kinder zur Liegekur sind. Im Kinderheim Frida Jacobi in Wyk auf Föhr, in dem Marie-Luise 1955 Praktikum macht, müssen die zwei- bis sechsjährigen Kin-

der an den heißen Sommertagen vom Mittag an bis 15.30 Uhr liegen. Sie schreibt, dass die Kinder wegen der Temperaturen nicht schlafen und die Erzieherinnen kaum für Ruhe sorgen könnten.[189] Andere Kurkinder würden gern länger schlafen, dürfen aber nicht. Ingrid, 1960 Praktikantin im Privatkinderheim Birkenhof auf Sylt, berichtet von einem fünfjährigen Jungen, der nach der Mittagsruhe noch oft sehr tief schläft. Wenn sie ihn wecken muss, weint er und lässt sich nicht anziehen.[190]

Ausflüge und freies Spielen

Das Credo der Ärzte, deren Konzepte den Heimen damals von Behörden empfohlen werden, ist: Die Kinder sollen längere Zeit liegen, sich aber auch möglichst viel bewegen, nicht zu empfehlen sei Radio hören oder fernsehen. Nur Aktivität erziele wertvolle Kurerfolge.[191] Von weiten Ausflügen raten sie jedoch ab, weil das zu sehr erschöpfe. Und so geht es vormittags oder nachmittags je nach Gegebenheit zum Strand oder in die Berge. Manchmal sogar ins Schwimmbad oder in Freizeitparks. Viele Kinder haben die Ausflüge positiv in Erinnerung. Wenn sie Muscheln sammeln oder im Meer schwimmen dürfen, ist das oft das erste Mal in ihrem Leben. Im Sylter Kinderkurheim Birkenhof stellen sich die Kinder im Jahr 1960 nach dem Nachmittagskaffee – viele Kinder bekommen in den Kurheimen dieser Zeit Kaffee zu trinken – mit ihren Badesachen und der Schaufel in der Hand im Garten auf. Dann marschieren sie zum Strand. Die sogenannte »Tante« vorneweg, am Schluss die Praktikantin mit den Kleinsten. Hier dürfen die Kinder frei spielen, Burgen bauen und schwimmen. Sie schreien vor Vergnügen beim Springen über die Wellen. Auf dem Rückweg zum Heim erzählen die Kinder der Praktikantin von zu Hause und wie sehr sie sich auf ihre Puppen, Autos und Tiere freuen.[192]

Wenn die Kinder im Adolfinenheim auf Borkum, das die Diakonissen Bremen führen, zwei Teller Milchsuppe und ein Butterbrot gegessen haben und das Wetter schön ist, dürfen sie an den Strand gehen oder im Speisessaal spielen, Briefe schreiben oder es wird ihnen vorgelesen.[193] Im Kinderheim Schnell im schleswig-holsteinischen Hohwacht finden 25 Kurkinder 1958 einen großen Garten, Kletterbäume, Wippen und Turngeräte zum Toben.[194]

In Bad Sachsa spielen die Kurkinder 1959 auf dem Rasen vor dem Haus »Der Plumpssack geht rum«, »Katze und Maus«, »Goldene Brücke« und »Dornröschen«. Wenn das Hausmädchen mal wieder eine der Erzieherinnen vertreten muss, legt sie sich einfach ins Gras und schläft, während die Kinder »alles Mögliche treiben«, entrüstet sich Praktikantin Ilse in ihrem Bericht. Wenn es sehr warm ist, spielen die Erzieherinnen »Taler, Taler du musst wandern« oder »Ich sehe was, was du nicht siehst«. Sie machen Kreisspiele und singen die Lieder »Kling, klang, Schmied, schlag zu« und »Vöglein im hohen Baum«, die die Kinder besonders lieben. Beim Lied »Unser Schneider, der heißt Hansel« vollführen die Kinder Schneiderbewegungen, toben, wenn der Meister fort ist, und sind ernst, wenn der Meister zu früh heimkehrt, und ihre Freude kennt keine Grenzen mehr, wenn die Erzieherinnen den strafenden Schneider machen.[195]

Im Birkenhof auf Sylt fehlen 1960 gemeinsame Spiele oder Bastelabende, naturkundliche Ausflüge mit den größeren Kindern ganz. Die Kinder dürfen nur ein Mal zum Strand während der gesamten Kur. Deshalb geht Ingrid mit ihnen im Sommer 1958 öfter zum Flugplatz oder zum Güterbahnhof. Besonders interessieren sich die Kinder für Züge, die mit Autos beladen sind.[196]

Auch vor dem Abendessen gestatten die Kinderkurratgeber Raum für freies Spiel, um den Appetit anzuregen. Nach dem

Abendessen folgt »eine besinnliche Stunde« mit Vorlesen, Erzählen oder Singen[197]. Private Rückzugsmöglichkeiten haben die Kinder kaum.

In den 70er-Jahren ist zwar weiterhin die strenge zweistündige Mittagsruhe vorgeschrieben, aber es gibt mehr Flexibilität und Freiwilligkeit bei den Programmpunkten und Mitspracherechte. Gymnastik ist auf ein bis drei Mal die Woche beschränkt, wer keine Lust hat, muss nicht mitmachen, steht in den Programmen.[198] Nun wird den Kurkindern Fernsehen ausnahmsweise erlaubt, auch Schallplattenabende mit Schlagern und Popmusik stehen im Curriculum für die »Kindererholung«.[199] Im Adolfinenheim gehen die Erzieher:innen mit den Kindern sogar manchmal Pizza essen, »gleich hinter der grünen und roten Leuchtboje in der Stadt«; mit Erlaubnis der Eltern dürfen die Kinder »Alleingänge in die Stadt« machen, es gibt Nachtwanderungen auf dem Friedhof, Besuche auf dem Feuerwehrschiff und ein Sommerfest mit Schminken, Gipsmasken und Malen. Aber Turnen und die obligatorische Salzwasserlösung bleiben im Programm, wie ehemalige Kurkinder auf einer Online-Plattform über die 70er-Jahre im Adolfinenheim berichten: »Morgens aufstehen, waschen, zum Frühstück Salzwasser trinken, auf nüchternen Magen.« Ein anderer schreibt über das Jahr 1972 »Ich kann mich noch gut an das blöde Klappturnen erinnern. Salzwasser mussten wir glücklicherweise nicht trinken, da wir nicht zu dick, sondern zu dünn waren.«[200]

Nebelraum, Höhensonne, Kneippkur – die Heilanwendungen

Wer als Kind zur »Heilkur« ist, erlebt meist das gleiche Tagesprogramm wie die Erholungskinder, ergänzt um sogenannte Anwendungen. Birgit ist als Neunjährige in den 60er-Jahren zum Zunehmen und zur Asthmabehandlung in der Villa Phönix in Bad Reichenhall. Ein prächtiges Fachwerkhaus, mit Erker, Türmchen und Garten vor schneebedeckten Berggipfeln, in Trägerschaft der katholischen Jugendfürsorge, geführt von Nonnen. Birgit ist Asthmatikerin. Für solche Kurkinder ist Atemgymnastik vorgeschrieben und eine psychologische Behandlung, die, wie der Arzt Hans Kleinschmidt 1964 schreibt, bereits viele Kinder von ihren »Inhalations-Taschenapparaten« entwöhnt habe.[201] Was er damit genau meint, schreibt er nicht. Aber ein ehemaliger Kurheimleiter aus Sankt Peter-Ording erklärt am Beispiel eines kleinen Jungen, wie er Asthma, das er eine »psychosomatische Störung« nennt, behandelt habe.

»Der kommt hier an mit fünf Jahren, der kannte Worte wie: ›Wenn das hier nicht so läuft, wie ich mir das vorstelle‹ – das hat er zwar so wörtlich nicht gesagt, aber so ungefähr –, ›dann kriege ich den Asthmaanfall. Dann kommt der Notarzt, dann kommt das Blaulicht und bringt mich in die Klinik. Und da komme ich ins Sauerstoffzelt.‹ Und dann habe ich den Fünfjährigen an die Tür vom Tagesraum gestellt, wo 70 Kinder saßen, und habe gesagt: ›Guck dich mal um hier, mein Junge!‹ Hier sind 70 andere Kinder, die haben das gleiche Problem wie du und die strahlen dich alle an und alle sind fröhlich und allen geht's gut. Ich würde sagen, du setzt dich jetzt auf deinen Platz und isst in aller Ruhe dein Essen auf. Und damit ist dein Problem eigentlich schon erledigt.«

»Trainingscamp« nennt der Mann sein Kurheim, das auf Asthma spezialisiert ist: Die Kinder sollen sich an große Gruppen gewöhnen und stressresistenter werden.
Birgit kann sich an eine engmaschige medizinische Begleitung während ihrer Heilkur nicht erinnern. Dabei ist vorgeschrie-

ben, dass der Heimarzt einer Heilanstalt jedes Kurkind täglich zu »überwachen« hat, wie es damals heißt. Das beinhaltet das Führen einer Temperaturkurve, die wöchentliche Gewichtskontrolle und eine medikamentöse Behandlung nach Notwendigkeit.[202] Neben den Mahlzeiten, die viel Zeit einnehmen, weil die Kinder lange vor den Tellern sitzen müssen, gibt es vormittags Anwendungen, nachmittags Spiele, Wanderungen auf den Watzmann in den Berchtesgadener Alpen oder wieder Anwendungen, zum Beispiel Dampfbäder. Negativ hat Birgit diese nicht in Erinnerung. Nicht Krankenschwestern, sondern die Nonnen selbst betreuen die medizinischen Bäder. Während der sechs Wochen wird sie nur einmal untersucht und kein einziges Mal fragt jemand, ob sich ihr Asthma verbessert oder verschlimmert hat.

Die benachbarte Asthma-Kinderheilanstalt in Bad Reichenhall, die wie die Villa Phönix ein Arzt namens Dr. Franz Braun leitet, ist auf Asthma bronchiale, Bronchitiden, Restpleritiden, Bronchiektasen und Dysfunktionen der Atmungsorgane spezialisiert.[203] Klaus ist als Asthmatiker 1954 zur Kinderkur hier.

»Die Vormittage verbrachten wir mit Gymnastik und einer Inhalationstherapie, die (...) so beängstigend war, dass sie sich fest in mein Gedächtnis eingebrannt hat. Der Inhalationsraum muss sich im Untergeschoss befunden haben. Zu ihm führten eine oder zwei Flügeltüren. Dahinter befand sich ein riesiger weiß gekachelter Raum ohne Fenster oder nur mit sehr kleinen Kellerfenstern. Überall an der Decke waren Duschköpfe installiert. Der erste Anblick dieses riesigen kalten Raums war unheimlich und bedrohlich. Wenn alle Kinder sich im Raum befanden, wurden die Türen geschlossen; nur zwei Betreuerinnen blieben bei uns. Kurz darauf strömte weißer Rauch aus den Duschköpfen und wenig später war der ganze Raum vernebelt. Die Prozedur

> wirkte auf mich bedrohlich, zumal der Rauch einen Hustenreiz bei mir auslöste. Nach einer längeren Zeit wurden die Türen wieder geöffnet und wir durften den Raum verlassen. Wenn ich mich später daran erinnerte, kamen mir immer die Gaskammern in den Vernichtungslagern im ›Dritten Reich‹ in den Sinn. Dieser Vergleich war natürlich unfair gegenüber den Therapeuten in der Klinik, die sicherlich alles taten, um unser Asthma zu heilen, aber man muss sich einmal vor Augen halten, wie diese Prozedur auf ein kleines Kind wirkte.«[204]

In anderen Kuranstalten werden die Solekabinen auch »Nebelraum« genannt, etwa im Adolfinenheim auf Borkum.[205] 1961 fließen in der Kinderheilanstalt Bad Sassendorf viele Tränen vor dem Solebad. An jedem zweiten Tag müssen die Kinder dort zehn Minuten lang still in hölzernen Wannen liegen. Einige sind wasserscheu, anderen ist das Wasser zu heiß. Während die Kinder darin liegen und weinen, erzählt Praktikantin Wilka ihnen Geschichten. Sie deutet an, dass die Anwendungen eine negative Wirkung auf die Kinder haben. Die Kinder verwendeten beim Bildermalen oft nur die Farbe Schwarz, schreibt sie, was für die Kinder das Symbol des Bösen sei.[206] Viele Einrichtungen werben mit ihren Höhensonnen, so werden Ultraviolettbestrahlungs-Geräte damals genannt. Fotos zeigen nackte Kinder mit schwarzen Sonnenbrillen in gekachelten Räumen. Die Kinder wissen oft nicht, warum und wie lange sie diese Prozeduren erdulden sollen. Viele erinnern sich an Gefühle von Ohnmacht und Scham. Der Arzt Hans Kleinschmidt, der den Einsatz von Höhensonnen 1964 für Kurheime empfiehlt, mahnt lediglich, dass die Ultraviolettbestrahlung nicht zu intensiv sein solle.[207] Doch die Empfindungen der Kinder finden in den Konzepten keine Berücksichtigung.

Nicole* ist in den 80er-Jahren auf Usedom zur »Hautkur«, wie sie es nennt. Zur Linderung ihrer Neurodermitis werden die Kinder dort jeden Abend eingecremt und in Verbände eingewickelt.

»Und das war immer eine sehr unangenehme Situation für mich. Denn, man stand dann mit allen anderen in einem Raum. Alle waren nackt, jeder hatte seinen eigenen Pfleger zum Eincremen. Die Krankenschwestern waren relativ ruppig, vermutlich, weil sie viele Kinder zur gleichen Zeit eincremen mussten. Und das habe ich als Körpererfahrung nicht angenehm in Erinnerung.«

Abhärtung durch Kälte gilt als ein Mittel zur Gesundheitsprävention. Dazu zählt kaltes Abspritzen. Günter, der in den 70er-Jahren auf Norderney zur Kur ist, erinnert sich noch heute mit Schrecken daran. Er und die anderen Kinder werden dabei in die Dusche gesperrt. Dann schaut die Betreuerin durch ein Fenster und stellt das kalte Wasser an. »Du konntest vor dem kalten Strahl nicht fliehen.«

Mangelnde Ressourcen

Die Kurheime operieren häufig mit geringen Mitteln. Der Verpflegungstagessatz pro Kind liegt Anfang der 1950er-Jahre bei 1,32 bis 1,50 Mark.[208] Der Landschaftsverband Hessen zahlt laut einem ehemaligen Kurheimleiter aus Sankt Peter-Ording als Tagessatz für Betreuung, Unterkunft und Verpflegung vier Mark. Ein zu geringes Budget, sagt der Mann.

»Die Häuser hatten kaum Möglichkeiten, adäquat geschultes Personal einzustellen, weil die Tagessätze so niedrig waren, dass sie davon keinen Erzieher einstellen konnten. Abgesehen davon, dass es damals kaum einen Erzieher in dem Sinne gab, wie wir sie heute kennen, sondern das waren Kindergärtnerinnen, das war die bessere Ausbildung. Dann gab es noch die weniger gut ausgebildeten Kinderpflegerinnen. Es gab ja kaum männliches Personal, erst ab den 60ern. Es ist einmal eine Frage der Ausbildung, des Betreuungspersonals und eben eine Qualitätsfrage, die wirklich einfach brutal dem Geld geschuldet worden ist.«

Helene arbeitet mit Anfang 20 als Küchenhilfe in der Kinderheilanstalt Bad Sassendorf. Die junge Mutter und ungelernte Kraft erhält einen geringen Lohn. Von den Kindern bekommt sie nur wenig mit.

»Die haben versucht, mich so gut wie möglich von den Kindern abzuhalten. Denn ich war ja für die Küche zuständig. Einmal hatte ein Kind eingenässt und musste bei mir in der Küche zur Strafe sitzen und durfte nicht mit zum Reiten kommen. Damals habe ich noch geraucht im Keller, da kamen auch schon mal Kinder. Wir haben uns freundschaftlich unterhalten, aber die haben nicht viel gesagt, die waren eher verschlossen. Die Stimmung war gedrückt, die Kinder haben gesagt, ich habe Heimweh, ich möchte hier nicht bleiben.«

Helene auch nicht, ihre Vorgesetzten schikanieren sie. »Es gab wenig nette Leute da. Es gab kein nettes Wort.«

Die Frauen, die in den Heilstätten oder Erholungsheimen arbeiten, leben, wie die Verschickungskinder, in einem abgeschlossenen Kosmos weit weg von zu Hause, oft ohne eigenes Zimmer. Die Arbeitstage für das häufig unausgebildete Personal sind lang und hart. Sechs- bis Siebentagewochen sind die Regel; Kindergärtnerinnen wird ein Freitag und alle 14 Tage ein freier Sonntag gewährt. Urlaub ist selten, nur an Weihnachten erlaubt, wenn die Kurheime schließen, und wenige Tage im Sommer. »Zusatzurlaub aufgrund der Dienstzeit«

wird nicht gewährt – das heißt, es gibt keinen Überstundenausgleich.[209]

Angestellte in Heimen der Landesbehörden werden noch bis in die 1960er nach der »Allgemeinen Tarifordnung für Gefolgschaftsmitglieder im öffentlichen Dienst« bezahlt.[210] Die sogenannte ATO war 1938 im Nationalsozialismus eingeführt worden, sie legte Gehaltsstufen für Arbeitnehmer:innen im öffentlichen Dienst fest. Die weiblichen Angestellten in den Kureinrichtungen bewegten sich in der unteren Hälfte der Vergütungsskala.[211] Der Normalpersonalbestand eines Kinderkurheims mit 105 Kindern sieht eine Heimleiterin, eine Jugendleiterin, heute am ehesten mit Sozialpädagog:innen vergleichbar, fünf Kindergärtnerinnen und eine Praktikantin vor – diese wird überhaupt nicht honoriert, erhält manchmal eine Aufwandspauschale von 50 DM und Kost und Logis. Weiter arbeiten in den Heimen eine Wirtschaftsleiterin und mehrere Haus- und Küchengehilfinnen, manchmal auch ein Hausdiener.[212] Teilweise sind auch Kinderpflegerinnen im Einsatz als Aushilfskräfte – sogenannte »Springtanten«. 1951 gilt: Jede Kindergärtnerin hütet eine Gruppe von 15 bis 18 Kindern, bei Kleinkindern – unter fünf Jahren – sollen die Gruppen kleiner sein. [213]

Wegen der Arbeitsbedingungen fehlt es den Kurheimen ständig an qualifiziertem Personal. In den Einrichtungen der Diakonie arbeiten durchgängig »zu wenige geprüfte Kindergärtner*innen und Jugendleiter*innen, zu viele Praktikant*innen und unqualifizierte Helfer*innen, einige unter 18 Jahre alt«.[214] Landes- und Kreisjugendämter versuchen damals erfolglos, die Träger dazu zu bringen, qualifizierteres Personal einzustellen.[215] Aber da, wo Heimleitungen mehr Personal einstellen wollen, stellen sich Behörden quer. Die Leitung des Kinderkurheims Bad Waldliesborn meldet 1954 an den Landschaftsverband Westfalen-

Lippe (LWL), dass sie mit Verwaltungsaufgaben, wie dem Führen von Lagerbüchern über Lebensmittel und Bedarfsartikel, Wäschebüchern, Speisezetteln und Co. überfordert sind und die Betreuung der Kinder zu kurz kommt. »Es geht nicht an, daß Heimleiterinnen und Kindergärtnerinnen mit derartigen Arbeiten befaßt sind und ihre eigentlichen Aufgaben dadurch stark vernachlässigt werden.«[216] Doch statt ihrer Bitte nachzukommen, eine weitere Stelle zu schaffen, beurteilt der LWL die Darstellung als »übertrieben« und empfiehlt, aus Gründen der Zeitersparnis, Fragen im »Kurüberwachungsschein« mit »einem kurzen Satz« auszufüllen und stellt ganz im Gegenteil fest, dass die Jugendleiterin in Bad Waldliesborn zu hoch besoldet und zurückzustufen sei.[217]

1959 muss die Heimleitung auf Bitte des Rechnungsprüfungsausschusses genau Rechenschaft darüber ablegen, wie viele Dienststunden pro Kraft anfallen. Der LWL meldet in einem Schreiben an das Heim: »Die Notwendigkeit der Höhe der derzeitigen personellen Besetzung wurde bezweifelt.«[218]

Der LWL selbst ist auch für die Instandsetzung seines gepachteten Kurheims Bad Waldliesborn zuständig. Bei einer Besichtigung 1955 stellt ein Kreisarzt fest, dass die Liegehalle nicht nur wegen des morschen Bodenbelags und fehlender Matratzen nicht genutzt werden kann, sondern fünf Kinder an Scharlach, 25 an einer Halsentzündung leiden, durch Liegekuren in der zugigen Halle. Weiter moniert er: Die sieben Krankenbetten seien ständig belegt, es gebe nur eine Toilette für die Kranken und 14 gesunde Kinder. Die Waschbecken sind laut dem Arzt viel zu hoch für kleine Kinder. Die Vorratsräume sind feucht, der Boden biegt sich, insgesamt ist das Haus verwohnt, der Putz fällt von den Wänden. Als er das Schlafhaus sieht, ist er restlos entsetzt: Risse, Löcher in den Wänden und Decken, der Fußboden ist so morsch, dass die Kinder nicht zu dritt da-

rauf stehen dürfen, weil Einbruchgefahr droht. Wenn es nicht renoviert werde, solle es geschlossen werden, schreibt er.[219]
Je höher die Zahl der Kinderkurgäste und je geringer der Ressourcenaufwand, umso lukrativer ist das Geschäft. Manche Heimträger beschäftigen deutlich weniger Personal als vorgeschrieben. Im Privat-Kinderheim Fredeborg, das Gruppen von zehn Kindern auf Sylt beherbergt, arbeitet neben der 65-jährigen Heimleitung nur eine Praktikantin.[220]
Im Sylter Birkenhof betreuen 1960 zwei 23-jährige Kindergärtnerinnen 24 Kinder zwischen drei und 14 Jahren. Statt mit den Heimeltern und Kindern enge Kontakte aufzubauen, wie sie es sich vorgestellt hat, muss Praktikantin Ingrid den Haushalt organisieren: frühmorgens Brote schmieren für das Personal, Frühstück bereiten für die Kinder und die Heimeltern, so nennen sich die Besitzer der Anstalt, und sie bedienen. Sie muss das gesamte Wohnhaus der Heimeltern und die Wohnung der Großmutter, wie sie die Mutter der »Heimeltern« nennt, putzen, bis abends die Mahlzeiten vorbereiten, Tische decken und abräumen, wischen und spülen. Tagsüber hat sie nur zwei Stunden Pause. An jedem dritten Abend geht sie, wie bei der Mittagsruhe, im Viertelstundentakt durch die Zimmer und sorgt für Ruhe, während sie dabei die Schuhe der Kinder putzt.[221]
In einem Beschwerdebrief von 1972 melden Praktikantinnen über das Adolfinenheim auf Borkum unhaltbare Zustände. Das Haus, im Stil einer Kaserne, ist marode, abgesprungener Putz an den Wänden, ungeheizt, es gebe kaum Spielsachen, auch die Unterkünfte der weiblichen Angestellten seien prekär. Ihnen fällt »der krasse Unterschied des Allgemeinzustands des Heimes und der uns luxuriös erscheinenden Einrichtung des Heimleiterzimmers auf«.[222] Sie fragen, was mit den staatlichen Geldern, die das Adolfinenheim von Entsendestellen, Eltern, und aus öffentlichen Mitteln erhält, geschehe, weil Personal-

und Verpflegungskosten durch Praktikantinnen und Bundeswehrlebensmittel niedrig gehalten würden.[223]
Bei den Thuiner Franziskanerinnen im Kinderkurheim St. Johann in Niendorf betreut eine Erzieherin 25 Jungen gleichzeitig, »im Idealfall ergänzt um eine Praktikantin«. Laut der ehemaligen Mitarbeiterin Schwester M. Benedicta resultiert diese Gruppengröße für die Frauen in einer »Dauer-Überforderung«.[224] Gunild, die zwei Jahre lang in den 60er-Jahren im Kinderkurheim Antoniushaus der Franziskanerinnen nebenan arbeitet, erlebt diese Zeit dennoch positiv. Sie erzählt von fröhlichen Nonnen und herzlichen Freundschaften mit den Kolleginnen.
Ilse, 1959 Schülerpraktikantin im Kindergenesungsheim Warteberg in Bad Sachsa, zieht ein anderes Fazit. Die Praktikumswochen beschreibt sie als Gefängnis, gefesselt an einen unschönen Ort. Sie weiß jetzt, schreibt sie am Ende ihres Praktikumsberichts, welchen Preis man für einen Arbeitsplatz bezahlt, an dem man Tag und Nacht verbringen müsse.[225]
Individuelle Betreuung der Kinder ist unter diesen Umständen häufig unmöglich. Um für Ruhe und Ordnung zu sorgen und um Zeit zu sparen, gelten strenge Regeln und Abläufe. Toilettenverbote sind üblich. Rosi darf als Fünfjährige im Kinderkurheim in Bayern tagsüber nur zu bestimmten Zeiten zur Toilette.

»Wir mussten uns nach jeder Mahlzeit in einer langen Reihe aufstellen. Die Toilettenpapierrolle war für Erwachsene in Augenhöhe, also sehr hoch aufgehängt. Wir als Kinder konnten diese Rolle gar nicht erreichen. Unter dieser Rolle stand ein Mitarbeiter, der dann fragte, ob wir ein großes oder kleines Geschäft machen müssten. Und wenn wir nur Wasser lassen mussten, dann kriegten wir auch kein Toilettenpapier.«

In der übrigen Zeit bleiben die Toiletten abgeschlossen.

Erst Bettruhe heißt für die Mitarbeiter:innen Feierabend. Auch deshalb enden Kurtage für viele Kinder sehr früh. Während der Nachtwache muss im Kurheim St. Johann in Niendorf eine Erzieherin in den 60er-Jahren über hundert Kinder gleichzeitig bewachen und »Rundgänge« durch die Schlafsäle unternehmen.[226] Wenn sie im Bett liegen, herrscht Sprechverbot. Manchmal ist das schon um 19 Uhr.

Härte statt Einfühlung, das ist in der Erziehung der Zeit normal. Probleme werden nicht ernst genommen, Kinder werden nicht getröstet, sondern beschwichtigt, Kummer wird abgetan.[227]

Birgit, die als Kind zur Kur in die Villa Phönix in Bad Reichenhall kommt, erzählt: »Kinder in den 60er-Jahren waren etwas Selbstverständliches, um das man sich nicht groß kümmern brauchte. Die mussten halt so funktionieren, wie die Erwachsenen es brauchten.« Vermutlich sind die Praktikantinnen in den Heimen die Einzigen, die in den 50er- und 60er-Jahren ausführliche Berichte über den Alltag vor Ort schreiben. Aus diesen Zeitzeugnissen geht hervor: Es gibt wenig Einfühlungsversuche in die Empfindungen der Kinder. Stattdessen werden Pauschalurteile gefällt. Bei Problemen ist die familiäre Situation des Kindes schuld, nicht die Gegebenheiten vor Ort. Kinder, deren Eltern beide berufstätig oder geschieden sind, werden von den Praktikantinnen misstrauisch beobachtet.[228] Der soziale Status ist entscheidend: Kinder aus gut situierten Familien wird bescheinigt, zurückhaltend und höflich zu sein. Kinder aus sozial schwachen Milieus benutzen den Praktikantinnen zufolge Schimpfworte und zeigen flegelhaftes Benehmen.[229] Das Ideal ist die Großfamilie mit verheirateten Eltern. Kinder mit vielen Geschwistern gelten bei den Praktikantinnen allgemein als pflichtbewusst und hilfsbereit, Einzelkinder wollen hingegen immer die Hauptrolle, sind verwöhnt und ungezogen. Praktikantin Karin spricht weinenden Kurkindern im Haus »Emilienruhe« des Kneippkurortes Bergzabern gut zu, meistens versiegt dann der Tränenstrom.[230] Ruth, die auch dort ein Praktikum macht, berichtet hingegen, dass die anderen Kinder eins der Einzelkinder, das nach drei Tagen immer noch weint, gehörig auslachen. Das Mädchen geht eingeschüchtert zur Praktikantin. Es verspricht, nicht mehr zu weinen, was es aber nicht schafft. Ruth glaubt, dass es dem Mädchen zu Hause auf diesem Weg gelinge, seinen Willen durchzusetzen; im Heim soll es damit aber nicht durchkommen. Die beste Methode, findet Ruth, sei, das Weinen zu übergehen.[231] »Verwöhnen« ist in den Augen der Schülerinnen die häufigste Ursache für störendes Verhalten. Karin, die 1958 am Timmendorfer Strand Kinderkurpraktikantin ist, forscht nach einem Grund, warum der kleine Martin so unerzogen ist und Kinder aufwiegelt, die sonst artig sind. Es muss daran liegen, dass ihm die Mutter jeden Tag eine Karte und jede Woche ein Päckchen schickt. Als verwöhntes Einzelkind fällt es Martin wohl schwer zu gehorchen, schlussfolgert Karin.[232]

Die strenge Überwachung und Reglementierung in der Kinderkur ist für viele Kinder der BRD ungewohnt. Sie kennen Strenge auch in der Schule und im Elternhaus, aber an den Nachmittagen erleben sie große Freiheit beim Spielen in der Wohnung, im Hausflur, auf dem Hof, auf der Straße, in Wäldern und Feldern. Die einzige elterliche Vorgabe ist oft: »Um sieben Uhr bist du zu Hause.« In der Kinderkur gibt es solche Momente selten. Auch noch in den 70er-Jahren sind kaum Freispielphasen vorgesehen.[233]

Kinder aus der DDR sind mit Krippen, Tagesstätten und Pionierarbeit lange Tage in Betreuungseinrichtungen eher gewohnt. Der Staat greift viel stärker in die Kindererziehung ein. Einerseits sind die Erzieher:innen in der DDR oft vielseitig qualifiziert, spielen Instrumente und es gibt Turn- und Spielangebote, andererseits bedeutet der Eingriff für die Kinder sehr frühe und massive Verlusterfahrungen und in den Einrichtungen häufig eine autoritäre bis totalitäre Erziehung. Dass DDR-Erziehungskonzept verfolgt mit der Einordnung ins »Kollektiv« das Prinzip

> »Führer – Geführter, Rede ohne Gegenrede. Der Wert des Einzelnen wurde den Gruppennormen untergeordnet und die ideologisch erwünschten Erziehungsziele sollten, auch gegen die Interessen und Widerstände des Einzelnen, durchgesetzt werden.«[234]

Bindung ist keine Kategorie

Es ist damals in BRD und DDR gesellschaftlicher Usus, dass Kinder, die ins Krankenhaus kommen, keinen oder nur sehr wenig Besuch erhalten. Frisch operierte oder schwer erkrankte Kinder müssen wochen-, manchmal monatelang überwiegend allein im Krankenhaus bleiben. Einige Zeitzeug:innen berichten von einer wenig einfühlsamen, rigiden und mitunter brutalen Behandlung von Kindern, die im Krankenhaus liegen. Kranke Kinder, die etwa im Kinderspital in Fürth liegen, dürfen ihre Eltern bis in die 70er-Jahre nur durch ein Fenster sehen.[235] Und so ist auch in den Kinderkurheimen kein elterlicher Besuch vorgesehen. Der Kontakt zu Bezugspersonen ist unerwünscht, ja sogar verboten. Hans Kleinschmidt schreibt zu Besuchen von Eltern, Verwandten und Freunden, dass sie unbedingt vermieden werden müssten. Die Erziehungsberechtigten müssten vor Kurantritt des Kindes vom »Besuchsverbot« in Kenntnis gesetzt werden. In langen Gesprächen sollten »uneinsichtige« Eltern vom Schaden überzeugt werden, den sie mit einem Besuch anrichteten. Zu Eltern, die Kurkinder auf einem Spaziergang überraschen, schreibt Kleinschmidt: »Die sogenannte Kinderliebe der Eltern geht oft eigenartige Wege.«[236] Im Seehospiz Kaiserin Friedrich auf Norderney werden Kinder mit Atemwegserkrankungen häufig drei Monate lang, manchmal über ein Jahr lang, allein untergebracht. Darunter auch Säuglinge und Kinder unter drei Jahren. Das gilt bis 1978.[237]

Dabei kommen vielen Kindern schon die sechs üblichen Wochen in der Kur wie eine Ewigkeit vor.

Für Birgit, die Mitte der 60er-Jahre Kurkind in Bad Reichenhall ist, ist die Dauer nicht absehbar. »Dadurch, dass ich keinen Kontakt hatte, habe ich kein Zeitgefühl gehabt.«

Die Kinder im Deutschen Kindererholungsheim am Timmendorfer Strand zählen 1952 die Sonntage, bis sie nach Hause kommen. Entweder erzählen sie Praktikantin Sigrid, wie viele es noch sind, oder fragen sie danach.

Johannes, als »Bettnässerkind« in den 70er-Jahren in Bad Sassendorf zur Kur, glaubt, seine Eltern hätten ihn einfach abgegeben, wollen ihn nicht mehr haben. »Für den Rest deines Lebens bleibst du halt hier.«

Was die sechswöchige Trennung für kleine Kinder bedeutet, wird der Autorin Sabine Ludwig, die als Kind zweimal zur Kur kommt, erst viel später klar, als ihre eigene Tochter sechs Jahre alt wird. »Da habe ich mir überlegt: Würdest du die sechs Wochen lang weggeben und sie sechs Wochen nicht sehen, nichts hören von ihr? Das ist ja unvorstellbar. Das ist grausam.«

Wilka, die 1961 in der Kinderheilanstalt in Bad Sassendorf ein Praktikum macht, hat Eberhard ins Herz geschlossen. Er will von ihr jeden Morgen angezogen werden, obwohl er es schon selbst kann. Sie glaubt, dass ihm mütterliche Fürsorge fehlt, und tut ihm den Gefallen. Er zeigt sich für jedes bisschen Liebe dankbar, schreibt Wilka. Obwohl Eberhard wild und ausgelassen ist und nicht gehorcht, hat sie ihn gern. Als sie nach ein paar Wochen die Einrichtung wieder verlässt, sagt er: »Du sollst doch bei mir bleiben.«[238] Eine Ausnahme: Meist wenden sich die Praktikantinnen den stillen Kindern zu, die nicht aus sich herausgehen. Praktikantin Sigrid lernt ein dreijähriges Mädchen kennen, das wochenlang im Erholungsheim leben muss, weil die Mutter schwer lungenkrank und der Vater Ernährer und Hausmann von sieben Kindern gleichzeitig ist. Das kleine Mädchen hat nur wenig Kleidung dabei, spricht außer »Ja« und »Nein« kaum ein Wort. Ältere Kinder kümmern sich manchmal um die Kleine. Manchmal nimmt Sigrid das verlassene Mädchen auf den Arm, weil sie merkt, wie ihm die Mutterliebe fehlt. Das Kind schlingt dann die Arme um Sigrids Hals und schaut sie sehnsüchtig an.[239] Gerhilt, die 1958 im Kinderheim Schnell in Hohwacht arbeitet, wendet sich Michael zu. Er ist oft sich selbst überlassen, glaubt sie, kann sich deshalb stundenlang mit sich selbst beschäftigen und Burgen bauen. Er freut sich jedes Mal riesig, wenn er auf die Türmchen Fähnchen setzt. Morgens ist er immer der Erste, zieht sich allein an – mit vier Jahren.[240] Ilse, die 1959 im niedersächsischen Bad Sachsa Praktikantin ist, ist von einem Zwillingsmädchenpaar mit goldenen Locken begeistert. Sie spielen allein und gehen allein zu Bett, legen sich hin, falten die Hände und wiegen sich so lang, bis sie eingeschlafen sind.[241] Die Praktikantinnen loben dieses Verhalten als »brav« und »fügsam« und übersehen dabei mögliche Anzeichen emotionaler Vernachlässigung.

Zu den Folgen von Anstaltsunterbringung kann Hospitalismus gehören, also das Auftreten körperlicher und seelischer Symptome, die auf den Entzug sozialer Kontakte zurückgehen. Sehr weit verbreitet ist Hospitalismus in Waisenhäusern, aber er tritt auch bei Erwachsenen auf, etwa bei

Häftlingen oder alten Menschen, wenn sie in Heimen nur rudimentär versorgt werden, lange Zeit ohne emotionale Nähe, Berührung oder Ansprache verbringen. Eine typische Folge von Hospitalismus sind stereotype Bewegungen: Die Menschen beginnen zu wippen, zu schaukeln oder lutschen am Daumen. Sie bettnässen, sind reizbar oder feindselig.[242] Manche Verschickungskinder, die aus anderen Gründen als Inkontinenz zur Kur kommen, etwa um zuzunehmen, fangen in der Kinderkur wieder an, einzunässen. Michael Kaminski, der Direktor der Kinderfachklinik, wie die Kinderheilstätte in Bad Sassendorf heute heißt, kommt als fast Sechsjähriger 1967 dorthin zur Kinderkur und macht dort plötzlich und gelegentlich wieder ins Bett, obwohl er eigentlich trocken ist. Kindliches Einnässen ist eine häufige Reaktion auf psychischen Stress und Belastungssituationen, etwa die Trennung von Bezugspersonen, Gewalt oder Angst.[243] »Deprivationssymptome« nennt Harald Schickedanz, Facharzt für Psychosomatik und Psychotherapie und ehemaliges Verschickungskind, solches Verhalten. Das Wegschicken für Wochen an einen unbekannten Ort und die Abtrennung von den Bezugspersonen löst »toxischen Stress bei den allermeisten Kindern« aus, sagt Harald Schickedanz. »Ein vierjähriges Kind, das seine primären Bindungspersonen schlagartig verliert, ist auf jeden Fall schockiert und dann wird über dissoziative Phänomene ein Überlebensprogramm eingeschaltet.« Dissoziation bedeutet das Abspalten von Gefühlen bei starker Belastung. Häufig fehlen Menschen für die Zeitspanne der Dissoziation die Erinnerungen. In so einem Schockzustand werden Kinder häufig anhänglich. »Das weiß man von Heimkindern, dass die eben gar keine Auswahl mehr treffen, was Bindungspersonen angeht. Normalerweise ist das Bindungssystem selektiv, aber solche Kinder klettern auf jeden

Schoß«, sagt Harald Schickedanz.[244] Die Behörden sind auf diesem Auge blind. »Anlehnungsbedürftig« werden Kinder oft genannt, die nach körperlicher Nähe suchen. Im Jahr 1957 schickt die Stadt Siegen eine »Eingabe« über die Fehlentsendung des elfjährigen Ulrichs ins Kinderkurheim Reinhardshausen zur »Bettnässerbehandlung«. Die Stadtfürsorgerin schreibt, Ulrich gehöre nicht in ein »normales« Kurheim, sondern in eins für »neurotische« Kinder. »Für den Jungen ist infolge dieses Irrtums die Kur völlig nutzlos gewesen!« In seinem Entlassungsbefund steht: »Kein Kurerfolg. Gewichtszunahme 1,6 kg. Urin o. B. Bettnässen 23 x während der Kur«. Im Bericht der Betreuerin steht:

»Fiel anfangs durch lautes, etwas hemmungsloses Weinen abends, nachts und morgens auf – offensichtlich Heimweh. Wurde anfangs von anderen Kindern auch gern etwas geneckt. Kann sich noch nicht einmal allein die Schuhe zumachen. Sehr anlehnungsbedürftig.« [245]

Wolfgang Straube, Leiter der Abteilung Erholungs- und Heilfürsorge beim Landschaftsverband Westfalen-Lippe von 1955 bis 1965, gibt die »Fehlentsendung« zu und schreibt dann:

»Aus diesem Grunde habe ich als Ausgleich nunmehr dem Kinde Ulrich (…) eine Freikur gewährt, die im Kinderkurheim Ebenöde bei Vlotho in der Zeit vom 6.3.–25.41958 durchgeführt werden soll.«[246]

Das Kind soll also erneut sechs Wochen verschickt werden.

Kranke in Isolation

Harald Schickedanz erklärt zum Bindungs- und Explorationsbedürfnis kleiner Kinder:

»Wenn wir auf die Welt kommen, ist der Abstand ungefähr 12 bis 24 Zentimeter, nämlich die Entfernung von Augenpaar zu Brustwarze. Und wenn Kinder anderthalb sind, sind es 20 bis 30 Meter. Wir gehen mit den Kindern auf den Spielplatz und dann werkeln die und machen und wir laufen dabei hinterher. Und irgendwann erschöpft sich das Explorationssystem, was der Gegenspieler zum Bindungssystem ist. Dann braucht das Kind wieder den Blick zur Mama und Papa oder den Geschwistern. Oder in dem Moment, wo man aufs Knie gefallen ist, dann ist es ein Notfall. Dann ist es gut, wenn die Bindung der Person in der Nähe ist.«

Wenn ein Kind krank wird, dann ist das auch ein Notfall. Doch in der Kinderkur werden erkrankte Kinder – wie damals auch in Krankenhäusern üblich – isoliert. »Die sofort durchzuführende Absonderung muss unsere erste Sorge sein«[247], so Hans Kleinschmidts Handlungsanweisung von 1964. Jedes Kurheim hat extra Isolationshäuser oder -zimmer für erkrankte Kinder. Klaus wird in der Asthma-Kinderheilanstalt in Bad Reichenhall in einem Raum isoliert und beschreibt den Alltag darin so:

»Mich steckte man die ersten Tage in die linke Zelle für akute Fälle. Diese hatte kein Fenster, nur ein Loch in etwa zwei Meter Höhe in der Außenwand, für mich unerreichbar. Im Raum stand nur eine alte klappbare Militärpritsche, wohl noch aus dem Zweiten Weltkrieg. Daneben stand ein kleiner Kasten mit Bauklötzen aus Holz. Das war alles! Die Zelle war ständig abgeschlossen, wohl um meine Flucht zu verhindern. (...) Dreimal am Tag schloss eine Beschließerin (Betreuerin) die Zellentür auf, stellte mir mein Essen in den Raum und verschloss anschließend wieder die Tür. Einmal am Tag schaute auch ein Arzt vorbei. Was tut man also in solch einem Fall vor lauter Einsamkeit und Langeweile? Man sucht den Kontakt zu den Zellennachbarn. So nahm ich also einen schmalen Holzklotz und bohrte mühsam ein Loch in die Trennwand zur Rekonvaleszenten-Zelle. Durch dieses Loch konnten wir uns wenigstens unterhalten. Damit wurde die ›Infektionshaft‹ erträglicher. Nach einigen Tagen wechselte ich in die Nachbarzelle und fand dort einen Zimmernachbarn, mit dem ich mein Schicksal teilen konnte. Nach etwa 8–10 Tagen durfte ich schließlich mein ›Gefängnis‹ wieder verlassen«.[248]

Die Chancen stehen hoch, in so einem Raum zu landen. Ein Hauptproblem der Kurheime sind häufige Ausbrüche von Infektionskrankheiten. Masern, Mumps, Röteln, aber auch schwere Krankheiten wie Salmonellen, Ruhr oder Typhus. Wer am Abreisetag noch immer Krankheitszeichen aufweist, dem droht eine Kurverlängerung. Manche Kinder versuchen, Symptome zu verbergen, oder kühlen heimlich das Fieberthermometer, so erinnert sich Harald Schickedanz, Facharzt für Psychotherapie, an seine eigene Kinderkur. Im Kinderkurheim Böving in Westerland brechen 1964 und 1965 mehrfach Ruhr- und Paratyphus-Durchfallerkrankungen aus. Über 60 Kinder im Heim kommen in Quarantäne. Die meisten sind vier bis fünf Jahre alt, das älteste sechs. Viele zeigen keine Krankheitssymptome. So erhält das Heim weiterhin Tagespflegesätze, trotz verspäteter Folgekur. An die Eltern wird geschrieben, dass man weiterhin auf gute Erholung der Kinder hoffe. Diese werfen den Betreiber:innen Unsauberkeit und Vernachlässigung hygienischer Maßnahmen vor, die zum Ruhrausbruch geführt hätten. Für die Kinder ändert das nichts. Die ersten kehren nach 66 Tagen Kur heim. Andere müssen noch länger bleiben, weil sie wieder Symptome zeigen.[249]

Briefzensur und Heimweh

Egal wie es den Kindern geht, sie können nicht um Hilfe rufen. Viele »Verschickungskinder« aus der BRD berichten von Briefzensur. Als Gabi »Mama ich will heim, hier gefällt es mir nicht, die sind böse!« schreibt, landet sie einen Tag lang in einem dunklen Zimmer des Kinderkurheims Antoniushaus in Niendorf. Danach gibt es nur von Schwestern geschriebene Karten für die Mama. »Hier ist es sehr schön, es gefällt uns gut!«[250] Wenn die Kinder im Kindererholungsheim am Timmendorfer Strand montags Briefe an die Eltern schreiben dürfen, ist die Freude groß. Aber Praktikantin Sigrid muss die Briefe auf Anordnung der Leiterin immer wieder ändern. Heimweh, Einsamkeit und eigene Empfindungen haben darin nichts zu suchen. »Unglaubliche Rohheit!«: Mit diesen Worten kommentiert die Lehrkraft Sigrids Schilderungen in ihrem Praktikumsbericht. Am Ende steht auf den Karten meistens das Gleiche. Dass das Wetter schön ist, die Stimmung gut, dass man am Strand spielt und Muscheln sammelt. Sigrid vermutet 1952, dass damit etwas von der Wahrheit in der kindlichen Seele zerstört werde.[251] Karlheinz, der fünf verschiedene Kureinrichtungen kennenlernt, darf bei keinem Aufenthalt schreiben, was er möchte. In Oberstdorf zur Kur findet er das einzige Mal einen Weg an der Briefzensur vorbei. Sein neuer Freund Dietmar und er wollen seine Eltern warnen. Vor einem dunklen Pulver, das Karlheinz jeden Tag ins Essen bekommt. »Vielleicht waren das Mineralstoffe?«, vermutet Karlheinz heute. »Ich habe da sehr, sehr unangenehme Erinnerungen dran. Das sah aus wie Asche und das

Essen wurde dadurch ungenießbar.« Da die Post an andere Adressen als die Eltern nicht kontrolliert wird, schreibt Dietmar an Karlheinz' Eltern. Die Post geht durch. Den Brief hat Karlheinz aufgehoben. Er trägt den Absenderstempel »Kinderheim Freibergsee in Oberstdorf«:

»Lieber Herr Strötzel,
Wie geht es ihnen? Karlheinz ist mein Freund, und ich besuche ihn, wenn er wieder zu Haus ist. Er kriegt so ein Pulver in die Suppe.
Viele Grüße aus Oberstdorf sendet euch Dietmar.«

Geholfen hat es Karlheinz nicht. Seine Eltern holen ihn nicht ab.
Die Briefzensur wird auch von offizieller Seite empfohlen, zumindest in der BRD. In einer Empfehlung an Kinderheilstätten von Hans Kleinschmidt, Leiter der Kinderheilstätte Bad Dürrheim, steht 1964, dass es unbedingt notwendig sei, die Kinderpost zu kontrollieren, weil

»die Leitung des Heimes während der 6 Kurwochen die ganze Verantwortung für das anvertraute Kind an Elternstelle übernehmen muß und deshalb die von den Kindern geschriebenen Briefe überwachen kann. Die vielfache Erfahrung lehrt täglich, daß besonders die ersten Briefe der älteren Kinder manchmal völlig schiefe und oft ganz falsche Darstellungen über ihren Aufenthaltsort enthalten. Es hat sich bei uns gut bewährt, den älteren Kindern gleich am ersten Tag bei einem ersten Zusammenkommen zu sagen, daß sie anfangs gar kein Urteil über Gefallen oder Nichtgefallen abgeben können. Sie möchten deshalb ihren Eltern, die so weit entfernt sind, durch einen recht traurigen oder gar ganz ablehnenden Brief nicht allzu große Sorgen machen. Seitdem werden bei uns kaum noch unschöne erst Briefe geschrieben«.[252]

In der DDR sind die Behörden geteilter Meinung. Laut der Zentralverwaltung der Sozialversicherung 1951 ist die Postkontrolle eine Verletzung des Briefgeheimnisses. Das Ministerium für Volksbildung Sachsen hingegen sieht es als erzieherische Notwendigkeit, die Briefe der Kurkinder auf ihren Inhalt und auf Schreibfehler einzusehen und sich auch über die Briefe der Eltern zu informieren – sogar bei Jugendlichen.[253] In der DDR scheint es dennoch keine flächendeckende Briefzensur gegeben zu haben. Von 140 für eine Masterarbeit Befragten bestätigten nur 25 diese Praxis.[254] Beschwerdebriefe von DDR-Kurkindern sind aktenkundig. 1953 schreibt Bärbel aus dem Kindergenesungsheim Birkenhain im Kreis Prenzlau, dass es den Kindern dort schlecht ergehe. Die Mütter, die sich in einem Brief »Kämpferinnen für den Frieden« nennen, holen die Kinder nach Hause.[255] Auch Nicole kann während ihrer Hautkur auf Usedom Anfang der 80er-Jahre zu Hause anrufen.

»Ich habe viel geweint bei dieser Hautkur. Ich habe so viel geweint, dass irgendjemand mit mir tatsächlich in diese Verwaltung gelaufen ist. Und dann konnte ich mit meiner Mama telefonieren. Und die war ganz kurz davor, mich abzuholen. Aber das durfte man irgendwie nicht, sein Kind aus der Kur abholen.«

Die Kinder, die in den 70er- und 80er-Jahren aus der DDR zur Kinderkur an die Adria kommen, müssen bei Ankunft ihre Ausweise abliefern. Sie dürfen keinen Kontakt zu Tourist:innen aufnehmen und auch nicht nach Hause schreiben, was sie wollen. Nachdem westliche Tourist:innen die Kinder hinter einem Sanatoriumstor fotografiert hatten, titelt die Bild-Zeitung: »DDR-Kinder hinter Gittern«. Der DDR-Staat wolle so die Flucht nach Italien verhindern und die Kinder von westlichen Einflüssen fernhalten, heißt es in Medienberichten.[256]

Dabei ist das Abschotten der Kurkinder im deutschen Westen genauso Usus wie in den Heimen der DDR.

Der Sozialpädagoge Wolf Rainer Wendt plädiert 1975 für das Briefgeheimnis, während die Erzieher:innen weiterhin beauftragt werden, die Briefe der Kurkinder Korrektur zu lesen und ihnen Vorgaben zu machen. Kleinere sollen Beobachtetes und Erlebtes beschreiben, bei älteren stehen realistische Schilderungen im Vordergrund, die auch mit der ganzen Gruppe diskutiert werden können.[257] »Ausländerkindern hilft der Erzieher besonders, einen vorweisbaren Brief fertigzubringen.«[258] Wenn kleine Kinder »sehr beunruhigende Sätze« an die Eltern schreiben, dürfen die Erzieher:innen diese nicht streichen, aber mit Zustimmung des Kindes eine Mitteilung über die Situation anfügen.[259]

Praktikantin Ingrid fühlt mit den Kurkindern mit, die wenig Fürsorge erhalten. Obwohl sich die Kinder nach Liebe sehnen und ihre Erlebnisse gern erzählen, hören ihnen die Erwachsenen nicht zu. Sie schmerzt, dass sich die Erwachsenen nur um das leibliche Wohl der Kinder kümmern. Ingrids einzige Aufgabe ist es, für die Sicherheit der Kinder zu sorgen, ansonsten sind sie sich selbst überlassen. Die Schülerin erhält keine Anleitungen oder Informationen zu den häuslichen Verhältnissen der Kinder. Dabei möchte sie ihnen vorlesen und Gesellschaftsspiele mit ihnen spielen, aber jedes Kind muss sich mit seinem eigenen Spielzeug beschäftigen. Ingrid bemüht sich dennoch, den Kindern innerlich näherzukommen. Sie vertrauen sich ihr an und erzählen von ihrem Zuhause. Um nach außen hin den Eindruck einer Familie zu erwecken, müssen die Kinder das Personal mit »Onkel« und »Tante« ansprechen. Sonst gibt es keine weitere Verbindung zwischen Kindern und Erwachsenen, schreibt Ingrid.

Das völlige Abschotten vieler Kurkinder über meist anderthalb bis drei Monate nennt der Arzt Harald Schickedanz heute »Deprivation«.[260] Viele Kurkinder sehnen die Rückkehr herbei. Der siebenjährige Michael, der 1953 im Kindergenesungsheim am Timmendorfer Strand zur Kur ist und schweres Heimweh hat, sieht eines Tages eine Gruppe Blinde aus dem Blindenerholungsheim und tröstet sich damit, dass es zwar nicht schön ist, hier noch so lange zu bleiben, aber es immer noch besser ist, als blind zu sein.[261]

Andere wollen sich nicht ergeben. Bernd, 1971, als Neunjähriger in der Kinderheilanstalt Bad Sassendorf zur Kur, hält es in der fünften Kurwoche einfach nicht mehr aus und beschließt, gemeinsam mit seinem neuen Freund Burkhardt das Haus zu verlassen. »Einfach nur so schnell wie möglich nach Hause.« Wochenlang beobachten die beiden, wann die Nachtwache durch die Zimmer geht:

»Wir hatten das Glück, dass die Zimmer nicht abgeschlossen waren und ein Tor offen stand. Und da schoss uns ein Gedanke durch den Kopf, wir haben die Koffer gepackt und sind dann über diesen Rasen rauf zum Bahndamm, um einfach den nächsten Zug anzuhalten, der in Richtung Bielefeld fuhr. Und irgendwann kam dann ein Zug und dann haben wir unsere Koffer auf die Gleise gestellt. Der hat dann mit quietschenden Bremsen halten können und der Zugführer fragte, was wir als Kinder um diese Uhrzeit nachts auf dem Gleis wollen. Wir haben dem erzählt, wo wir herkamen, und dann hat er in der Anstalt angerufen. Und dann wurden wir nachts am Bahnhof von einer Schwester abgeholt. Aber Gott sei Dank ist da hinterher nichts gekommen, weder Schläge noch sonst was. Ich glaube, dass so was einmalig ist. Aber das musste sein.«

Einmalig ist Bernds Fluchtversuch nicht. Immer wieder erzählen Verschickungskinder von ihren Ausrissversuchen. Auch

Klaus*, der Ende der 50er-Jahre mit vier Jahren zur Kur in den Schwarzwald kommt, plant täglich mit seinem Bruder die Flucht nach Hause – auch mit dem Zug. Unweit ihres Elternhauses verkehrt ein Zugwagen eines Arbeiterbetriebs mit seitlichen Brettern, auf dem die Arbeiter stehend mitfahren. Die beiden Geschwister glauben, einen solchen Zug auch in Peterzell zu finden: »Für die Flucht hatten wir uns ausgedacht, dass wir am Bahnhof aufspringen und darauf nach Hause fahren.« Eines Nachmittags sind sie aus dem Heim verschwunden. Mutig stapfen der Vier- und der Sechsjährige durch tiefen Schnee, bis es dunkel wird und sie der Mut verlässt. Sie klopften an einem Haus an, doch statt den Kindern zu helfen, bringt man sie ins Heim zurück.

Schöne Erinnerungen

Gunild, die in den 60ern im Kinderkurheim Antoniushaus der Thuiner Franziskanerinnen in Niendorf an der Ostsee arbeitet, hebt die schönen Aspekte der Kinderkuren hervor. Sie erzählt von ihren Versuchen, den Kindern die Zeit so angenehm wie möglich zu gestalten,

»mit Spielen, mit Ausflügen, mit Festen, die wir gefeiert haben, mit ganz viel Basteln und Vorlesen. Und ja, ich sage mal leckerem Essen, ohne Zwang. Ich weiß nur, wir waren für die Kinder da, wenn sie uns brauchten. Wenn die Kleinen weinten, saßen die ruckzuck auf unserem Schoß oder bei Spaziergängen hatten wir sie natürlich an unserer Hand und ganz dicht bei uns. Und die brauchten auch den Körperkontakt und das haben wir ihnen gerne gegeben, wenn sie das nötig hatten.«

Auch andere Kurkinder bestätigen, dass es damals liebevolle Erzieherinnen in den Heimen der Franziskanerinnen in Niendorf gibt. Selbst nachts sind sie für die Kinder da, erzählt Gunild.

»Wenn ein Kind ins Bett gemacht hatte, war das kein Problem. Wir schliefen auf dem gleichen Flur, auf dem der Kinderschlafsaal war und die Kinder wussten, wenn nachts irgendwas ist, durften sie an die Tür klopfen. Dann haben wir das Kind auch in den Arm genommen, getröstet, wenn es weinte. Wir haben das Bett frisch bezogen. Das war im Grunde gar kein großes Thema. Das Kind musste keine Angst haben: ›Wenn ich ins Bett mache, dann passiert mir was Schlimmes.‹ So wie man es eigentlich in der Familie macht. Das Kind hat eingenässt, frische Bettwäsche, frischen Schlafanzug, schlaf mal weiter.«

Wenn die Kinder Albträume hatten, bekamen sie besondere Zuwendung.

»Wir haben sie damit nicht allein gelassen. Wenn um 22 Uhr auch die Nachtwache gegangen ist, wussten die Kinder: Wenn noch was ist, dürfen wir in der Nacht an diese Tür klopfen oder in der nächsten Woche an die andere Tür, je nachdem wer Bereitschaft hatte. Dann haben die Kinder geklopft und wir sind selber im Schlafanzug raus. Haben gefragt: ›Was ist denn los?‹ Und dann haben wir versucht, das Problem zu lösen. Ich habe das jetzt gar nicht als so eine große Aktion im Kopf.«

Auch in Karins Augen sind die Kinder im Kurheim Emilienruhe in der Pfalz gut aufgehoben. Sie ist dort 1957 Praktikantin und beschreibt das Heim als einen warmen Ort. Die drei Diakonissinnen, die dort arbeiten, sind geduldig, freundlich und liebevoll zu den Kindern und schlagen sie nie. Gott hat ihnen Kraft gegeben, glaubt Karin. Die Schwestern singen und scherzen mit den Kindern, dadurch taut auch Karin auf. Sie baut eine liebevolle

Beziehung zu einem Kind auf, dessen Vater im Zuchthaus sitzt. Es läuft immer wieder weinend zu ihr, fragt »Hast du mich noch lieb?« und schlingt seine Arme um ihren Hals. In dem Heim ist auch die Französin Klara, ein zwölfjähriges liebes, hilfsbereites Mädchen, wie Karin sie beschreibt. Die Mutter ist Polin und ihr Vater Deutscher, ein Arzt mit eigener Praxis. 1937 flieht die jüdische Familie nach Paris und bleibt dort. Den überwiegend evangelischen Kurkindern fällt auf, dass Klara sonntags nicht mit in die Messe geht. Als die Kinder Klara auf ihre Konfession ansprechen und sie sich erklärt, ist es einen Augenblick ganz still. Ein großer Junge schreit plötzlich: »Pfui, eine Jüdin!« Karin schneidet der Ausruf tief ins Herz, schreibt sie. Sie schaut den Jungen traurig an und senkt den Kopf. Den ganzen Tag steht der Junge abseits und spielt nicht mit den anderen Kindern. Karin glaubt, dass er gegen sein »böses Ich« kämpft, und lässt ihn gewähren. Abends klopft der Junge zaghaft an ihre Zimmertür und kommt weinend herein. Er will sich für »die bösen Worte« entschuldigen. Die fromme Karin sagt ihm, dass er Jesus »verhöhnt« habe, der auch Jude gewesen sei. Sie bittet ihn, sich bei Klara zu entschuldigen. Am nächsten Tag kommen ihr der Junge und Klara strahlend Hand in Hand entgegen, eine neue Freundschaft ist geschlossen, glaubt Karin.[262]
Die Kinder sind darauf angewiesen, dass fürsorgliche Erzieherinnen in dem jeweiligen Heim arbeiten, die ihnen Wärme geben und die Verlusterfahrung auffangen können. »Vielleicht hatte ich auch einfach Glück«, vermutet Gunild, die in den 60er-Jahren im Antoniushaus arbeitet, »dass ich da in einer Truppe war, die so gleich gesinnt war. Wir haben uns einfach gut verstanden und das hat sich auf die Kinder übertragen und wir haben ganz viel Spaß gehabt und gelacht.«

Trotzdem sagt Gunild dann:

»Wir hätten unsere Kinder niemals zur Kur geschickt, aber meine Kinder waren auch nicht blass und mussten mal gutes Essen haben. Die wuchsen unkompliziert und liebevoll auf, die brauchten das nicht.«

Ralf, der von seinem Vater als Kind misshandelt wird, kommt Ende der 70er-Jahre zur Kur ins Kinderkurheim St. Johann, das auf demselben Gelände wie das Partnerkurheim Antoniushaus liegt, in dem Gunild in den 60er-Jahren arbeitet und das ebenfalls von den Thuiner Franziskanerinnen geführt wird.

»Unser Glück war damals das Maß aller Dinge und das Lächeln auf unseren Gesichtern beim Einschlafen das Ziel eines jeden Tages! Mag sein, dass ich eventuell einfach nur das Glück hatte, in einer Gruppe zu landen, in der man sich seiner Verantwortung, der Fürsorgepflicht uns kleinen Jungs gegenüber, bewusst war, aber es fällt mir schon schwer, mich in dieser Hinsicht nur als eine Art ›Glückspilz‹ zu sehen.«

Er nennt die Ostertage im Jahr 1979 in Niendorf »die schönsten Wochen meiner Kindheit, wenn nicht sogar meines Lebens«.[263]

6.
MACHTMISSBRAUCH UND LAISSEZ-FAIRE

Ein Paradies für Täter:innen

Um das vorgegebene Tagesprogramm mit großen Gruppen kleiner Kinder gewährleisten zu können, gelten in den Kinderkurheimen strenge Regeln. Ohne diese wäre die Sicherheit der Mädchen und Jungen nicht zu gewährleisten. Oft gibt es nur eine Person, die Gruppen von über 20 Kindern beaufsichtigt – rund um die Uhr.

Verstöße gegen die Regeln werden streng bestraft. Der Arzt Hans Kleinschmidt hält in seinem Leitfaden für Kinderheilstätten fest: »Jede Strafe muß gut überlegt und möglichst gerecht sein.« Sein Strafregister für Kinderkurheime enthält diese Empfehlungen: Kinder bei Fehlverhalten weniger beachten als zuvor, Spielzeug für eine Zeit entfernen oder Nachtisch streichen. Sinnvoll sei auch die in den damaligen Schulen gängige Strafarbeit, etwas mehrfach aufzuschreiben. Etwa »Ich darf nicht schreien« oder »Ich darf meinen Kameraden keine Schokolade wegnehmen«. Wenn Kinder beißen oder kratzen, dann habe sich bewährt, ihnen ein Schild mit der Aufschrift »Vorsicht, ich beiße« oder »Vorsicht, ich kratze« umzuhängen.[264] Auch das ist damals eine akzeptierte Strafmaßnahme.

In Deutschland lebt eine vom Krieg abgestumpfte Gesellschaft, die die begangenen Gräueltaten und das Trauma des Krieges verdrängt. Im Zweiten Weltkrieg hatten die Deutschen unvorstellbare Schuld auf sich geladen, Millionen Menschen getötet und stehen am Ende der 12 Jahre des »tausendjährigen Reichs« selbst vor einem Meer der Zerstörung und Millionen Toten. Deutschland ist Täterland; um Schuld und Scham zu verdrängen, nehmen viele eine Opferhaltung ein gegenüber dem Leid, das ihnen der selbst begonnene Krieg zugeführt hat. Der Hungerwinter, die durchlittenen Bombennächte, der Überlebenskampf in anarchischen Zuständen »ließen viele Deutschen keinen Gedanken an die Vergangenheit fassen«.[265] Eine gewisse Teilschuld wird eingeräumt, an den Verbrechen an der Ostfront, aber nach 1945 spielt der Holocaust laut dem Publizisten Harald Jähner »im Bewusstsein der meisten Deutschen der Nachkriegszeit eine schockierend geringe Rolle«.[266] Gefühle, die schwach machen, so ist man selbst und die Vorfahren erzogen worden, sind zu unterdrücken. Und so fließen selten Tränen. Die Männer, die aus dem Krieg heimkehren, sind in »Eis gehüllt«,[267] viele leiden an posttraumatischer Belastungsstörung. Doch psychische Erkrankungen gelten als Schwäche – dass man Bilder im Kopf nicht loswird, vom Töten, dem Elend des Schützengrabens, gibt kaum jemand zu.[268] Schweigen hüllt sich über das Land und die Familien, »alle hatten anscheinend das Gleiche erlebt, dadurch wird das Schreckliche zu einer Pseudonormalität«.[269]

So wie die Eltern ihre wahren Gefühle verdrängen, fordern sie es auch von ihren Kindern. Birgit, die als Kind aus Hessen zur Kur nach Bad Reichenhall kommt, sagt, dass ihre Eltern keine gefühlskalten Monster seien, aber geprägt, wie viele ihrer Generation, »vom Krieg, als sie Kinder waren, und von der Nachkriegszeit mit all der Verdrängung, die damals herrschte«. Härte gilt in ihrem Elternhaus schon ab dem Säuglingsalter: »Wir wurden im Vier-Stunden-Rhythmus gefüttert, nie gestillt, abgelegt in den Räumen, in unserem riesengroßen Haus, wo uns keiner gehört hat und wir uns die Lunge aus dem Leib geschrien haben. Es hat auch niemand geguckt.«

Strafende Pädagogik

Den Film »Vater, Mutter und neun Kinder« von 1958 leitet Heinz Erhardt mit einer Rede zur Bäckergesellenprüfung ein. »Ich habe neun Kinder und bin stolz darauf. Aber ich habe nicht nur neun Kinder, sondern ich habe sie zur Ordnung erzogen, in der Furcht des Herrn, und der Herr bin ich.«[270] »Sitz gerade, schling nicht so, sei nicht so vorlaut, wie sehen deine Fingernägel aus, man spricht nicht mit vollem Mund, sei nicht so neugierig, reiß dich endlich zusammen«.[271] Das sind Sätze, die Kinder der 50er- und 60er-Jahre dauernd hören, sie werden permanent »eingeschränkt, frustriert, überfordert«.[272] Viele Eltern sind um absolute Kontrolle bemüht, Widerspruch wird nicht geduldet.

Folgsamkeit ist auch in den Kinderkurheimen das Ziel, Rebellion wird bestraft. Der kleine Martin, der oft ungehorsam ist, muss 1958 im Deutschen Kindererholungsheim am Timmendorfer Strand tagelang zur Strafe im Bett bleiben.[273] Das wird von den Ratgebern eigentlich nicht empfohlen, denn Liegen ist schließlich Teil des Erholungskonzepts – so sieht es etwa der Arzt Hans Kleinschmidt.[274] Aber die Strafe ist in vielen Kinderkurheimen üblich. Auch körperliche Gewalt ist – so wie in vielen Haushalten und Schulen zu dieser Zeit – in Kinderkurheimen häufig die Regel. Der 11-jährige Helmut bekommt 1959 im Kurheim auf Juist, das Nonnen führen, die erste Ohrfeige seines Lebens.

»Ich erinnere mich an Schläge mit einem Stock auf die Finger, ins Gesicht, bei einigen Jungen sehr häufig. (…) Und daran, dass wirklich kein Abend im Bett vergangen ist, an dem ich nicht geweint habe vor dem Einschlafen! (…) Drakonische Strafen dominierten, das Essen war schlecht, der Ton ruppig, eine ständige Traurigkeit – und niemand, zu dem man Vertrauen hatte! Das ist so wichtig! Telefonieren war verboten oder nur in Anwesenheit einer Nonne erlaubt, da konnte ich besser gleich darauf verzichten.«

Auch in Einrichtungen von Heimleitungen, die autoritäre Erziehung ablehnen, herrscht erzieherische Gewalt. Im Kindererholungsheim Detmold in Wittdün auf Amrum 1953 liest die Heimleiterin jeden Tag beim Frühstück aus »Kinder sind anders« von Maria Montessori vor und sagt ihren Mitarbeiterinnen und Helferinnen, dass sie durch unüberlegte Antwort oder schroffe Abweisung das Kind in seiner Entwicklung schädigen. Sie sollen sich in die Welt des Kindes versetzen, um seine Sorgen und Nöte zu verstehen. Sie erinnert sie an ihre große Verantwortung und dass Liebe und Verständnis das Wichtigste für die Kinder sind, denen hier zu ihrem Recht auf Freude verholfen werden soll. Doch der geringe Betreuungsschlüssel steht dem entgegen. Die Praktikantin Erika betreut mit einer Kindergärtnerin und Kinderhelferin rund um die Uhr eine Gruppe mit 30 Jungen zwischen acht und elf Jahren. Die Kindergärtnerin schreit die Kinder an, schlägt sie gelegentlich und zeigt ihnen, wie sehr sie sich den Abend herbeisehnt, wenn alle in ihren Betten liegen. Erika muss sich eingestehen, wie schwer es ist, alle gleich zu behandeln und immer wieder freundlich zu ermahnen und dabei noch den Anschein von Freude an der Tätigkeit zu vermitteln, ohne Überforderung zu zeigen.

Aber sie lernt auch, wie man Kinder gut beschäftigen kann: Wenn sie Märchen vorliest und sich dann mit den Kindern darüber unterhält, ist schnell ein Nachmittag rum. Sie entwickelt mit den Kindern ein Projekt über Schiffe. Erst erzählt sie Geschichten von einem Kapitän und seinen Fahrten, schaut Filme über die Seefahrt mit ihnen, baut mit den Jungen und Mädchen Schiffe aus Papier oder aus Bauklötzen, bis sie zum Schluss ein echtes Schiff besichtigen. Einmal wendet Erika Gewalt an. Als ihr ein kleiner Junge sagt, dass er bei ihr laut sein könne, weil sie die Kinder nicht schlage, gibt sie ihm gegen ihren Willen eine Ohrfeige. Von da an hätten die Jungen sie als volle Kraft angesehen, schreibt Erika in ihren Bericht.[275]

Ohrfeigen, Schläge mit dem Rohrstock, Kochlöffel oder mit dem Gürtel von Lehrer:innen, Erzieher:innen und Eltern gelten bis in die 70er-Jahre als normale erzieherische Maßnahmen, sind Alltag in den Familien und auch in den Klassenzimmern.[276] In Bayerns Schulen wird das körperliche Züchtigungsrecht erst in den 80er-Jahren abgeschafft.[277] In einer Umfrage, über die der *Kölner Stadt-Anzeiger* 1968 berichtet, geben 85 Prozent der westdeutschen Befragten an, dass sie die Prügelstrafe für eine angemessene Erziehungsmethode halten. Nur zwei Prozent schlagen ihre Kinder nie. Laut der Zeitung wachsen die meisten deutschen Kinder in einem »Klima der Grausamkeit« auf. Die Deutschen sind »zu einem großen Teil ein Volk prügelnder Eltern«.[278] Sabine Bode schreibt über die beiden Nachkriegsjahrzehnte, dass sich die strenge Erziehung in den Familien meist nur in einem Punkt unterschied: »Es gab Schläge oder es gab keine Schläge«,[279] weil Eltern »ständig überlastet waren, das Nervenkostüm dünn war, ihre Selbstkontrolle versagte und sie auf diese Weise Dampf ablassen konnten«[280] – und so ist es auch in den Kinderkurheimen.

Verschickungskind Jürgen, Jahrgang 1953, sagt:

»Die Kindererziehung in den 60er-Jahren war in vielen Familien so schrecklich, dass viele jüngere Menschen es wahrscheinlich gar nicht glauben würden. Meine Freundin musste oft nach dem Abendessen selbst den Rohrstock holen, damit ihr Vater sie verprügeln konnte. Der Hausmeister an unserer Schule packte raufende Jungs bei den Haaren und stieß ihre Köpfe gegeneinander. Auch im Unterricht wurden zumindest Jungen gelegentlich ins Gesicht geschlagen (›Komm her, und nimm die Brille ab!!!‹), Mädchen kriegten vor allem von älteren Lehrerinnen manchmal im Affekt eine Ohrfeige. Das alles war ganz normal, und es ist gerade mal 50 Jahre her.«[281]

Dokumente zeigen aber, dass Verantwortliche im Verschickungswesen schon in den 50er- und 60er-Jahren von Gewalt abraten – zumindest von harter. Der Arzt Hans Kleinschmidt nennt es 1964 »geistlos und würdelos (...), ein Kind zu schlagen«. Aber: »Ausrutschen« könne die Hand ja mal. Schläge ins Gesicht eines Kindes seien jedoch entehrend und »immer ungerecht«.[282] Adolf Wolters, Vorsitzender der Arbeitsgemeinschaft aller Kinderfahrtmeldestellen der BRD, lehnt 1950 Gewalt grundsätzlich ab. Als er mitbekommt, dass Kurkinder in einem Heim der Eisenbahnfürsorge geschlagen werden, schreibt er in einem Rundbrief an alle Kurheime, dass er die Bestrafung von Kindern, die aus gesundheitlichen Gründen in ein Kurheim entsandt worden seien, »durch Verabreichung von sogenannten Kläpsen, Kopfnüssen, geschweige denn von Kopfschlägen in keiner Weise für statthaft oder tragbar« halte.[283]

Doch Erzieherinnen und Praktikantinnen wenden weiterhin Gewalt an. Iris, 1961 Praktikantin in der Kinderheilanstalt Bad Sassendorf, berichtet, dass auch einige Heimkinder in der Anstalt leben, die sie »zurückgeblieben« nennt. Uwe ist einer von ihnen, er tut ihr eigentlich leid, weil ihn alle ausgrenzen und nicht mit ihm spielen, ihn nicht einmal berühren wollen.

Doch dann glaubt Iris festzustellen, dass er hinterhältig ist, weil er andere Kinder schlägt und unartig ist. Eines Tages, als er seinen Löffel voller Essen an die Wand wirft, reißt ihr der Geduldsfaden. Sie gibt ihm eine schallende Ohrfeige, obwohl das eigentlich verboten ist, wie sie schreibt.[284] Wie akzeptiert Schläge trotz Behördenverboten in den 50er- und 60er-Jahren sind, zeigen die Kommentare der Lehrkräfte in den Praktikumsberichten. Als eine Schülerin schreibt, dass sie einem kleinen Jungen nach dreimaliger Ermahnung einen Klaps auf den Hintern gegeben hat, markiert die Lehrkraft nur den Rechtschreibfehler in »Klapps«.[285] Die Gewaltanwendung an sich bleibt auch in anderen Berichten unkommentiert.

Erst Bettruhe heißt für das Personal: Feierabend. Auch deshalb enden Kurtage für viele Kinder sehr früh. Wenn sie im Bett liegen, herrscht Sprechverbot. Während der Nachtwache muss im Kurheim St. Johann in Niendorf eine Erzieherin in den 60er-Jahren über hundert Kinder gleichzeitig bewachen und »Rundgänge« durch die Schlafsäle unternehmen.[286] Die vorgeschriebene Schlafenszeit bei acht- bis elfjährigen Kurkindern liegt in den 70er-Jahren bei 21 Uhr.[287] Petra ist als Elfjährige im Jahr 1972 im Haus Hamburg in Bad Sassendorf zur Kur und muss mit allen Kindern um 19 Uhr ins Bett. Eine der Aufseherinnen mag sie nicht, drangsaliert Petra immer wieder. Als sie eines Abends ihrer Bettnachbarin heimlich etwas zuflüstert, taucht plötzlich die Erzieherin auf:

»Wir durften ja nicht mehr sprechen, mussten ganz still sein und sie hat mich dann aus dem Bett gezerrt, gerissen, über den Boden geschleift, und mich in eine Kammer eingesperrt. Kein Licht, in der völligen Dunkelheit. Ich habe das abgetastet, den Eimer und Schrubber gefühlt, aber ich konnte es nicht sehen. Die Besenkammer war 50 mal 50 Zentimeter groß.«

Das hat Petra an einem Grundriss von Haus Hamburg, den sie kürzlich gefunden hat, überprüft.

»Und die wurde dann zugemacht und abgesperrt. Und das war dann meine Nacht in dieser Besenkammer. Ich habe geschrien! Ich habe gedacht, ich bekomme keine Luft mehr, ich sterbe.«

Ist das Machtmissbrauch? Oder eine Strafe, die dem Zeitgeist entspricht? Völlig abwegig nennt der Arzt Hans Kleinschmidt das Einsperren von »Unruhestiftern« in einen Keller oder andere Räume. Das sei auch zu gefährlich.[288] Aber noch 1975 empfiehlt der Sozialpädagoge Wolf Rainer Wendt den Kinderkurerzieher:innen, »Störer« als warnendes Beispiel eine Nacht im Abstellraum schlafen zu lassen.[289]

Bestrafung von Bettnässen

»Fortwährend eingeschüchterte Kinder machen vielleicht ins Bett, aber sie machen keinen Krach«, schreibt Sabine Bode über die »Nachkriegskinder«.[290] Doch inkontinente Kinder machen den Mitarbeitenden in den Kurheimen Arbeit und erleben besonders oft erzieherische Gewalt. Nasse Betten versuchen die Heime immer wieder durch harte Strafen zu unterbinden, während sie gleichzeitig alle Voraussetzungen dafür schaffen, dass Kinder einnässen. Zum Beispiel dadurch, dass sie nachts ein Toilettenverbot verhängen. Rosi erinnert sich noch genau, wie in dem bayerischen Kurheim, in dem sie Mitte der 60er-Jahre einige Wochen verbringt, am Abend ein Topf in die Mitte des Schlafsaals gestellt wird, in dem sie mit sechs anderen Kindern schläft. Nur darauf dürfen sie ihr Geschäft verrichten. »Egal, ob der schon voll war. Und wie«, sagt Rosi und fügt hinzu: »Das ist Folter und Zwang.« Als sie eines Nachts ganz nötig zur Toilette muss, der Topf aber schon voll ist, geht sie zurück ins Bett.

»Und dann habe ich vor lauter Verzweiflung ins Bett gemacht. Dann gab es Schläge. Hintern versohlt. Sehr geschimpft.«
Die kleine Rosi ist so verängstigt, dass sie sich nicht traut, Probleme anzusprechen. Ab dem ersten Tag fehlt ihr eine Zahnbürste. Jeden Morgen werden die mitgebrachten Zahnbürsten und Zahnputzbecher auf einem Teewagen in den riesigen Waschraum gefahren. In ihrer Not nimmt Rosi jeden Tag den Becher eines anderen Mädchens, bis sie damit auffliegt. Als die Erzieherinnen in ihrem Koffer nachschauen, finden sie ihre Zahnbürste. »Die Gesamtsituation war so angstbesetzt, dass man es nie hätte ansprechen können. Also ich jedenfalls nicht«, sagt Rosi.
Um Bettnässen zu verhindern, bekommen die Kinder in anderen Heimen abends nicht mehr viel oder gar nichts zu trinken. Im Kurheim an der Nordsee, in dem Harald als Siebenjähriger ist, werden die durstigen und hungrigen Kinder jeden Abend im Schlafsaal eingeschlossen. Gabi, die als Achtjährige in den 70er-Jahren zur Kur im Antoniushaus in Niendorf an der Ostsee ist, schreibt:

»Die erste Nacht schliefen wir im Gemeinschaftsraum. Bad auf der anderen Seite des Korridors. Nachts war ich durstig und bin ins Bad, um Wasser zu trinken. Ein anderer Junge hat mich morgens verpetzt. Die Nonne fragte mich, ob es wahr ist, dass ich nachts aufgestanden bin. Ich sagte: ›ja‹, es war ja das natürlichste Bedürfnis. Danach musste ich meine Hosen ausziehen und wurde mit meinem Pantoffel auf nacktem Hintern verprügelt. Der erste Arztbesuch war die große Hoffnung auf Erlösung. Der Arzt musste ja helfen. Ich erinnere mich, wie froh ich war, ihm meine Torturen zu erzählen. Danach wurde ich von der Schwester verprügelt. Der Arzt war Komplize. Ich erinnere mich, dass ich wahnsinnig Angst hatte vor jedem Arztbesuch in Niendorf.«[291]

»Unsaubere Kinder« müssten ihre schmutzige Wäsche selbst reinigen, empfiehlt der Arzt Hans Kleinschmidt als geeignete Strafe.[292]

»Ich war der Willkür dieser Tanten dort völlig hilflos ausgeliefert und das war Sadismus pur. Ich durfte nachts nicht auf die Toilette. Dann habe ich natürlich ins Bett gepinkelt. Dann gab's ein Riesentrara am nächsten Tag. Ich musste die Matratze aus dem Bett wuchten und mich vor den Schlafsaal der Jungen stellen damit. Und die mussten mich dann auslachen«,

berichtet Sabine von ihrer Kinderkur als Sechsjährige Anfang der 60er-Jahre im Fichtelgebirge. Die Einrichtungen für bettnässende Kinder, die in den 60er-Jahren immer beliebter werden, werben mit Angeboten wie »Heilpädagogisch psychotherapeutische Beeinflussung«, »freies Spiel«, »Fingermalen«, »Kneten«, »Matschen«, »Musizieren«, »Bestrahlungen« und »Solebäder«.[293] Die Kinderheilanstalt Bad Sassendorf hingegen streicht als Therapiemaßnahme den Kindern die Soße auf dem Reis, wenn sie eingenässt hatten.

»Ich kann mich daran erinnern, dass ich eigentlich in den neun Wochen nur klebrigen, stacheligen trockenen Reis bekommen habe. Man konnte ihn eigentlich auch überhaupt nicht essen. Wenn man den ausgebrochen hatte, dann musste man ihn halt noch mal essen. Dann kam auch die Schwester und man kriegte das dann regelrecht eingeflößt ... Man hat natürlich geweint ohne Ende. Das Weinen der Kinder habe ich heute noch in den Ohren. Das vergisst man nicht. Ja, und als Bettnässer war man natürlich auch das Allerletzte, wurde erniedrigt, immer wieder«,

erzählt Johannes, der als Grundschulkind inkontinent ist und 1972 mit acht Jahren neun Wochen in der Kinderheilanstalt verbringt.

»Und ich weiß auch, dass ich immer auf der Seite schlafen musste, also mit dem Gesicht zur Wand. Wahrscheinlich, um psychischen Druck aufzubauen. Man hat immer Angst gehabt. Tag und Nacht.«

Damals sind Bettnässerbehandlungen durch psychischen Druck populär. Aber schon 1955 findet der Berliner Senator für Jugend und Sport die psychologische Betreuung in manchen Heilanstalten für »neurotische« Kinder mangelhaft. »Ich würde die in meiner Erziehungsberatung betreuten Kinder dort nicht gern unterbringen, weil ich hinsichtlich der Besetzung mit psychologisch geschultem Personal Zweifel hege.«[294] Auch noch dreißig Jahre später trifft bettnässende Kinder emotionale Gewalt. »Strenge ist kein Ausdruck, es war menschenunwürdig«, sagt Sylvia. Sie macht 1984 im Kinderkurheim Schloss Krumke ins Bett, weil sie als Fünfjährige jeden Abend mit den anderen Kindern im Schlafraum eingeschlossen wird.

»Das war auch schon schrecklich. Ein Gefühl, wie irgendwie eingesperrt sein. Also, du musst auf Zwang jetzt liegen bleiben. Du darfst auch nicht mehr aufs Klo gehen. Ich hätte ja gar nicht ins Bett gemacht, aber die haben uns ja nicht rausgelassen. Wir Kinder, die ins Bett gemacht hatten, wurden morgens früh vor versammelter Mannschaft in eine Wanne gestellt, nackt und wurden kalt abgeduscht und sind dabei beschimpft worden aufs Übelste. Es waren wirklich Wörter, wie: ›Du Schwein! Du bist die letzte Drecksau!‹ Also, es waren wirklich richtig harte Sachen.«

Schläge im Seehospiz

Auch gegenüber dem Personal ist der Ton zuweilen rau, die Forderungen unerbittlich. Heiderose ist 1970 als 15-Jährige im Seehospiz Kaiserin Friedrich auf Norderney als »diakonische Helferin« angestellt. In einem Bericht schildert sie ihren Alltag:

»Ich wurde gezwungen, morgens ab 6.30 Uhr die Büros in der Verwaltung zu putzen – das geschah noch ohne dass ich die Möglichkeit erhielt zu frühstücken – manchmal glaubte ich, ich würde ohnmächtig – habe dann die Zähne zusammen gebissen und geschuftet – danach folgte so gegen 8 Uhr die Morgenandacht und erst darauf durften wir etwas zu Essen zu uns nehmen. Besonders irritierend empfand ich damals einen Friedhof auf dem Gelände, auf dem viele kleine Kreuze mit Namen an die Verstorbenen erinnerten – es waren sehr kleine Gräber – zu Anfang bin ich zutiefst erschrocken, da ich annahm, dass es sich um Kindergräber handelte. Ich fragte eine ältere Diakonisse, die dann das Geheimnis lüftete. Es war ein Katzenfriedhof.« [295]

Ihren Dienst beschreibt Heiderose als »Hölle«. Ihre Vorgesetzte habe versucht, ihre Persönlichkeit zu brechen. Heiderose muss die Frau, die sie als »grausam und eiskalt« beschreibt, »Tante Anni« nennen. Stundenlang ist sie damit beschäftigt, Toiletten zu putzen, Speisesäle einzudecken; und obwohl sie ein Rückenleiden anmeldet, muss sie schwere Geschirrkörbe in die Maschinen räumen und einmal zur Reinigung der Besprechungsräume und der Empfangshalle auch einen großen Eichentisch umwuchten, die massiven Teppiche darunter wegschleppen, reinigen und aufhängen. »Manchmal habe ich vor Erschöpfung lautlos geweint – hat mir aber nicht geholfen.« [296]

Richard von Weizäcker schreibt 1986 ein Grußwort in die Hundertjahr-Chronik der Anstalt, nennt sie »wegweisend« und einen Hort, »in dem Kinder Heilung und Fürsorge aus christlichem Geist erfahren dürfen«.[297]

Schon im Januar 1974 war durch einen Arzt, der nach nur zwei Monaten seinen Dienst quittiert hatte, bekannt geworden, dass »kranke Kinder am Krankenhaus Kinderheil/Norderney geprügelt werden«. [298] Auch ein Junge berichtet in einem Brief nach seiner Heimkehr an einen der behandelnden Ärzte von erlittenen Schlägen und zählt mehrere Kinder auf, die von einer Schwester geschlagen wurden; auch, dass die Nachtwache ein Kind an den Haaren gezogen und gestoßen habe. Aus Angst vor den Ärzten hätten die Kinder sich ihnen nicht anvertraut. Auch drei Studenten, die 1974 dort zur Famulatur sind, beschweren sich über Schläge, Tritte und ständiges Anbrüllen der kranken Kinder auf der Isolierstation. Die Ärzte, die sie ansprechen, hätten nur beschwichtigt.[299]

Ärztlicher Leiter des Hauses ist bis 1983 Professor Wolfgang Menger, der bis 2006 mehrere Auszeichnungen erhält. Menger stellt sich laut Akten gegen einen Mitarbeiter, der wegen der Vorfälle Dienstaufsichtsbeschwerde gegen den damaligen geistlichen Leiter eingereicht hatte. Laut Menger würde er damit die deutsche Kinderheilkunde diffamieren.[300]

Die Autor:innen einer Studie der Diakonie von 2021 bewerten Schläge mit der flachen Hand als normal für die Zeit: »Dennoch gehen die aus dem Jahr 1974 im Seehospiz geschilderten Übergriffe über dieses Maß hinaus.«[301]

Laut dem Historiker Marc von Miquel bildet »ein gewaltförmiges Strafregime in Erziehungsheimen nicht die Ausnahme, sondern die Regel«.[302] Als Gründe nennt er: »mangelnde Ressourcen, baufällige Gebäude, permanente Überbelegung sowie unzureichende personelle Ausstattung und Qualifikation.[303]

Unter solchen Umständen gibt es, trotz der Trennung von Freund:innen und Geschwistern und des durchstrukturierten Zeitplans, der gemeinsames Spielen und Gespräche einschränkt, immer wieder Momente des Zusammenhalts unter den Verschickungskindern. Die älteren Kinder im Haus Fredeborg teilen beispielsweise mit den jüngeren ihre Päckchen, behandeln sie wie Geschwister.[304] Helmut, Kurkind auf Juist, nennt als helle Stunden die Momente, in denen sich die Kinder gemeinsam dem Personal widersetzen.

»Die entstanden, wenn wir, mutig und solidarisch, gegen Vorschriften verstießen. Ich hatte zehn Mark von meiner Mutter, die die Nonnen nicht entdeckt hatten. Während unseres Marsches am Seil hatten wir ein kleines Geschäft entdeckt, wo zwei von uns einkaufen sollten. Ein Junge und ich kletterten aus dem Fenster, einer guckte, ob sich die Nonnen auch zurückgezogen hatten, einer blieb an der Tür stehen, die anderen standen Schmiere am Fenster. Süßigkeiten! Und wir haben es geschafft! Für sieben Mark Schokolade und Bonbons, die noch lose verkauft wurden. Am nächsten Tag hatten einige von uns kaum gegessen. Wir hatten uns halt den Magen verdorben. Und dabei fühlten wir uns wie Helden!«

Terror und Laissez-faire

Viel wahrscheinlicher ist damals aber, dass sich statt Solidarität eine Hackordnung etabliert. Klaus*, der wohlbehütet in seiner Familie aufwächst, lernt als Vierjähriger in den 50er-Jahren in einem Kurheim in Peterzell im Schwarzwald eine neue Welt kennen: »Eine Situation, die uns völlig überfordert hat. Wo 60 bis 80 Kinder versammelt waren, wo es eigene Gesetzmäßigkeiten gab.« Und das Gesetz lautet: Der Stärkere gewinnt. Er, der Kleine, wird von den Älteren getreten und geschlagen.

»Ich hatte früher noch nie mit Knete gespielt und fand das einen bezaubernden Werkstoff, aber ich bekam gleich meine Grenzen aufgezeigt, als ich danach griff, weil es mir die anderen Kinder weggenommen haben. Man musste da ein sehr rustikales Durchsetzungsvermögen haben.«

Als es im März schneit und die Kinder rodeln dürfen, erntet Klaus Kniffe und Tritte von den anderen Kindern beim Versuch, sich auch einen Schlitten zu nehmen. Er geht leer aus. Praktikantin Marie Luise schreibt über das überfüllte Kinderheim Frieda Jacobi in Wyk auf Föhr im Jahr 1955, dass die Kinder, zwischen zweieinhalb und sechs Jahren alt, häufig streiten. Die größeren fangen Krebse und setzen sie den ängstlichen auf den Rücken: Egal wie laut sie weinen und schreien, sie lassen nicht von ihnen ab. Ein Epileptiker wird häufig gehänselt. Die anderen Kinder erzählen ihm, dass er ein Jahr hierbleiben muss, bis er in Tränen aufgelöst ist. Kinder können manchmal doch sehr grausam sein, findet Marie Luise.[305]

Bei seiner Ankunft im Kinderkurheim an der Nordsee wird der siebenjährige Harald in einen Schlafsaal mit 50 Betten eingeschlossen. Viele der Kinder haben Hunger und Durst, weil es abends nichts mehr zu essen und trinken gibt. Sein Gepäck wird unmittelbar von einem Bandenchef auf Nahrungsmittel und Getränke gefilzt.

An die ersten beiden Wochen im Kurheim hat Harald keine Erinnerungen mehr. Dann erinnert er sich an eine Zeit, in der er nicht mehr von der Jungsbande unterdrückt, sondern Teil von ihr geworden ist.

»Als ich aus dieser Dissoziation wieder erwachte, habe ich die erste Erinnerung, dass ich so eine Art Maskottchen von dieser Jungsbande geworden bin. Ich habe also nachts Wache geschoben, wenn die die Mädchenzimmer besucht haben. Als Siebenjähriger hatte ich keine Ahnung, was da vor sich geht. Die brutale Erzieherin verprügelte meinen Banknachbarn, den Chef dieser Jungsbande. Und als sie fragte, wer noch dabei war und er auf mich gedeutet hat, hat die Erzieherin ihn lachend fallen gelassen. So nach dem Motto: Das kann doch gar nicht sein, dieses ›Nichts‹ da. Und dann bin ich einfach aus dem Bett gesprungen und hab gesagt: ›Natürlich war ich dabei‹, und wurde dann in ... so eine Art Gartenhaus für die nächsten Tage eingesperrt und ich habe das aber als Kind so verarbeitet, dass ich meine Bezugspersonen in dieser Jungsbande hatte und auch eine gewisse Stellung als Bote und Gehilfe hatte. Sämtliche Nachrichten von meiner Familie wurden unterdrückt, also die haben mir Pakete geschickt und das ist alles nicht angekommen. Und ich war dann nach sechs Wochen vollkommen mit diesen Jungs verbunden.«

Er und die älteren Jungen schmuggeln damals Getränke und Nahrungsmittel. Seitdem versteht er, wie Menschen kriminell werden. Die Jungsbande ist sein Anker während einer Zeit, in der er den Kontakt zu seinem Elternhaus vollständig verloren hat.
Heute ist Harald Schickedanz erster Vorsitzender der Deutschen Gesellschaft für Trauma und Dissoziation. Über die Struktur der Kinderkurheime sagt er:

»Innerhalb dieser Organisation herrscht ja nicht nur der Terror, sondern auch das laissez-faire. Die Kinder sind sich selbst überlassen. Und in diesen Kindergruppen etablieren sich dann Gewaltstrukturen, in der Regel, dass die Schwächeren unterdrückt werden.«

Oft sind Heimkinder, die dauerhaft in den Kurheimen leben, Täter und Opfer zugleich. Sie werden herumgestoßen und herabgewürdigt, zeigen Praktikumsberichte.[306] Und sie fügen anderen Gewalt zu. Uwe, ein Heimkind, das in der Kinderheilanstalt Bad Sassendorf untergebracht ist, reißt einem dreijährigen Kind das Ohrläppchen ein und einem anderen Jungen so viele Haare aus, dass er an der Stelle kahl ist.[307] Oft werden kleine Kinder mit älteren auf den Zimmern allein gelassen. Harald Schickedanz, Experte für dissoziative Störungen, nennt das System in dem Kinderkurheim, das er als Sechsjähriger in Sankt Peter-Ording kennenlernt, ein System des Zwangs von oben und der Anarchie unter den Kindern.

»Und diese Mischung ist besonders toxisch. Die Kinder spielen spontan oder auch gar vorsätzlich das nach, was sie selbst erfahren haben. Und wenn sie in einer Gewaltatmosphäre aufgewachsen sind, wenn Grenzverletzungen an der Tagesordnung waren, dann ist es eine Hackordnung, in der alle Gewaltformen zum Einsatz kommen, also auch sexuelle Gewalt, Grenzverletzungen, Übergriffe, emotionale, verbale Gewalt. Das ganze Spektrum von Ausschließen, aktiv quälen mit unter Umständen auch lebensgefährlichen Grenzüberschreitungen.«

Bruno muss Anfang der 60er-Jahre insgesamt vier Mal als Kind für dreimonatige Kuren ins Seehospiz Kaiserin Friedrich auf Norderney, zur Asthmabehandlung. Die letzte Kur, Anfang 1965, empfiehlt der Arzt seiner Mutter, weil ein neues Medikament gute Heilungschancen verspreche. Im beginnenden Frühjahr sind in dem Heim auch nicht-kurende Kinder aus sozial schwierigen Familien untergebracht.

»Einer war Bodybuilder, vierzehnjähriger Maurerlehrling. Er war Anführer der Pubertierenden. Acht bis zehn Tage lang ist er Nacht für Nacht mit seinen Helfern über die Kinder hergefallen und versuchte erste Anläufe mit Analverkehr. Die Kinder verstanden alles dieses noch nicht und steckten ihren Kopf unter die Decke, stellten sich tot.«

Psychische Reaktionsmuster sind in solchen Situationen zuerst Flucht oder Kampf. Sind das keine Optionen, schalten Körper und Seele auf das dritte Programm um: Erstarrung. Mit allen Konsequenzen.[308] Viele Kinder wehren sich nicht. Was ihnen passiert ist, kann Bruno nicht sagen. Als es der junge Mann eines Nachts bei Bruno versucht, schreit der laut und geht in den Kampf, »den ich nur mit viel Kraft und Gegengewalt gewann«. Er beschwert sich am nächsten Tag; der ältere Junge wird des Heims verwiesen.

Eine Beschwerde des Elternausschusses einer Grundschule in Berlin-Grünau bestätigt ähnliche Vorgänge auch in der DDR. Eltern aus »guten sozialen Verhältnissen« schicken 1954 ihre Kinder Ulrich, sieben Jahre alt, und Peter, zehn Jahre alt, in das Kindererholungsheim Vogtland. Wegen »seiner Unsauberkeit und unartigen Lebhaftigkeit« wird Ulrich in der Gruppe der älteren Kinder untergebracht. Dort erleidet der Junge laut den Eltern »sittlichen Schaden«. Die 12- bis 14-jährigen Jungen dringen nachts ins Zimmer der Mädchen ein, vollziehen dort unter »Austausch von Worten in ordinärster Form« sexuelle Handlungen. Ulrich wird unter Androhung von Schlägen gezwungen, mitzumachen. Der Junge, schreiben die Eltern, wird »Augenzeuge von Geschehnissen, die einen nicht wiedergutzumachenden moralischen Schaden im Leben des Kindes bedeuten«.[309]

1969 finden drei Kurkinder im Waldhaus der Diakonie in Bad Salzdetfurth den Tod. Es gibt in der Nacht keine Wache im Haus Sonnenschein. Für das gesamte Waldhaus mit 110 Kindern ist nur eine Erzieherin, Wilhelmine, eingeteilt. Das zeigt eine Aktenstudie der Diakonie von 2021, nachdem die Vorwürfe publik geworden waren.

»Die Zimmer wurden zur Nachtzeit nicht mehr kontrolliert, obwohl mit Durchfällen, Erbrechen und sonstigen gesundheitlichen Störungen gerechnet werden mußte. Das Offenstehenlassen der Zimmer war offensichtlich eine unzureichende Sicherheitsmaßnahme. (...) Die Abendwache wurde von [Wilhelmine] ausgeübt, die sich bereits im 5. Monat der Schwangerschaft befand und am nächsten Morgen um 5.30 Uhr zur Morgenwache eingeteilt war. Es erscheint nicht ausgeschlossen, daß sie durch die große Zahl der zu beaufsichtigenden Kinder erheblich überlastet und übermüdet gewesen ist.«

Der dreijährige André wird um fünf Uhr morgens tot auf dem Boden des Schlafsaals gefunden. Ältere Kinder – die ältesten sind sechs Jahre alt – hatten mit einem Hockerbein auf den Dreijährigen eingeschlagen, seine Leiche war mit Bisswunden übersät, sie hatten ihn auf den Hinterkopf fallen lassen, bis er an Hirnblutungen starb.

»Wie die weiteren Ermittlungen der Polizei ergaben, haben die anderen Kinder in dem Sechsbettzimmer die Streitigkeiten für eine Art Klassenkeile gehalten und deshalb das Aufsichtspersonal nicht verständigt.«[310]

»Klassenkeile« bedeutet damals angeordnete Prügel, die ein Schüler von anderen Schülern als Strafmaßnahme bezieht. Im Bericht der Diakonie steht:

»[Wilhelmine] hat nach ihren Angaben, nachdem sie ihr Zimmer im 2. Stockwerk aufgesucht hatte, ein ›Poltern‹ gehört, das sie sich nicht erklären konnte. Dabei handelte es sich offensichtlich um die Vorgänge im Zimmer 4, [den] mehrfachen Aufschlag des [André] auf den Fußboden nach dem Herunterstürzen vom Bett. [Wilhelmine] hat es unterlassen, die Zimmer alsbald nochmals zu kontrollieren. Ob dieses auf mangelnde Berufserfahrung oder starke Übermüdung zurückzuführen ist, müßte ggf. geprüft werden. Die Hilferufe des [André] und sein lautes Weinen hat sie nicht gehört, wozu allerdings beigetragen haben kann, daß die Tür von Zimmer 4 geschlossen worden war.«[311]

Auch Eindringlinge von außerhalb werden nachts zur Gefahr. In Fürth steigt zwischen 1957 und 1959 ein Mann mehrfach in ein Walderholungsheim und ein Kinderspital ein und versucht, elf- bis zwölfjährige Mädchen zu vergewaltigen. Die Nachtschwestern verscheuchen ihn jedes Mal, kurz bevor er ans Ziel kommt. Als er 1963 nach einem Gefängnisaufenthalt wieder auf freiem Fuß ist, bricht er nachts in die Theresienkrippe Fürths ein, vergewaltigt und würgt ein fünfjähriges Mädchen, das dabei fast stirbt, auch hier schliefen Kleinkinder nachts unbewacht auf der Etage, ein Fenster stand offen.[312]

Tod durch »Unfall«

Vom Gesetz sind unangekündigte Kontrollbesuche durch Landesjugendämter unter Beteiligung des zuständigen Jugendamts und einem zentralen Träger der freien Jugendhilfe nur alle zwei Jahre vorgesehen.[313] Eine höhere Kontrollfrequenz hätte in den über 1.000 Erholungsheimen und Heilstätten einen immensen Personalaufwand bedeutet. Bis auf wenige Beispiele finden sich bei den Behörden kaum Besichtigungsunterlagen. Die wenigen Berichte erschöpfen sich meist in der Überprüfung der Hygienevorschriften und der baulichen Verhältnisse im Heim. Kritisiert werden etwa der schlechte Fußboden in den Schlafräumen eines Kinderkurheimes oder fehlende Dekoration.[314] Die Behörden kritisieren zuweilen, dass die Heimbetreiber zu wenige Ressourcen für die Kinder einsetzen, obwohl sie selbst die Pflegesätze festlegen. Der Umgang mit den Kindern spielt in den Berichten kaum eine Rolle – dafür hätte es andere Formen der Kontrolle und Beaufsichtigung geben müssen. Die Heimaufsicht beschränkt sich meist auf die Mitteilungspflicht der Einrichtungen, darüber, ob das Personal vor der Einstellung »eine strafbare Handlung zum Nachteil eines Minderjährigen« verübt hat. Heimärzte müssen regelmäßige Berichte über die Kurerfolge schreiben. Manche Einrichtungen sind aber davon befreit.[315]

Kinderkurheime, die der Meldepflicht unterliegen, müssen dem zuständigen Landesjugendamt »Unfälle« melden. So werden in den 50er- und 60er-Jahren alle Verletzungen von Kindern genannt. Geforderte Angaben sind: Unfallort, Unfalltag, die Art der Verletzung, die Behandlung des Kindes. In einer Unfallliste von über 150 Kinderkurheimen, die im LWL-Archivamt liegt, finden sich unter 500 Einträgen überwiegend Bein-, Armbrüche und Schlüsselbein- und Oberschenkelbrüche, Prellungen des Kopfes, Blutergüsse, Gehirnerschütterungen, aber auch Risswunden. Über die Umstände müssen die Heimleitungen nicht informieren.[316]

Das können Unfälle sein, wie sie sich bei Kindern immer mal wieder ereignen – aber auch Gewalt. Doch dagegen sind die Heime und Behörden nicht versichert. Im Mai 1955 teilt das Haus Sommerberg des Luitgartstifts in Bad Rippoldsau – in dem 1953 zwei Kinder gestorben sind und das trotzdem weiter betrieben wird – der Ausgleichstelle in Münster mit, dass ein Junge einem anderen beim »Raufen« mit seinem Reißverschluss die unteren Vorderzähne eingeschlagen habe und dass für die »fahrlässige Körperverletzung« die Unfallversicherung des Trägers nicht aufkomme.[317]

Häufig stehen in den Verletzungslisten auch Zahnabbrüche, Durchbiss der Zunge oder Lippe. Unfallort ist oft der Schlaf-

oder Speisesaal.[318] In einer Beschwerde von Praktikantinnen über das Adolfinenheim auf Borkum, in dem Kinder beschimpft und geschlagen würden, steht:

»Am 19.11.1972, 12.00 Uhr, wurde der Junge Frank N. von Frau Kaja wegen unruhigen Verhaltens beim Mittagessen auf den Flur getragen und dort zu Boden geschmissen. Beim Aufprall biß er sich die Unterlippe durch, die anschließend von beiden Seiten genäht werden musste. Weiterhin entstanden Blutergüsse im gesamten Kinnbereich. Der Junge hatte außerdem Temperatur und aß an den folgenden Tagen kaum.«[319]

Als die Praktikantin den Jungen blutüberströmt am Boden liegend findet, sagt eine Erzieherin: »Das kommt davon, dass er immer auf Socken läuft.«[320]
»Nicht nur die Anzahl der Unfälle, die erschreckend angestiegen ist, sondern auch die Art der Unfälle lassen eine gewisse Oberflächlichkeit in der Betreuung vermuten«, meldet die Abteilung Erholungs- und Heilfürsorge beim Landschaftsverband Westfalen-Lippe an rund 150 Kinderkurheime in der ganzen BRD. Erwähnt wird, dass viele Eltern besorgt um die Sicherheit ihrer Kinder seien.[321] Beschwerden zeigen, dass die Kurheime ihrer Mitteilungspflicht nicht immer nachkommen, sie melden die Vorfälle teilweise erst Wochen später oder gar nicht. 1957 teilt die Kreisverwaltung des Ennepe-Ruhr-Kreises mit, dass das Jugendkurheim »Schau ins Land« in Hohegiß im Harz wiederholt Unfälle nicht gemeldet hat: Hier, das ist aktenkundig, schlägt der Heimleiter Jugendliche.[322] Auch die Thuiner Franziskanerinnen melden laut einem Vater einen Unfall nicht. Sein Sohn Erich kommt 1952 hinkend aus dem Kindergenesungsheim St. Johann zurück. Nach ärztlicher Behandlung steht fest, dass das Kind sein Leben lang hinken wird. Laut Erich und einem anderen Kind,

das mit ihm zur Kur war, fällt der Junge auf dem Gelände von St. Johann aus der Schaukel, wird von der Aufsichtsperson in die Küche getragen und zwei Tage ins Bett gesteckt. Danach humpelt Erich, wird auch einmal im Rollstuhl an den Strand gefahren. Ein Arzt bestätigt, dass das Kind, das bei der Untersuchung vor Kurantritt nicht gehumpelt habe, nun eine starke Gehbehinderung aufweise.[323] Erichs Vater fordert eine Entschädigung. Das Kindergenesungsheim St. Johann antwortet im Mai 1954 in einer ärztlichen Stellungnahme, dass »während der Kur keine Erkrankungen, insbesondere keine Unfälle, aufgetreten sind und auch bei der Abschlußuntersuchung keine etwaigen Unfallfolgen erkennbar waren«.[324] Adolf Wolters von der verantwortlichen Aufsichtsbehörde antwortet dem Anwalt des Vaters, er könne nicht mehr eingreifen, weil Heimleitung und betreuender Arzt den Unfall und seine Folgen abstritten.[325]

Manchmal enden die »Unfälle« in den Kurheimen tödlich. Im LWL-Archivamt sind rund 20 Todesfälle von Kurkindern aktenkundig. 1949 stirbt Hans-Joachim aus Enschede, 12 Jahre alt, bei einem Aufenthalt in einem Kinderkurheim auf Norderney. Laut der Heimleitung stürzt er auf die Eisenbahnschienen und zieht sich einen Leberriss zu. Wolfgang stirbt 1966 bei einem Ausflug während seiner Kur im Schwarzwald, im Kurhaus »Allerheiligen« in Oppenau in Baden-Württemberg. Auf dem Weg zum Heidelbeerpflücken rutscht er laut einer Erzieherin ab und wird von einem Baumstamm gequetscht. »Soweit wir die Situation übersehen können, liegt kein Verschulden der Kindergärtnerin vor«, schreibt das Heim; die Begleiterin habe nach Aussage der Kinder zuvor verboten, auf das Stammholz zu klettern.[326]

»Tragische Geschicke«, so werden alle aktenkundigen Todesfälle von Kindern genannt, über die der Landschaftsverband

Westfalen-Lippe die Aufsicht hat. »Sie werden sich sicher fragen, wie ich zu dieser Anteilnahme komme«, fragt der jeweils amtierende Landesrat in seinem Kondolenzschreiben, das er aus einer Vorlage übernimmt und an die Eltern der toten Kinder verschickt, denen die Rolle des Landesjugendamtes bei den Kinderkuren offenbar gar nicht bewusst ist. Dann erklärt er, dass er der jeweiligen Entsendestelle den Kurplatz für das Kind vermittelt habe.

»Ich fühle mich somit auch mittelbar beeindruckt von allen Geschehen in den von mir belegten Heimen und auch insbesondere verbunden mit solchen Schicksalsschlägen. Ich weiss, dass es in solchem bitteren Leid wenig Trost geben kann, doch bitte ich versichert zu sein, dass auch ich Ihren tiefen Schmerz verstehe. Nehmen Sie aus diesen Gefühlen heraus mein herzliches Beileid entgegen.«[327]

Im Jahr 1953 ertrinken im Abstand von wenigen Tagen zwei Kinder, die zur Kur im Kinderkurheim Sancta Maria der Thuiner Franzikanerinnen auf Borkum sind. Laut Angaben des Heims wegen einer Unterströmung. Die Todesfälle dokumentiert heute eine Ausstellung.[328] Im Jahr nach den beiden Todesfällen auf Borkum, das ist im niedersächsischen Landesarchiv in Oldenburg dokumentiert, bittet die Gemeinde Borkum das Landesjugendamt in Hannover, eine Verfügung zu erlassen, »dass eine Kindergärtnerin nicht mehr als zehn Kinder im Wasser betreuen darf«.[329] Laut Untersuchungen einer Historikerin im Auftrag der Thuiner Franziskanerinnen von 2022 wird diese Vorgabe »vom Kinderkurheim als Konsequenz aus den Unfällen allerdings erheblich strenger ausgelegt«.[330] In ihrem Bericht, in dem es heißt, dass es keine Akten mehr zu den Kurheimen der Kongregation aus Thuine gebe, wird dieser aktenkundige Fall nicht erwähnt: Am 23. Juni 1953 geht bei

Adolf Wolters beim damaligen Provinzialverband Westfalen ein Telegramm ein:

»DIETER (...) BEIM BADEN EINEN HERZSCHLAG ERLITTEN ELTERN NOCH NICHT BENACHRICHTIGT ERBITTEN ANWEISUNG – ANTONIUSHAUS«[331]

Der zwölfjährige Junge ist da bereits tot, seine Eltern sind noch nicht verständigt worden. Die Bezeichnung Herzschlag wird von einem Obermedizinalrat drei Tage danach korrigiert, er schreibt, die Todesursache »ist auf Ertrinken zurückzuführen«. Der Vorfall ereignet sich laut Heimarzt und einer Erzieherin so: Es ist ein warmer Abend in Niendorf. Nach dem Essen dürfen die Kinder noch mal ins Wasser gehen. Mehrere Kinder schwimmen zu einer Sandbank, als plötzlich höhere Wellen aufsteigen und Dieter abtreibt. Der Junge klammert sich noch an einem anderen Kind fest, das ihn aber abschüttelt, um nicht selbst unterzugehen. Die Erzieherin schwimmt zum Kind. Als sie bei ihm ist und ihn bittet, sich festzuhalten, reißt er die Arme in die Luft und verschwindet. »Ich schwamm noch in der Nähe der Unfallstelle herum, die Wellen wurden höher und ich sah nichts mehr.« Vor »Ermattung« kann sie nicht mehr weitersuchen, ruft Hilfe. Auch Rettungsschwimmer finden ihn im milchigtrüben Wasser nicht. 20 Minuten später spülen Wellen das tote Kind an Land.[332]
Adolf Wolters schreibt an die Eltern, dass »Ihr lieber Junge Dieter (...) durch ein tragisches Mißgeschick aus dem fröhlichen, kindlichen Spiel und Treiben heraus beim Baden ums Leben gekommen« sei.[333] Was der Bericht der Franziskanerinnen über Dieters Ertrinken nicht enthält, ist die Information, dass die Erzieherin allein mit 47 Kindern baden gegangen war.[334] Sie wird deshalb angeklagt. Adolf Wolters reist persön-

lich zur Verhandlung nach Niendorf, um die Seite des Kurheims zu unterstützen. Im Januar 1954 wird die Erzieherin wegen Fahrlässigkeit zu einer Geldstrafe von 120 DM verurteilt. Wolters beauftragt daraufhin über die Ausgleichstelle bei der westfälischen Jugendbehörde einen Anwalt für 500 DM inklusive Spesen. Der Anwalt erwirkt in der Berufung einen Freispruch der Erzieherin.[335]

Als an einem Mittag im Jahr 1953 20 Kleinkinder im Kindersanatorium Sommerberg des Luitgardstifts in Bad Rippoldsau ohne Aufsicht sind, stürzt der fünfjährige Bernd vom Balkon und stirbt. Er hatte zuvor versucht, von den Erzieher:innen in den Arm genommen zu werden. Adolf Wolters schreibt dem verzweifelten Vater, dass »dem Luitgardstift und seinem Personal bei diesem Unfall kein Schuldvorwurf gemacht werden kann, daß vielmehr der Unfall als außerhalb menschlichen Einflusses stehend als schicksalhafte Tragik gewürdigt werden müsse«.[336]

Recht auf körperliche Unversehrtheit

Seit 1894 gibt es das »Arztstrafrecht«:

> »An diesem Tag erging jenes vielzitierte Urteil des Reichsgerichts, wonach jeder ärztliche Heileingriff – ob Operation, Injektion, Bestrahlung, Arzneimittelgabe oder diagnostische Untersuchung – den Tatbestand der Körperverletzung erfüllt und nur dann straflos bleibt, wenn er medizinisch indiziert und durch eine wirksame Einwilligung des Patienten gerechtfertigt ist.«[337]

Das Grundgesetz verankert 1949 die »Freiheit der Forschung«, aber die Forschung am Menschen kollidiert mit der »Unantastbarkeit seiner Würde (Art. 1 Abs. 1) und dem Recht auf körperliche Unversehrtheit. (...) Die Menschenwürde ist getrof-

fen, wenn der konkrete Mensch zum Objekt, zu einem bloßen Mittel, zur vertretbaren Größe herabgewürdigt wird.«[338]
Doch in den Nachkriegsjahrzehnten stellen Mitarbeitende immer wieder Kinder, teilweise über Jahre, mit Psychopharmaka ruhig. Das zeigt Sylvia Wagner in ihrer Dissertation über Arzneimittelprüfungen an Heimkindern von 1949 bis 1975.[339] Kinder mit Medikamenten zu sedieren ist in den 50er- und 60er-Jahren durchaus akzeptiert, wenn Kinder Heimweh oder Schlafprobleme haben oder stören. Das wird nicht geheim gehalten. Auch viele Eltern nutzen solche Arzneien. Die Hersteller von Schlafmitteln werben damals mit der beruhigenden Wirkung auf Kinder. In den Jahren, in denen Contergan auf dem Markt ist, heißt es im Volksmund »Kinosaft«. Laut der damaligen Werbung des Herstellers Grünenthal kann er »selbst kleinen Kindern verabreicht werden, wenn die Eltern ausgehen wollen«.[340] Nicht nur Sedierung ist einer Stellungnahme der Stiftung Grünenthal von 2020 zufolge normal, sondern auch medizinische Forschung an Kindern in den 50er- und 60er-Jahren:

»Unser Kenntnisstand ist, dass vor der Markteinführung von Contergan auch Studien an Kindern vorgenommen wurden. Diese Studien waren zur damaligen Zeit nicht unüblich. Anwendungsbeobachtungen in Kliniken und Heilstätten wurden nach der Markteinführung von Contergan in Deutschland, nach unserer Kenntnis, vereinzelt durchgeführt.«[341]

Unabhängig davon, ob Kinder eine Prüfsubstanz, ein freigegebenes Medikament zur Behandlung einer Krankheit oder ein Sedativum erhalten, müssen Eltern immer vorher ihre Einwilligung geben und über Nutzen und Risiken aufgeklärt werden. Ohne Einwilligung sind sie auch damals strafbar.[342]

Sedierungen von Kurkindern

In der Arbeit »Klimakuren bei Kindern zur Behandlung von Konstitutionsschwächen« warnen die Ärzte Kurt Hartung und Kurt Nitsch schon in den 60er-Jahren davor, die Vitalität Heranwachsender zu stark zu drosseln. Allerdings seien sie »der Auffassung, dass besonders sensible und vegetativ labile Kinder mit großem therapeutischem Nutzen in Krisenzeiten oder bei Änderung des Milieus kurzfristig sedativ behandelt werden können«.[343] Sinnvoll finden sie, »in der ersten Zeit einer Klimakur, einem Erholungsaufenthalt in einem sogenannten Luftkurort, ein leichtes Schlafmittel am Abend zu geben und über Tag ein niedrig dosiertes Sedativum«.[344] Das helfe beim Eingewöhnen, damit die Kinder »in ihrer allgemeinen Umstimmung nicht durch unerwünschte Reize behindert« würden.[345] Psycholabile Kinder könnten zur Eingewöhnung durchaus für kurze Zeit ohne Schaden mit Beruhigungsmitteln und Tranquilizern behandelt werden. Voraussetzung sei aber »die Anwesenheit eines urteilskräftigen, fachlich genügend vorgebildeten Arztes in den Heimen«. Dies sei aber oft genug nicht der Fall.[346]

In den 1970ern befiehlt der ehemalige Leiter des Kinderkurheims Haus Bernward im Bonner Stadtteil Oberkassel seinen Mitarbeiter:innen, den Kurkindern so hohe Dosen von Psychopharmaka und Schmerzmitteln zu verabreichen, bis sie »im Stehen einschlafen«.[347] Kein Einzelfall. Es ist aktenkundig, dass »Störer« in den Kinderkurheimen mit Beruhigungsmitteln ruhiggestellt werden sollen. Einige Verschickungskinder berichten von bitter schmeckenden Tees in den Kuren, die sie müde machen. Andere erzählen von Tabletten, die sie zum Einschlafen bringen sollen.

Heimweh ist damals eine akzeptierte Indikation. Als der elfjährige Ulrich 1957 im Kinderkurheim Reinhardshausen 23 Mal einnässt, abends, nachts und morgens laut und »hemmungslos« aus Heimweh weint, wie das Personal berichtet, versucht man seine Erschütterung medikamentös zu beenden: Im Bericht steht: »20.7.57: Bisher keine Besserung nach Einnahme der verordneten Medizin«.[348] Der kleine Kurt ist laut der Jugendleiterin des Kinderkurheimes des Landeskreises Bielefeld in Norderney »gehemmt, verkrampft, etwas ängstlich« und sucht durch »lautes, albernes kasprisches Verhalten« die Aufmerksamkeit anderer Kinder. Als er nachts an der Beleuchtung dreht und Überschwemmungen auslöst, »indem er Handtücher in die Toiletten« stopft und dann die Spülung drückt, lässt man ihn nachts allein schlafen, »in den letzten Kurtagen sogar mit einem leichten Schlafmittel«. Solche auffälligen Kinder möchte das Kurheim zukünftig nicht mehr haben, bittet die Jugendleiterin die Ausgleichstelle beim LWL.[349]

Das Kinderkurheim ist in manchen Fällen eine Vorstufe zu einer dauerhaften psychiatrischen Anstaltseinweisung – die zeitlich begrenzte Heimunterbringung soll Kinder, die den Fürsorgerinnen negativ auffallen, sechs Wochen lang unter strengem Regiment gesellschaftsfähig machen. Der 14-jährige Wolfgang aus Lemgo zeigt sich 1959 laut der Bezirksfürsorgerin in einem katholischen Internat »vorlaut« und »angeberisch«, woran die Verwöhnung durch die Mutter schuld sei. Dem Jungen diagnostiziert eine Ärztin daraufhin eine beginnende Schizophrenie, die die Ärzte einer jugendpsychiatrischen Klinik nicht bestätigen können; sie raten ihm stattdessen zu einem Erholungsaufenthalt. Das Jugendkurheim »Schau ins Land« in Hohegiß im Harz meldet nach Wolfgangs Verschickung »Heimunfähigkeit«, »nicht kurfähig«.

Der Kinderkurheim-Arzt rät zur »Behandlung mit stärkeren Beruhigungsmitteln«.[350] Die Fürsorgerin stellt sich auf Wolfgangs Seite.

»Ich hatte den Eindruck, dass Wolfgang von dem Heimleiter völlig missverstanden worden ist; er erzählte mir, dass der Heimleiter ihn einige Male geschlagen habe, weil er vorlaut geschwatzt hatte. Als er zudem noch Strafarbeiten erhielt, entfernte sich Wolfgang unerlaubt vom Heim, um seiner Mutter auf der Post einen Klagebrief zu schreiben.«

Der Bericht des Jugendlichen sei natürlich nicht frei von »Unsachlichkeiten«, schreibt sie weiter.[351] Zur erneuten Frage der Jugendbehörden, ob Wolfgang in die geschlossene Psychiatrie eingewiesen werden soll, antwortet die Klinik für Jugendpsychiatrie, dass sie bei Wolfgang keinen Anhaltspunkt auf ein »psychotisches Geschehen« finden konnte. »Vielmehr glauben wir, dass der Junge aus Angst, in der Schule zu versagen, in die Ausweichreaktionen hineingeraten ist.« Sie schlagen vor, dass er einen handwerklichen Beruf erlernt.[352]

Helmuts Kinderfreund Peter entgeht der Einweisung nicht. 1960 werden die beiden Freunde gemeinsam von Münster aus nach Juist verschickt und im Kinderkurheim direkt getrennt; sie verlieren sich fast aus den Augen, weil Verabredungen immer schwieriger werden.

»Und einmal fehlte er gar beim Spaziergang am Seil. Ich erkundigte mich nach ihm. Mir wurde kurz mitgeteilt, dass es Peter nicht so gut ginge. Besuch dürfe er nicht empfangen. Ich war wie so oft beunruhigt. Nach ca. zwei bis drei Wochen in diesem Heim geschah etwas Schlimmes. Peter war nun schon einige Tage nicht mehr bei unseren Spaziergängen dabei. Von einem Kind aus seinem Schlafsaal erfuhr ich dann ganz aufgebracht, dass Peter abgeholt und nach Hause gefahren sei. ›Der hat's gut!‹ Ich musste Näheres erfahren. Ich stürmte ins Nonnenzimmer! Überraschend freundlich erklärte mir eine Nonne (wahrscheinlich die Leiterin), dass Peter erkrankt sei und ›von seinen Eltern nach Empfehlung des Arztes abgeholt worden sei. Mach du dir mal keine Sorgen. Du bist gesund. Und Peter ist es auch wieder, wenn du daheim bist.‹ Ich glaubte ihr kein Wort. Schon ihre Freundlichkeit war verdächtig! Ich habe Peter nie wieder gesehen. Seine Eltern waren nicht da oder öffneten nicht. Der zieht doch nicht einfach weg, dachte ich mir. Da stimmt etwas nicht. Später habe ich dann in der Schule erfahren, dass Peter in einer psychiatrischen Klinik gelandet ist. Nein, nicht in Münster. Und ich habe mir Vorwürfe gemacht! Wieso habe ich nicht vorher etwas gemerkt? Ich habe mich zu wenig gekümmert, warf ich mir vor. Habe ich aus Angst vor diesen schrecklichen Nonnen falsch reagiert? Aber er hat sich doch so zurückgezogen. Diese Geschichte mit Peter verfolgte und verfolgt mich.«

Medikamentenversuche an Kindern

Ein weiteres dunkles Kapitel der Kinderkuren sind Medikamentenversuche. Kurkinder als Forschungsprobanden zu nutzen findet der Kinderkurarzt Hans Kleinschmidt 1964 wünschenswert. Der Heimarzt könne die Erfahrungen mit den vielen Kindern auch für die eigene Forschung nutzen und »praktisch-wissenschaftlich« auswerten, »um exakte Indikationen herauszuarbeiten« für »gezielte Heilkurentsendung«.[353] Hans Kleinschmidt, Chefarzt des DRK-Kindersolbads Bad Dürrheim, soll selbst in den 60er-Jahren Arzneimittel an Kurkindern erprobt haben.[354] Für Erholungsheime hat Sylvia Wagner in Datenbanken keine Belege für Medikamentenstudien finden können, nur einige Hinweise für Kinderheilstätten.[355] Bekannt ist inzwischen, dass es einen Contergan-Test in der Kinderheilstätte Maria Grünewald der Caritas im Jahr 1960 gegeben hat. 302 Kinder zwischen zwei und 14 Jahren sollen dort über ein bis drei Monate morgens, mittags, und abends Contergan erhalten haben. Einige erhalten es sogar bis zu einem Jahr, sind also offensichtlich keine Kurkinder. Dass Contergan für ungeborene Kinder gefährlich ist, ist damals noch nicht bekannt. Laut der Stiftung Grünenthal, dem damaligen Contergan-Hersteller, ist der damalige Medikamentenversuch keine Geheimoperation. Das Ergebnis der entsprechenden Studie erscheint 1960 sogar in einer Fachpublikation.[356] Ein weiterer Medikamententest findet Ende der 40er in der Kinderheilstätte Mammolshöhe des Landeswohlfahrtsverbandes Hessen unter der Leitung von Werner Catel statt. Dieser war im Nationalsozialismus in der Gesundheitsabteilung des Innenministeriums an der Ermordung behinderter Kinder beteiligt. 1947 übernimmt er die Kinderkurklinik Mammolshöhe und betreibt die Landeskinderheilstätte bis 1954 weiter. Er verabreicht damals 61 Betroffenen zwischen neun und 22 Jahren Tuberkulosemedikamente, die für Kinder nicht zugelassen sind. Mindestens vier junge Patienten sollen die Tests nicht überlebt haben.[357] Obwohl er von den Eltern keine Erlaubnis eingeholt hat, wird gegen ihn laut Sylvia Wagner offensichtlich kein Strafverfahren eingeleitet.[358] In einer weiteren Forschungsarbeit berichten Sylvia Wagner und Burkhard Wiebel von Medikamententests an Kindern in Kinderheilstätten oder Kinderkrankenhäusern mit Heilstätten-Abteilung. Auch für das Seehospiz Kaiserin Friedrich, Kinderklinik und Kinderheilstätte auf Norderney, finden sie 1955 einen Hinweis auf eine Prüfung der therapeutischen Wirkung eines Wurmmittels an 42 Kindern im Alter von 2 bis 14 Jahren.[359] In der Kinderheilstätte Aprath soll es ebenfalls einen Contergan-Test vor Markteinführung an keuchhustenkranken Kindern und ein weiteres noch nicht zugelassenes Medikament an 88 offenbar tuberkulosekranken Kindern und Jugendlichen gegeben haben.[360] In der Kinderrheumaklinik Garmisch-Partenkirchen soll ein Anti-Rheuma-Mittel an 242 Kindern im Alter von zweieinhalb bis 18 Jahren ab 1964 über Jahre getestet worden sein. Solche Teststudien sind damals in Krankenhäusern gängig. Welchen Stellenwert Arzneimittelversuche für die Kurkinder damals haben, ist bislang noch nicht erforscht.[361]

Tod im Isolationsraum

Kranke Kinder zu isolieren, sie von ihren Bezugspersonen zu trennen und die Eltern weder über die Krankheit des Kindes noch über Medikamentengabe zu informieren ist bereits ein Gewaltakt. Aber das interessierte damals weder Behörden noch Ärzt:innen. Zeitzeugnisse legen nahe, dass eine Einwilligung der Eltern in die medizinische Behandlung überhaupt nicht vorgesehen ist.

Für die Dauer der Kinderkur übertragen die Eltern ihre Erziehungsverantwortung an die Heimleitungen, auch in medizinischer Sicht. Kleinschmidt gibt im Leitfaden »Kinderheime und Kinderheilstätten« von 1964 den Heimärzt:innen im Fall eines akut erkrankten Kurkindes einen Freifahrtschein. Der Arzt »ist in seiner Entscheidung völlig auf sich allein gestellt«, weil die Eltern vor notwendigen Behandlungen nicht »um ihr Einverständnis gebeten werden können«.[362] Behandlungsvorgaben gibt es auch keine: »In der Therapie dieser Erkrankung geht jeder behandelnde Kurarzt seinen erprobten Weg; sie kann deshalb nicht Gegenstand unserer Ausführungen sein.«[363] Die Kurkinder dürfen bei Krankheit weder ihre Eltern informieren noch mitbestimmen, wie sie medizinisch behandelt werden. Da kranke Kinder nicht transportiert werden sollen, werden sie so lange »kurverlängert«, bis sie wieder gesund sind oder tot.

In den Anstalten, die eigentlich gesund machen sollen, aber in denen häufig Infektionskrankheiten, zum Teil schwere Seuchen, ausbrechen, erliegen Kinder immer wieder ihren Krankheiten. Die Eltern werden bei schwerer, teils wochenlanger Krankheit in einigen Fällen erst kurz vor oder sogar erst nach dem Tod ihrer Kinder informiert.

Der zwölfjährige Dieter liegt im Sommer 1953 im Isolationsraum des Kindersanatoriums Sommerberg des Luitgardstiftes in Bad Rippoldsau, wo Bernd im selben Jahr durch den Sturz vom Balkon stirbt. Dieter leidet schon seit dem 23. Mai 1953 an Meningitis und wird »tuberkulös«, so der Heimarzt. Ins Krankenhaus oder zu seinen Eltern wird das Kind trotz dieser gefährlichen Krankheit, an der noch heute Kleinkinder sterben, nicht gebracht. Am 18. Juli 1953, knapp zwei Monate nach der Diagnose, stirbt Dieter im Isolierzimmer des Kinderkurheims. Nach Dieters Tod reicht der Arzt eine Medikamentenrechnung von über 800 Mark beim Provinzialverband Westfalen ein. Landesrat Adolf Wolters beanstandet nicht den Tod des Kindes, sondern die hohe Medikamentenrechnung. Das »stellt mich ernstlich vor die schwerwiegende Frage, ob ich Ihr Heim im neuen Kurjahr unter Berücksichtigung aller Unzuträglichkeiten noch weiterhin belegen kann«. Der Heimarzt reduziert umgehend die Rechnung.[364]

Die meisten der 20 aktenkundigen Todesfälle im LWL-Archivamt, rund ein Dutzend, sind Todesfälle von Kurkindern, die Krankheiten erlegen sein sollen: In der Kinderheilanstalt in Bad Sassendorf, im Kinderkurheim der Stadt Bochum in Bad

Rothenfelde, im Kinderkurheim Werraland der Inneren Mission in Bad Soode-Allendorf, im Kinderkurheim des Kreises Warburg auf Norderney, in der Kinderheilstätte Bad Wörishofen, dem Kinderkurheim Luisenhof Bad Wildungen oder im Westfalenhaus der Caritas in Niendorf sterben Kinder an »Herz- und Kreislaufschwäche«, einer »nicht erkannten Diabetis«, an »Meningokokkensepsis«. Sie »entschlafen sanft« nach einer »Blinddarmentzündung«, sterben an Darmverschluss, an einer Nierenerkrankung oder falscher Behandlung.[365]

1955 – zwei Jahre nachdem ein Junge in der Ostsee ertrunken war – stirbt auch Hans-Joachim, sieben Jahre alt, während des Kuraufenthaltes in St. Johann in Niendorf bei den Thuiner Franziskanerinnen. Laut dem Heimarzt ist die nach drei Tagen Fieber aufgetretene Herzschwäche nicht zu erklären. »Trotz aller ärztlichen Bemühungen habe das Kind nicht mehr gerettet werden können.« Bei der Aufnahme hatte man bei Hans-Joachim einen Hang zu häufigen Erkältungen und eine »Nervenübererregbarkeit« festgestellt. Der Heimarzt vermutet

> »durch das Zusammentreffen verschiedener kreislaufbelastender Faktoren, wie durchgemachte fieberhafte Erkältung und große Hitze der letzten Tage bei Aufenthalt in Reizklima, sei es, trotz regelmäßiger Verabfolgung von Herz- und Kreislaufmitteln zu einem plötzlichen Herzversagen gekommen«.[366]

1964 stirbt der leukämiekranke Wilhelm ein paar Tage vor dem geplanten Ende seines Kuraufenthaltes im Antoniushaus der Thuiner Franziskanerinnen im Krankenhaus. Der Vorfall wird erst aktenkundig, als der Oberkreisdirektor der Entsendestelle des Ennepe-Ruhr-Kreises nach dem Tod des Jungen die Aufforderung erhält, die Bestattungskosten des Kindes zu übernehmen, aber nichts von einem Vorfall weiß.

Das Antoniushaus hatte eine Rechnung über die vollen vierzig Kurtage Wilhelms eingereicht und keine Erkrankung oder Verlegung vermerkt.[367]

1950 stirbt die 14-jährige Gerda im Jugendgenesungsheim Bodelschwingh auf Langeoog, nachdem eine sechswöchige Kurverlängerung beschlossen worden war. »Ohne bisher sichtbare akute Erkrankung klagt Gerda am Frühnachmittag über Kopfschmerzen und geht ins Bett«, so berichtet der Heimarzt. Fieber sei aufgetreten. Er habe nichts Beunruhigendes festgestellt, »gegen 21 ½ Uhr sei sie alsdann ohne irgendwelche besonderen Vorzeichen eingeschlafen«, zitiert Adolf Wolters in einem Vermerk den Heimarzt. »Eingeschlafen« steht dabei für den Tod der jungen Frau. »Die Eltern und Entsendestelle hätten infolge des Feiertages noch keine Nachricht erhalten.« Der Arzt berichtet: Das Mädchen sei extrem abgemagert, mit starrem Gesichtsausdruck und einer Sprachstörung im Haus angekommen, die er als »hypophysäre Magersucht« zu bezeichnen pflege. Weil das Kind im Heim aufgeblüht sei und zugenommen habe, beantragt er im Mai eine Kurverlängerung bis Juli. Gegen den schnell eingetretenen Tod habe er nichts mehr unternehmen können. Er zieht das Fazit, dass den gesamten Krankheitsverlauf nur ein Gehirntumor erklären könne. Eine Gehirngeschwulst liege auch in der Erbmasse, habe der Vater später im Heim berichtet. Dann sei der Fall Gerda wohl eine »Fehlentsendung«, findet Adolf Wolters vom Provinzialverband Westfalen. Er verstehe die Betrübnis der Eltern, aber:

> »Trotzdem erhebt sich die Frage, ob man unter allen Umständen eine Besserung hätte wünschen sollen, da erfahrungsgemäss bei etwaigen Krankheiten immer erhebliche Mängel zurückbleiben.«[368]

Fehlentscheidungen der Entsendeärzte, die Verschickungskinder ungeeigneten Kurheimen zuwiesen, sind in den 60er-Jahren laut den Ärzten Kurt Nitsch und Hans Kleinschmidt ein grundsätzliches Problem der Kinderverschickung.

»Wir haben immer wieder gefordert, dass bei der Kinderverschickung zwischen der Verschickung gesunder, nur erholungsbedürftiger Kinder, und der Verschickung konstitutionsschwacher geschädigter und kranker Kinder streng unterschieden wird. Dieser Forderung wird nur an wenigen Stellen entsprochen.«[369]

Hans Kleinschmidt führt aus:

»So kommt immer wieder vor, dass ausgesprochene Heilkurenkinder (z.B. mit Asthma bronchiale) in ein Erholungsheim eingewiesen werden, das weder klimatisch günstig liegt noch die allgemeinen und ärztlichen Voraussetzungen für die Behandlung dieser Krankheit bietet, nur weil der betr. Kostenträger dort ein eigenes oder ein Vertragsheim hat.«[370]

Die achtjährige Marion aus Osnabrück ist 1961 so ein »ausgesprochenes Heilkurenkind« und hat schweres Asthma bronchiale. Das Bundesbahn-Sozialwerk der Bezirksfürsorge Münster hatte Marion bereits zu verschiedenen Kuren geschickt. Laut einem Vertrauensfacharzt des BSW ist der

»Versuch einer Wendung zum besseren nur durch längeren Aufenthalt in einer Spezialklinik für unspez. Bronchialerkrankungen in klimatisch günstiger Lage möglich (z.B. Asthma-Kinderheilstätte Bad Reichenhall). Eine solche klinische Behandlung wird diesseits dringend befürwortet.«

Ihr Vater bringt sie verzweifelt in die Asthma-Kinderheilstätte in Bad Reichenhall, die Franz Braun leitet. Der Arzt Dr. Braun gibt die Einrichtung als Spezialanstalt für Asthmapatient:in-

nen im Kindesalter aus und schreibt in seinem Bericht, dass der Vater das Mädchen im April 1961 in die Heilstätte trägt, weil es nicht mehr gehfähig ist. Das Mädchen hat bei Aufnahme »Trommelschlegelfinger«, eine Verdickung der Fingerkuppen durch lang anhaltenden Sauerstoffmangel, sie ist kurzatmig und verschleimt. Der Arzt schreibt, dass schon auf der Anfahrt ein Transportschaden erfolgt sei. Anders als der Name »Asthma-Kinderheilstätte« Bad Reichenhall verspricht, ist man laut Franz Braun nicht in der Lage, »entsprechendes Fachpersonal Tag und Nacht zur Betreuung und Versorgung der kleinen Marion zur Verfügung zu stellen«. Erst zwei Tage nach der Aufnahme verlegt er Marion wegen akuter Lebensgefahr ins Kinderkrankenhaus, wo das Mädchen stirbt. Er wirft dem BSW eine »Fehlentsendung« vor, damit schließt der Fall in den Akten. Vonseiten des BSW-Arztes heißt es, Marions verschlechterter Zustand sei unbekannt gewesen.[371]
Harald Schickedanz, Facharzt für Psychosomatik und Psychotherapie, glaubt, dass Kinder, die in der Deprivation schwer depressiv werden, im Extremfall durchaus an Heimweh sterben können. Der Stress könne töten – insbesondere dann, wenn sie gesundheitlich angeschlagen sind.

»Unser Immunsystem ist mit dem Nervensystem verbunden. Das sind komplexe Systeme, die ineinander arbeiten. Wenn das Immunsystem geschwächt ist, zum Beispiel durch toxischen Stress, dann kann es durchaus sein, dass eine Lungenentzündung tödlich wird, die sonst verstoffwechselt worden wäre.«[372]

Kur trotz Kinderlähmung

Nach dem Zweiten Weltkrieg grassiert in der DDR und der BRD immer wieder Polio (Kinderlähmung). Die ersten Impfstoffe kommen erst ab 1955. Die Viren der Kinderlähmung übertragen sich durch Tröpfchen oder Schmierinfektion. Kinderkurheime bieten perfekte Ausgangsbedingungen für eine Ausbreitung des Virus. In der BRD erkranken 1952 10.000 Menschen, von denen fast 800 sterben. Die Ausbrüche Anfang der 50er-Jahre führen in den Epizentren zu »Lockdowns« wie in der Coronazeit. Massenveranstaltungen werden abgesagt, Freibäder oder Badeseen geschlossen.[373] Ärzt:innen warnen Behörden schon 1950, Kinder nicht in die bedrohten Gebiete zu verschicken. Aber die haben »keinerlei Bedenken«.[374] Als 1952 die Kinderlähmung in immer mehr Regionen ausbricht, bereits Kirmes, Zeltlager oder Schützenfeste untersagt sind, lässt das Dortmunder Gesundheitsamt viele Häuser in vollem Umfang weiter belegen. Auch das Rheinland verschickt bis auf einzelne Landkreise weiter. Als sich die Kinderfahrtmeldestelle in Münster der Anordnung des NRW-Sozialministeriums widersetzt, die Kindertransporte nach Borkum ohne Zustimmung des Gesundheitsamtes einzustellen, droht der Minister bei »Zuwiderhandlungen« mit einer strafrechtlichen Ahndung. In der Meldestelle ist man »erstaunt« über den Tonfall. Dort wolle man auch in Zukunft so vorgehen, weil »durch nicht unbedingt notwendige Maßnahmen die Heime nicht zum Erliegen kommen dürfen, da die wirtschaftlichen Folgen für die gesamte Kurheilfürsorge von unermesslicher Tragweite sein dürften«.[375]

Sexueller Missbrauch durch Personal

Die Kinder sind in den oft entlegenen Einrichtungen von der Außenwelt abgeschnitten, es gibt keine Möglichkeiten, sich zu beschweren, Hilfe zu holen, kaum Kontrollen von außen und durch den Personalmangel häufig auch kein gegenseitiges Überwachen innerhalb der Anstalt – und so bieten die Kurheime auch ein großes Einfallstor für sexuellen Missbrauch durch das Heimpersonal. Es haben sich inzwischen einige Menschen zu Wort gemeldet, die als Kind in der Kur sexuell missbraucht wurden. So wie Martin, der sich erst nach einer langen traumatherapeutischen Sitzung vor ein paar Jahren an die Vorgänge während seiner Kinderkur in der Asthma-Kinderheilstätte Bad Reichenhall erinnern kann. Er ist damals vier Jahre alt.

»Ich wurde im Alter von vier Jahren in dieser Asthma-Klinik in Bad Reichenhall wiederholt durch Männer oral und anal missbraucht, bedroht, geschlagen, in Todesangst versetzt, getreten, mit einer Kette am Arm angebunden, in eine Kiste, in einen Schrank eingesperrt und ständig nach den Verbrechen sediert.«

In weit über zwanzig Nächten soll das passiert sein. Er ist sich heute sicher, dass er Opfer ritueller sexueller Gewalt wurde. Unter den bis zu vier Männern sei ein Krankenpfleger gewesen. Er habe sich während des Aufenthalts als Vierjähriger den Tod gewünscht. Mehr weiß er noch nicht. Er nennt zwei weitere Opfer sexueller Gewalt in der Heilanstalt, einen Kontakt könne er nicht herstellen. Es soll zwei weitere Betroffene geben, die sich nicht öffentlich äußern möchten.

Mehreren Vorwürfen von sexuellem Missbrauch gegen Kinderkurheime der Thuiner Franziskanerinnen und der Deutschen Angestellten Krankenkasse (DAK) gehe ich seit mehreren Jahren nach. Die Geschichte meiner Recherchen erzählen die nächsten Kapitel.

6.1
TATORT TIMMENDORFER STRAND
Die Kurheime der Thuiner Franziskanerinnen

Oktober 2022: Gaby, 67 Jahre alt, brauner Bob, gelber Wollpulli, Lederhose, steht auf dem Bahnsteig des Hamburger Hauptbahnhofs und wartet auf die Bahn nach Timmendorfer Strand. Ihr Ziel: Niendorf an der Ostsee. Hier gab es früher einige Kinderkurheime. Viele davon waren in katholischer Trägerschaft, wie das Westfalenhaus der Caritas oder die Kurheime St. Johann und Antoniushaus der Franziskanerinnen vom heiligen Martyrer Georg zu Thuine. Gaby selbst ist kein Verschickungskind, doch das Kinderkurheim St. Johann lässt sie bis heute nicht los. Sie steigt in die Bahn, nimmt Platz und atmet durch.
Gaby ist auf Daniels Spuren unterwegs. Er war ihr Lebensgefährte und ist 2009 gestorben – durch Suizid. Was er in der Kinderkur in St. Johann als Fünfjähriger erlebt hat, ist die Ursache seines Selbstmords, glaubt Gaby. Mit ihrem Besuch möchte sie einen Abschluss finden. Beim Erzählen kommen ihr die Tränen.

»Meine Tochter hat letztens gesagt: ›Mama, du hast mit dem ganzen Thema noch gar nicht abgeschlossen.‹ Und ich habe gemerkt, sie hat recht. Allein wenn ich das Wort Ostsee höre, denke ich an das Kinderkurheim. Dann sehe ich Daniel vor meinem geistigen Auge als kleinen Jungen in dem Heim.«

Daniels letzte Worte an Gaby sind: »Gib mir meinen Namen wieder!« Gaby weiß nicht, was hinter dieser Aufgabe steht. Aber sie will es herausfinden. Nach dem Tod ihres Freunds fährt sie 2011 das erste Mal nach Niendorf, aber sie findet dort niemanden aus der Zeit, in der Daniel dort gewesen war, der ihr Antworten geben kann. »Für mich ist es unvollendet und wenn ich jetzt noch mal da bin, vielleicht finde ich damit ein Ende der ganzen Sache.«

Rückblick: 2016. Bei der Schlagwortsuche nach Berichten aus Kinderkurheimen stoße ich auf einen Eintrag von Gaby auf der Website des Netzwerks B, ein Forum für Betroffene von Gewalt. Er stammt aus dem Jahr 2010. Sie erhebt darin schwere Vorwürfe gegen die Thunier Franziskanerinnen. Ihr früherer Lebensgefährte Daniel sei 1977 als Sechsjähriger Opfer sexueller Gewalt im katholischen Kurheim St. Johann geworden.

Als ich damals in die Kommentarspalten scrolle, bin ich überwältigt. Unter dem Eintrag stehen über 200 Einträge von Leser:innen. Manche berichten, dass sie es schön fanden in den Kuren. Aber die meisten erinnern sich mit Schrecken an ihre Zeit in der Kinderkur am Timmendorfer Strand in St. Johann und dem Nachbarkurheim Antoniushaus oder in Sancta Maria Borkum, alles Kinderkurheime des Franziskanerinnen-Orden. Was die Menschen bestätigen, ist eine Form von brutaler Schwarzer Pädagogik und Lieblosigkeit der Schwestern – das, was inzwischen so oft von »Verschickungskindern« zu hören, 2016 aber noch völlig unbekannt ist.

Ich will der Geschichte hinter Gabys Sucheintrag nachgehen. Ihre Telefonnummer hat sie neben ihrem Eintrag veröffentlicht. Ich erreiche sie ein paar Tage später. Am Telefon sagt sie, dass sie eigentlich mit der Suche abgeschlossen habe. Trotzdem ist sie zu einem Interview bereit. »Ich mache das für Daniel und alle anderen, denen es genauso ging und die an der Sache verstorben sind.«

Ein paar Tage später fahre ich nach Bochum, wo sie am Stadtrand lebt. Von hier aus hat sie viele Jahre um Wiedergutmachung gekämpft, bis sie nicht mehr konnte. Wir setzen uns an den Tisch, ich zücke mein Aufnahmegerät. Sie beginnt mit der Geschichte, die sich so zugetragen haben soll: Ihr früherer Lebensgefährte Daniel B. wird 1975 als Vierjähriger sechs Wochen ins Kinderkurheim St. Johann oder Antoniushaus – da ist sie sich nicht sicher – verschickt. Beide Häuser stehen auf demselben Gelände in Niendorf an der Ostsee und werden von Nonnen betrieben. Ab 2007 erinnert sich Daniel immer deutlicher, wacht jede Nacht schreiend auf. »Irgendwann sagte er zu mir: ›Ich glaube, ich musste Sex haben mit anderen Kindern‹«, erzählt Gaby. Ihm zufolge seien Kinder nachts von Schwestern geweckt und in den Keller geführt worden. Gaby bekommt kaum über die Lippen, dass man Daniel dort mit einem Besenstiel vergewaltigt haben soll. Ihr Lebensgefährte wird mit den Erinnerungen nicht fertig, sucht Hilfe beim Weißen Ring, bricht jedoch mehrere Therapien ab. Daniel fühlt sich allein. Die Bilder seien Tag und Nacht in seinem Kopf gewesen. Er sei gewalttätig geworden, habe mit Drogen versucht, die Folter der Erinnerung zu stoppen. »Und das ging immer weniger und dann hat er sich tatsächlich …«, sie schluckt, »… erhängt!«

Das war Ende 2009. Da war Daniel B. 39 Jahre alt.

Nach seinem Tod sucht Gaby gemeinsam mit dessen Ex-Frau nach anderen Betroffenen – online, im Forum des Netzwerk B. Die Resonanz ist gewaltig: Ehemalige Kurkinder berichten von Zwangsernährung und Schlägen in den Kurheimen des Ordens und anderen Trägern. Neben den Kommentaren erhält Gaby Hunderte Anrufe und Antwortschreiben. Aber nur wenige Hinweise gehen zu sexueller Gewalt ein. Eine Frau und zwei Brüder sollen Ähnliches geschildert haben, aber sie wollten nicht an die Öffentlichkeit, sagt Gaby. Sie erfährt, dass eine Mitarbeiterin von damals noch lebt: Schwester Burkharde, von der in den Kommentaren immer wieder die Rede ist. Ihr werden Schläge und Zwangsernährung vorgeworfen, sie soll Kinder dazu gezwungen haben, ihr Erbrochenes zu essen. Gaby fährt zum Mutterhaus der Franziskanerinnen nach Thuine und zum früheren Kurheim nach Niendorf, um Schwester Burkharde oder jemand anderes von damals zu sprechen, aber ohne Erfolg. Die Schwester habe einen Herzinfarkt erlitten, heißt es. Ein Gespräch sei nicht zumutbar. Statt Schwester Burkharde empfängt sie eine junge freundliche Franziskanerin, die sich lang mit ihr unterhält, aber die Missbrauchsvorwürfe zurückweist.

Als ich 2016 im Mutterhaus in Thuine anfrage, wollen weder Schwester Burkharde noch andere ehemalige Mitarbeiterinnen mit mir sprechen. Stattdessen erklärt sich die Generaloberin des Ordens, Schwester Maria Cordis Reiker, dazu bereit.

Im November des Jahres fahre ich über plattes Land in die kleine Ortschaft im Emsland zum Mutterhaus der Franziskanerinnen. Das Kloster Thuine ist ein massiver roter Backsteinbau, den eine Mauer umschließt. Bei meiner Ankunft fällt Regen aus dem grauen wolkenverhangenen Himmel. Eine Ordensschwester führt mich durch dunkle Flure. Eine Nonne geht gebückt mit ihrem Rollator an uns vorbei. Von Ferne dumpfes Geschimpfe – sonst ist es still auf den Gängen. Der Besprechungsraum: eine braune Schrankwand und eine Wand mit einem Jesuskreuz. Schwester Maria Cordis Reiker, schwarze Kutte und Schleier, randlose Brille, ein freundliches rosiges Gesicht, empfängt mich mit Schnittchen, Kaffee und Kuchen. Mit sanfter Stimme räumt sie ein, dass sie aufgeregt sei, weil sie erst kürzlich ihr Amt angetreten habe. Dann gibt sie eine Erklärung zu den Anschuldigungen ab: »Die Recherchen haben ergeben, es hat keinen sexuellen Missbrauch gegeben.« Wie sie sich da so sicher sein könne, frage ich. Eine Mitschwester habe Schwestern befragt und die Aussagen seien so glaubwürdig, dass ein sexueller Missbrauch ausgeschlossen werden könne. Wohl habe es strenge Erziehungsmaßnahmen in dem Heim gegeben. Details kenne sie aber nicht: Die Art und Weise zu erziehen stehe sicher im Zusammenhang mit den 50er- und 60er-Jahren, in denen über Erziehung oft anders als heute gedacht worden sei. Aber Daniel B. sei doch erst 1975 in diesem Heim gewesen, sage ich. Die Generaloberin flüstert: »Das stimmt!« Sie stockt, fährt fort: »Das kann ich jetzt nicht sagen, weil ehemalige Mitarbeiter, die damals mit den Kurkindern zu tun hatten, nicht mehr leben.« Das ist nicht wahr. Ehemalige Mitarbeiterinnen leben noch. Gegen Schwester Burkharde richten sich viele der Gewaltvorwürfe auf der Plattform Netzwerk B. Warum weigert sich die Schwester, mit mir und Gaby zu sprechen? Den Grund kenne sie nicht und die Mitschwester sei sehr krank, erklärt Reiker. Ihr Orden habe nur ein Ziel verfolgt: Menschen zu versorgen und aufzurichten. Hinter den Anschuldigungen steckten unterschiedliche Gefühle und Beobachtungen, die oft undifferenziert zu einem Vorwurf zusammengebracht würden. »Und damit tut man den Kurheimen insgesamt unrecht«, beschwert sich die Franziskanerin. Mehr ist aus der Oberin nicht herauszuholen.

Ich kontaktiere Norbert Denef. Wie schätzt er den Fall ein? Der damalige Vorsitzende vom Netzwerk B, dem Forum für Betroffene von Gewalt, in dem Gaby ihren Sucheintrag veröffentlichen durfte, hat Gaby bei ihrem Kampf um Aufklärung unterstützt. Am Telefon berichtet er von seiner Recherche 2011 in Niendorf, in der heutigen Mutter-Kind-Klinik »Maria Meeresstern«, wie die beiden Kurheime Antoniushaus und St. Johann nun heißen. Weiterhin sind sie in Trägerschaft der Thuiner Franziskanerinnen. »Ich habe noch eine Nonne gefunden, die zu der damaligen Zeit dort gearbeitet hat. Sie konnte bestätigen, dass es Gewalt gegeben hat«, sagt Denef am Telefon. Doch als er sich als Vorsitzender vom Netzwerk B vorgestellt habe, habe man nicht weiter mit ihm reden wollen. Der Betreiber von Maria Meeresstern habe ihm anschließend mit einer Verleumdungsklage gedroht wegen der Fotos der Klinik, die er zu Gabys Eintrag online gestellt hatte. Medien hätten auf seine Pressemitteilungen nicht reagiert. Er beurteilt den Fall so:

»Es sind Erinnerungen, keine Beweise. Leider war es bisher weder politisch noch juristisch möglich, diese Erinnerungen investigativ aufzuarbeiten, weil die Einrichtung kein Interesse daran hat und die bestehenden Verjährungsfristen diese Haltung noch unterstützen. Wie schlecht die Behandlung von Kindern in manchen Kureinrichtungen war, kann man in den über 200 Kommentaren nachlesen.«

Nachgehen will Gaby den vielen Berichten irgendwann nicht mehr. Die Schreiben und Anrufe werden ihr zu viel. Sie gibt auf. Als ich im Mai 2017 ihre und andere Kinderkurgeschichten in der Reportage »Albtraum Kinderkur« im *Deutschlandfunk* und anschließend in *Die Zeit* und *WDR 5* veröffentliche, warte ich auf eine Reaktion der Franziskanerinnen, doch es bleibt still in Thuine.

Über drei Jahre später. Es ist September 2020 und ich schreibe wieder eine E-Mail an die Generaloberin. Inzwischen haben weitere Medien über »Verschickungskinder« berichtet. Ihr Leid wurde von der Politik anerkannt. Ich will heute von der Generaloberin wissen, ob sie ihre Position geändert hat. Schwester Burkharde weigert sich weiterhin, mit mir zu sprechen. Aber die Generaloberin und ich verabreden uns für den 3. November 2020 zum Gespräch.

Es ist ein sonniger Morgen, als ich wieder ins Emsland fahre.

Anderthalb Monate später wird es den zweiten großen Corona-Lockdown geben. Treffpunkt ist heute das Gästehaus der Franziskanerinnen, ein Nebengebäude des Klosters. Ein Kameramann begleitet mich. Wir parken auf dem Hof. Eine lächelnde Nonne, die ich noch nicht kenne, winkt uns heran und führt uns zum Eingang, wo Schwester Maria Cordis Reiker mit Gesichtsmaske auf dem Treppensockel wartet. Die Generaloberin begrüßt uns freundlich und führt uns durch die Flure zu einem neuen Konferenzraum. An dem großen Tisch in der Mitte nehmen wir Platz. Es gibt diesmal Kekse und Kaffee. Sie nimmt ihre Maske ab und bezieht Stellung zu ihren Aussagen von 2017.

»Ich muss sagen, dass die Situation des Interviews damals für mich recht ungünstig war, weil ich noch nicht lange im Amt war und nicht die Möglichkeit hatte, ausführlich die Vorwürfe zu recherchieren. Dazu würde ich heute anders Stellung nehmen, als ich es vor dreieinhalb Jahren getan habe. Es beschämt mich zutiefst, die Schilderungen der ehemaligen Kurkinder zu lesen. Vor allen Dingen erschreckt mich die Gewalt, denen die Kinder in St. Johann, St. Antonius und auch in Sancta Maria Borkum ausgesetzt waren. Zwangsernährung, Briefzensur, Gewalt, Strafe, Schläge: Ich kann sie nur um Verzeihung bitten für das, was sie durch Mitschwestern oder Mitarbeiter haben erleiden und aushalten müssen.«

Zehn Jahre nachdem Gaby ihre Geschichte gepostet hat, bittet Schwester Maria Cordis Reiker die Opfer von Gewalt in den Kinderkurheimen ihres Ordens nun erstmals um Entschuldigung. Gabys Behauptung lasse sich auch heute nicht verifizieren, sagt die Generaloberin. Aber sie sei einem anderen Vorwurf aus dem Forum nachgegangen – ein Eintrag eines Users namens Marco von 2015. Er legt einem Erzieher sexuellen Missbrauch in den 80er-Jahren zur Last. »Gegen diesen Erzieher habe ich inzwischen Strafanzeige erstattet«, sagt sie, fast beiläufig. Über den mutmaßlichen Täter schweigt sie, weil sie den Fall der Staatsanwaltschaft übergeben habe. Dass es sich bei dem angezeigten Mitarbeiter um den mutmaßlichen Peiniger von Daniel B. handelt, schließt die Oberin aus. Gabys Lebensgefährte war 1977 in dem Heim, der angezeigte Mitarbeiter aber erst in den 80ern dort tätig.

Im Eintrag des genannten Users steht:

»Hallo, ich war circa 1984 in Niendorf im Kinderkurheim St. Johann in Kur und wurde auch sexuell missbraucht, ich kann mich nicht mehr an jede Einzelheit erinnern, aber ich werde nie vergessen, dass Derjenige, der mir das alles angetan hat (...) hieß, vielleicht kann sich ja noch jemand an den Namen erinnern?«

Ich schreibe ins Forum und bitte den User »Marco«, sich bei mir zu melden, aber habe wenig Hoffnung, dass der Mann, fünf Jahre nach seinem Eintrag, zufällig noch mal in die Kommentarspalten scrollt. Als erwartungsgemäß eine Antwort ausbleibt, kontaktiere ich die Betreiber des Online-Forums vom Netzwerk B, das inzwischen von Andreas Stark betrieben wird. Bei ihm ist die alte E-Mail-Adresse des Users hinterlegt und er leitet meine Anfrage weiter. Aber auch Stark antwortet Marco nicht. Ich befürchte, dass er inzwischen seine E-Mail-Adresse gewechselt hat.

Ein halbes Jahr vergeht, als im Frühjahr 2021 plötzlich ein Brief der Kriminalinspektion Köln in meinem Briefkasten steckt. Es ist eine Vorladung:

»In der Ermittlungssache gegen Unbekannt wegen Sexueller Missbrauch von Kindern durch den Vollzug des Beischlafs oder Vornahme einer ähnlichen sexuellen Handlung ist Ihre Vernehmung als Zeugin erforderlich. Das Erscheinen ist aus folgendem

Grund erforderlich: Ihre Recherchen bezüglich Kindesmissbrauchs in einem Kinderkurheim.«

Ich rufe sofort bei der angegebenen Dienststelle an. Es handele sich um den Fall in Niendorf, mehr könne er am Telefon nicht sagen, sagt der Kommissar. Ich erkläre ihm, dass meine Recherchen bereits veröffentlicht und online einzusehen seien. Dennoch möchte er gern mit mir als Zeugin sprechen. Gaby wurde auch schon vorgeladen. Von Marco fehlt weiterhin jede Spur. Als der Tag der Vernehmung gekommen ist, scrolle ich ein weiteres Mal durch die Kommentarspalten und halte inne. Dort steht:

»Hallo Lena G, ich war schon längere Zeit nicht mehr auf dieser Seite. Ich bin der Marco, den Sie suchen! Würde gerne Kontakt mit Ihnen aufnehmen! Könnten Sie mir eventuell eine Telefonnummer hier hinterlassen, worüber ich Sie erreichen kann? Freundliche Grüße. Marco«

Darunter steht seine E-Mail-Adresse. Zehn Minuten später telefonieren wir. Marcos Stimme klingt angestrengt. Er erzählt, dass der Mann, den die Generaloberin angezeigt hat, 1984 in St. Johann auf ihn und andere Kurkinder aufgepasst habe.

»Ich will dem Erzieher irgendwann ins Gesicht schauen und damit konfrontieren. Es war ein Schock, von den polizeilichen Ermittlungen zu erfahren und der journalistischen Recherche. Nie im Leben habe ich damit gerechnet, dass das passiert. Aber ich bin auch unglaublich froh und jetzt auf dem Weg zu meiner Genugtuung.«

Marco ist zu diesem Zeitpunkt wegen starker Depressionen in einer Tagesklinik untergebracht. Viele Jahre war er drogenabhängig, wegen des Missbrauchs in seiner Kindheit, sagt er.

Jetzt gehe es ihm viel besser. Er wurde bereits von der Polizei in Schwelm vernommen. Die Staatsanwaltschaft Lübeck ermittelt in dem Fall. Was genau der Erzieher mit ihm gemacht hat, darüber will Marco mit mir bei einem persönlichen Treffen reden.

Bei meiner Vernehmung im Polizeipräsidium Köln erzähle ich alles, was ich zum Verdacht von sexuellen Missbrauchsfällen im Kinderkurheim St. Johann der Franziskanerinnen weiß. Nach meiner Vernehmung passiert erst einmal nichts. Einige Monate später ruft mich Marco tief enttäuscht an. Das Verfahren sei eingestellt worden aufgrund von Verjährung. So einfach will ich nicht aufgeben. Ich versuche, weitere Zeug:innen zu finden. In einem Kommentar von 2018 schreibt jemand namens »Eriks« zwischen Hunderten Kommentaren im Forum des Netzwerk B:

»Hallo Marco. Habe durch Zufall die Seite entdeckt und bin zutiefst erschüttert. Ich habe mein Anerkennungsjahr im St. Johann gemacht. Es gab damals dort einen (...). Sein Nachname begann mit (...). Meinen wir den gleichen?«

Über das Netzwerk B. finde ich Erika Jessen, die Frau hinter dem Kürzel Eriks. Sie wohnt heute in Schleswig, nicht weit von Niendorf, und arbeitet als Erzieherin in einem Kinderheim. Bei ihrem Anerkennungsjahr 1980 in St. Johann fällt ihr der Erzieher, der des Missbrauchs verdächtig ist, unangenehm auf. Er nimmt die kleinen Jungen öfter auf den Schoß, berührt sie komisch. Sie macht sich Vorwürfe. »Heute würde ich damit ganz anders umgehen und so etwas melden. Damals war ich noch so jung.« Marco hat sie damals nicht kennengelernt. Ich bringe sie miteinander in Kontakt, und die beiden telefonieren dann lange. Marco hat an die jungen Erzieherinnen nur gute Erinnerungen. Sie waren freundlich und liebevoll zu den Kurkindern.

Ein Jahr später, 23. Juni 2022. Marco ruft mich an, ein weiterer Mann hat sich auf seinen Post im Netzwerk B gemeldet. Er schickt mir den Screenshot der E-Mail von Stefan.

»Ich war als Kind, es muss Oktober und November 1983 gewesen sein, auch im Kinderkurheim St. Johann in Niendorf / Ostsee. (...) Am Abend des 14.06.2022, im Nachgang an meine vormittägliche therapeutische Sitzung, sind mir Fotos aus meiner Kinderkur (...) aufgefallen. Zwei Fotos zeigen mich, weinend auf dem Schoß eines Mannes, der mich an sich drückt. Auf einem der beiden Bilder hat er die flache Hand gehoben und gegen mein Gesicht gerichtet. Meine körperliche Abwehrhaltung und meine negative emotionale Reaktion sind auf beiden Bildern klar erkennbar. Ich kann mich erst jetzt erinnern, dass ich während meiner Kinderkur im Liegen von einem Mann missbraucht wurde. Kann ich Dir die beiden Bilder schicken? Vielleicht ist auf dem Bild ja besagter Erzieher (...) zu sehen? Ich danke Dir!«

Marco ist sich sicher: »Das ist der Erzieher.« Letzte Gewissheit gibt ihm Erika Jessen. Sie identifiziert den Erzieher auf den Fotos eindeutig. Stefan, der Mann hinter der E-Mail, telefoniert kurz darauf mit mir. Er ist als fast Dreijähriger im Rahmen einer Mutter-Kind-Kur im Jahr 1983 in St. Johann. Bis Nachmittags ist er in der Kinderbetreuung. Während des Mittagsschlafs tut ihm der Erzieher Gewalt an. Die Erinnerungen sind ganz frisch zurückgekehrt, viele Jahre lang hat er schon vermutet, dass ihm etwas passiert ist; aber er weiß nicht, wen er verdächtigen soll. Kurz darauf leitet mir Stefan die Fotos aus der Kur weiter. Ein Kleinkind mit braunem Wuschelkopf und dunklen Augen schaut mit gefalteten Händen in die Kamera. Ein Fleck am Hals seines weißen Rollkragenpullovers, die Lippen aufeinandergepresst. Im Anschnitt hängt ein Plakat an der orangenen Wand: Darauf steht: »Das Beste an kleinen Jungen ist, das sie abwaschbar sind.« Auf den anderen beiden Fotos haben sich vier Erwachsene und vier kleinere Kinder, schätzungsweise im Kindergartenalter, um den Sockel einer Außentreppe drapiert. Alle Gesichter hat Stefan geschwärzt, bis auf seins und das des Erziehers, der mit tiefen Geheimratsecken, braunen Haaren und getönter Brille in der Mitte sitzt. Das jüngste Kind hält der Mann fest auf seinem Schoß: Es ist Stefan. Stefans Gesicht ist zum Schrei verzerrt. Der Mann drückt seine rechte Hand auf Stefans Brust und seine Nase in das Gesicht des Kleinkindes. Die linke Hand hält ihm der Mann wie zum Schlag unter das Kinn.

Im Sommer 2022 stellt Stefan Strafanzeige. Laut seinen Schilderungen nimmt ihn der Erzieher während des Mittagsschlafs in der Kinderbetreuung von St. Johann mit in sein Zimmer, das am Schlafraum der Kinder liegt. Der Mann überfällt ihn über sechs Wochen lang jeden Tag, leckt ihn ab, den Mund aus, vergewaltigt ihn.

Bis 1988, insgesamt acht Jahre, ist der Erzieher in der Einrichtung beschäftigt und arbeitet als Nachtwache. »Dabei schlief er in einem Vorzimmer des Schlafsaals der Kinder und war nachts mit ihnen allein«,[376] das bestätigt auch ein Bericht der Kongregation der Thuiner Franziskanerinnen, der nach meinen Veröffentlichungen beauftragt wurde.

Zurück im Zug nach Niendorf, Oktober 2022. Gaby und ich sind nicht allein unterwegs nach Niendorf. Marco ist mit uns unterwegs. Braune Haare, Bart, Mütze, Outdoor-Jacke. Mit geballten Händen sitzt er am Fenster und schaut auf Hamburgs Vororte, die an uns vorbeiziehen. Trotz großer Anspannung will er sich seiner Vergangenheit stellen, das Kurheim besuchen und mit den heutigen Verantwortlichen sprechen. Stefan ist zu einem Besuch noch nicht bereit.

Nach knapp anderthalb Stunden erreichen wir Niendorf, den Badeort direkt an der Ostsee. Marco und Gaby rauchen viel. Sie beziehen ein Hotel an der Strandpromenade. Hier erzählt mir Marco das erste Mal seine Geschichte.
1984 wird er mit sieben Jahren aus Hattingen zur Kur nach St. Johann verschickt. Zu Hause ist es nicht leicht, mehr will er dazu nicht sagen. Marco fährt allein, obgleich die Einrichtung zu dieser Zeit auch Mutter-Kind-Kuren anbietet. Am Schlafraum der Jungen, bestätigt auch Marco, ist hinter einer Tür ein kleines Zimmer angegliedert, für die Nachtwache. Dort schläft der Erzieher.

»Und dann wurde ich nachts von diesem Betreuer aus dem Bett geholt. Der hat mich mit in sein Zimmer genommen. Dann hat er sich nackt ausgezogen. Ich musste mich nackt ausziehen und dann hat er mich mit in sein Bett genommen.«

Der Junge muss sich unter der Bettdecke verstecken und ihn mit der Hand befriedigen. Das passiert in mehreren Nächten. Einmal zieht ihn der Erzieher morgens in der Küche auf seinen Schoß und gibt ihm einen Zungenkuss.

»In dem Moment gab es aber irgendwo ein Geräusch. Da hat er mich von seinem Schoß gestoßen und hat gesagt: ›So, jetzt kannst du in die Gruppe gehen.‹ Für mich war es der totale Ekel. Ich erinnere mich an einen völlig verschwitzten, stinkenden Körper. Bis vor meiner Therapie hatte ich diesen Schweißgeruch in gewissen Situationen immer wieder mal in der Nase. Auch dieses Gefühl, diesen schwitzigen Körper anfassen zu müssen.«

Lange Zeit hat Marco die Geschehnisse verdrängt. Als er mit 16 Jahren einen Fernsehbericht über sexuellen Missbrauch schaut, wird ihm die Gewalt wieder bewusst. Seitdem »war es tagtäglich Bestandteil meines Lebens. Ich war depressiv, antriebslos.« Um sich nicht »innerlich aufzufressen«, wie er sagt, nimmt er Drogen, raucht exzessiv Marihuana. »Von morgens bis abends. Und das war für mich der Weg, um diese schlechten Gedanken zu verarbeiten, dass ich irgendwie am Alltag teilnehmen konnte.«

Am äußersten Rand von Niendorf liegt die Klinik Maria Meeresstern, direkt am Strand. Ein Badesteg liegt davor, Strandkörbe blicken Richtung Meer, dahinter thront die majestätische rot-weiße Villa mit Kirchturm aus dem Jahr 1911, die früher das Kinderkurheim St. Johann war. Marco und Gaby besuchen den Strand vor dem Kurgelände, um am folgenden Tag nicht von ihren Gefühlen überwältigt zu werden, wenn wir dort von der Leitung empfangen werden. Marco muss weinen. Es ist auch für mich ein beeindruckender Moment. So viel habe ich bereits über diesen Ort gehört und in Akten gelesen, und jetzt bin ich wirklich hier, wo all das passiert sein soll. Auch die Todesfälle. Genau hinter mir im Wasser ist Dieter ertrunken. Der Junge, der 1953 laut den Akten von einer Sandbank abgetrieben ist, als hier nur eine Erzieherin mit 47 Kindern baden gegangen ist. Ich versuche die Sandbank zu finden, die ihm damals zum Verhängnis wurde. Aber das Meer liegt heute blau und glatt vor mir.

Der nächste Morgen: Wir fahren durch eine Allee auf die Villa St. Johann zu, biegen rechts ab auf den Parkplatz hinter dem Klinikgelände Maria Meeresstern, die heute nur noch Mutter-Kind-Kuren anbietet. Gaby, Marco und ich werden an der Kapelle, die seitlich der Villa liegt, von Schwester Gratiana, der heutigen Leiterin der Klinik, freundlich begrüßt. Sie ist eine kleine Frau in grauer Nonnenkutte, schwarzer Schleier, aus dem ihr grauer Haaransatz schaut, ein schweres silbernes Jesuskreuz vor der Brust. Ein Stab aus Mitarbeiterinnen umringt sie. Gemeinsam bleiben wir vor der Freitreppe der

Villa stehen und kommen gleich ins Gespräch. Hinter uns glitzert das Meer in der Sonne, es ist ein warmer Herbsttag, viel zu warm für die Jahreszeit. Damals mussten die Kurkinder nur über den Vorplatz gehen, dann waren sie am Strand. Aber das durften sie natürlich nicht allein. Auch heute spielen Kinder vor der Villa auf einem Spielplatz, sie sind mit ihren Müttern hierhergekommen. Zur Mutter-Kind-Kur. Als wir zur Villa St. Johann gehen, frage ich Schwester Gratiana, wie sie es hier erlebt hat, als sie in den 80er-Jahren für einige Monate hier gearbeitet hat.

»Ich habe erlebt, dass Schwester Burkharde die Kinder geschlagen hat. Und das hat mich damals sehr tief betroffen gemacht. Und ich muss sagen, nach 40 Jahren macht es mich immer noch betroffen. Man muss sich das vorstellen, wenn Kinder hier die Kur begonnen haben, kamen sehr viele auf einmal an und einige kleine Kinder weinten natürlich auch. …«

Schwester Gratiana fängt an zu weinen, muss eine Pause machen.

»Schwester Burkharde hat sich so ein Kind, ich sage jetzt mal, herausgegriffen und ist mit dem Kind in ein Zimmer nebenan gegangen. Ließ auch die Tür offen, sodass wir hörten, was geschah, und hat eben das Kind geschlagen. Und sie hat auch lange geschlagen.«

Von Schwester Burkhardes Taten ist auch in den Kommentaren im Netzwerk B immer wieder die Rede. Eine Frau, die als Achtjährige mit ihren Geschwistern in den 70er-Jahren im Antoniushaus zur Kur ist, schreibt:

»Wir Kinder dort waren unglücklich. Uns drei Geschwister hat man getrennt, mein Bruder – der Jüngste von uns, kam in eine andere Gruppe. Meine kleine Schwester sah ich nur im Speisesaa 1. Die Buben waren im Speisesaal 2, räumlich getrennt durch eine dunkle Holzwand mit gelben Blindglasscheiben. Ich konnte immer nur meinen kleinen Bruder nebenan weinen hören. Er wollte nichts mehr essen. Ich bekam ihn tagelang nicht zu Gesicht. Als er dann eines Tages zu mir in den Speisesaal gesetzt wurde, es gab zum Abendessen warmen Vanillepudding, aß mein Bruder widerwillig ein paar Löffel, weil diese Schwester Burkharde ihm im Nacken saß. Dann ganz plötzlich übergab er sich ... Die Schwester fasste ihn im Nacken und befahl: ›Aufessen!‹ So musste mein Bruder das Erbrochene wieder einlöffeln. Er fing dann an fürchterlich zu weinen, wurde einfach aus dem Saal getragen. Dann sah ich ihn tagelang nicht wieder. Als ich ihn im Garten wieder sah, hatte er viele blaue Flecken an den Händen und an den Wangen. Ich fragte seine Betreuerin, was er denn da habe, und sie sagte, er sei beim Spielen unglücklich gefallen. Danach sah ich meinen kleinen Bruder bis zum Abreisetag nicht wieder.[377]

Mit mir hat Schwester Burkharde, die von 1970 bis 1981 das Antoniushaus pädagogisch leitet, nie sprechen wollen, mit der von der Ordensgemeinschaft beauftragten Historikerin Christine Möller schon. In ihrem Bericht, der 2022 veröffentlicht wurde, schreibt Möller, Schwester Burkharde habe sich »laut Erinnerung von Schwester M. Benedicta – immer sehr über das Thema ›Verschickungskinder und Kinderkuren aufgeregt‹, wann immer die Sprache darauf kam. (...)«. Burkharde habe gegenüber der Historikerin abgestritten, Kinder zum Essen gezwungen zu haben. »Sie hob hervor, dass sie alles noch einmal so machen würde, sie sei sich keiner Schuld bewusst und habe nach bestem Wissen und Gewissen gehandelt.«[378]

Niemand hat sie während ihrer elfjährigen Leitung angezeigt.

Ob sie sich Vorwürfe mache, frage ich Schwester Gratiana: »Man hätte es ernster nehmen müssen«, sagt sie.
Zu den Vorwürfen sexuellen Missbrauchs von Marco und Gaby kann Schwester Gratiana nicht viel sagen. Inzwischen sind wir auf die Wiese vor der Villa getreten, wir setzen uns auf Stühle, vor uns das Meer. Sie bedaure, keine Informationen zum Erzieher oder Daniels Erinnerungen beisteuern zu können, weil sie nicht in St. Johann, sondern im Antoniushaus auf demselben Gelände im Einsatz gewesen sei. Sie habe den Erzieher nie kennengelernt. »Unfassbar, furchtbar« sei das, sagt Schwester Gratiana dazu.

»Ich denke, zu der Zeit, als der Erzieher hier gearbeitet hat, war man natürlich glücklich, dass man einen männlichen Erzieher hatte. Und dass es dann eben diesen Weg gegangen ist, ist zutiefst bedauerlich.«

Gaby steht auf und geht auf die Villa zu. Sie sucht die Treppe in den Keller, von der Daniel ihr erzählt hat. Sie schaut sich vor den Fenstern um, ist irritiert. Hier war bei ihrem ersten Besuch ein Kellereingang, wo die Gummistiefel und Regensachen der Kinder standen, und eine Tür zu einem Keller. Wir gehen um die Kapelle herum, auf die andere Hausseite. Dort führt eine kleine Treppe hinab zu einer Tür. Sie ist verschlossen. Hier soll nachts Equipment für den Keller geliefert und dann wieder abgebaut und abtransportiert worden sein. »Daniel hat mir erzählt, dass in dem Raum links hinten Kameras und ein Bett aufgestellt wurden und es waren viele Männer da.« Gaby sieht angespannt aus: »Es ist kein gutes Gefühl, beklemmend.«
Die Frau, die online Burkhardes Gewalt im Kinderkurheim Antoniushaus in den 70er-Jahren bestätigt, schreibt auch:

»Manchmal mussten wir viele Treppen nach unten in den Keller gehen – aber da hört es bei mir mit der Erinnerung auf – ich dachte schon daran, mich unter Hypnose befragen zu lassen. Vielleicht würde das auch bei meinen beiden Geschwistern etwas hervorbringen. Mich macht es stutzig, dass ich für viele Tage dieses sechswöchigen Aufenthaltes keine Erinnerung habe und meine Geschwister noch weniger. Ich glaube nicht, dass sich [Daniel] oder seine Verwandten, dieses Heim als Ursache für den Suizid einfach so ausgedacht haben. Ich kann nicht sagen, was alles dort passierte. War doch selbst ein kleines Kind! Aber, es war sicherlich nichts Liebevolles oder Gutes: Ich war jahrelang traumatisiert (…) und habe Blackouts, kann mich nicht an die gesamte Zeit erinnern. (…) Ein Hoch auf diese Franziskanerinnen. Irgendwas war dort faul. Leider ist alles verjährt.«

Ein weiteres Kind, das von einem Aufenthalt in einem Heim der Franziskanerinnen vom heiligen Martyrer Georg zu Thuine traumatisiert ist, ist Johanna. Sie verfolgt im Januar 2022 begeistert einen Auftritt der Journalistin Christiane Florin bei Anne Will. Sie ist dort als Expertin für das Münchner Missbrauchsgutachten eingeladen, das die Erzdiözese München und Freising im Februar 2020 extern beauftragt hat. »Die lässt sich von Bischof Georg Bätzing nicht die Butter vom Brot nehmen, die versuchen einen ja mit ihren frömmeligen Sprüchen in Grund und Boden zu reden«, sagt sie. Erst vor zwei Jahren hat die Hamburgerin begonnen, die Erinnerungen an das Trauma ihrer Kindheit zuzulassen und darüber zu sprechen, was ihr widerfahren ist. Was Johanna in der Debatte um sexualisierte Gewalt in der Kirche fehlt, ist der Blick auf Frauen als Täterinnen. Florins Auftritt macht ihr Mut, die Stimme zu erheben. Sie schreibt einen Brief an die Journalistin und berichtet von ihren Erlebnissen. Christiane Florin, die meine bisherigen Geschichten über Verschickungskinder für den *Deutschlandfunk* redaktionell betreut hat, mailt mir kurz darauf:

»Nach meiner Teilnahme bei Anne Will hat sich eine Frau bei mir gemeldet, die 1954 in Gut Leye im Heim war und von schlimmstem Missbrauch berichtete. Das Heim wurde getragen von den Franziskanerinnen, die du schon kennst.«

Sie gibt meine Kontaktdaten an die Dame weiter. Ich bin sehr interessiert an den Schilderungen der Frau und besuche Gut Leye. Das Grundstück des ehemaligen Waisenhauses liegt bei Osnabrück. Es ist ein imposantes schlossähnliches Gebäude mit einer Kapelle, zwei Türmen seitlich des schweren Hoftores und einer Wiese, auf deren Mitte ein Brunnen steht. Das stattliche Haupthaus, mit Veranda, Stuck, Gemälden und Engelsfresken an den hohen Decken, ist heute eine Ruine, in der ausgestopfte Eichhörnchen, Füchse, Marder und andere Waldtiere herumstehen, erlegt von der Adelsfamilie, der das Gut seit Generationen gehört.
In dieses Haus wird Johanna 1954 im Alter von sechs Jahren zusammen mit ihrer siebenjährigen Schwester gebracht. Damals führen die Thuiner Franziskanerinnen das Waisenhaus. Ihre Mutter hat sich damals gerade von ihrem Lebensgefährten getrennt,

»und da musste meine Mutter uns eben in Gut Leye vorübergehend parken. Bis sie also eine Wohnung und ein neues Zuhause für uns gefunden hätte. Und dann hat sie uns also in Gut Leye abgegeben und hat uns also in den Arm genommen …«

Die alte Dame schluchzt, als sie mir davon im Sommer 2022 am Telefon erzählt. Als sie sich etwas beruhigt hat, spricht sie zitternd weiter. »… und hat uns gesagt: ›Ich komme gleich wieder.‹ Aber sie ist nicht wiedergekommen.« Wieder Schluchzen aus dem Hörer. Johanna weint um etwas, das ihr vor fast 70 Jahren geschehen ist und bis heute wirkt. Besuchen durfte ihre Mutter die Kinder in den nächsten Monaten nicht, berichtet sie weiter: »Das war früher so. Besonders, wenn die Kinder schwierig waren, so wie ich.« Gleich in der ersten Nacht beginnt eine Hölle für das kleine Mädchen, die ihr weiteres Leben in vielen Bereichen zerstören wird.

»Ich habe ja gleich die erste Nacht ins Bett gemacht, was mir schrecklich peinlich war. Ich war sechs. Ich habe nie ins Bett gemacht vorher und dann ging also die Prozedur los. Ich musste runter in den Keller. Die Schwestern haben mich geholt. Dort war eine Wanne mit eiskaltem Wasser. Und da wurde ich also reingesteckt. Dann haben sie mich an den Beinen rausgezogen. Der Kopf ist also im Wasser geblieben. Und dann …«

Johanna weint wieder und entschuldigt sich dafür. Ich sage ihr, dass sie sich nicht entschuldigen brauche, dass ich es gut finde, dass sie darum weinen könne. Sie fährt fort:

»… haben sie auf meine Geschlechtsteile geschlagen und den Stock auch in meine Scheide oder in die Blase gesteckt … Ich hatte einfach nur Todesangst, weil ich keine Luft gekriegt habe. Dann haben sie … mir erzählt, dass Mutti uns nie wieder haben will, weil ich schmutzig bin und Sünden begehe und dass ich in die Hölle komme. Und jetzt kommt diese Fehlzeit. Ich weiß nicht, wo ich dann geblieben bin. Ich weiß nur, dass ich morgens zum Frühstück gebracht wurde, angezogen und dass ich wahnsinnige Schmerzen hatte.«

Sie blutet, die Wunden verkrusten, reißen immer wieder auf, sie kann kaum gehen, kaum sitzen.

»Wir mussten da beten und frühstücken. Und ich habe natürlich versucht, irgendwie die richtige Position zu finden, damit ich nicht solche Schmerzen habe beim Sitzen. Aber dann tanzte der Rohrstock: ich muss vernünftig sitzen. Meine Unterwäsche, die ja blutig war, ist nur einmal die Woche gewechselt worden und klar, Blut verkrustet, die Verkrustungen reißen immer wieder diese Wunden auf. Und das hat sich bestimmt drei, vier Mal die Woche wiederholt, die Prozedur unten im Bad ...«

Wir sprechen beide einige Momente nicht. »Gut Leye war die Hölle«, sagt sie nach der Pause. Die sechsjährige Johanna erklärt den Nonnen, dass sie Schmerzen habe, die Blutungen nicht aufhörten: »Selber schuld!« ist die Antwort. »Als Kind habe ich das eingesehen.« Da sie nicht richtig sitzen und knien kann, was die Kinder beim Beten oft tun müssen, da sie also »ungehorsam« ist, heißt es irgendwann, sie müsse zur Oberin. Diese betastete sie an und in der Scheide und schickt sie weiter zum Pastor, der das Gleiche macht.
»Er hat also sehr nett mit mir gesprochen in Gegenwart der Mitschwestern, mit sanfter Stimme, ›Ach Johanna, so etwas macht man doch nicht! Und du machst den Schwestern Arbeit und denk an deine arme Seele.‹ Ich dachte, er guckt, warum ich immer Schmerzen hab, der gibt dir jetzt irgendwas, dass die Schmerzen weg sind. Dass er mir auch Schmerzen zugefügt hat, das habe ich eben so hingenommen. Aber sein Geruch, dieser Geruch, seine Hände ... die verfolgen mich.«
Neben der Folter, der sexuellen Gewalt, dem Missbrauch stehen Strafen, Sanktionen und der Drill zu unbedingtem Gehorsam auf der Tagesordnung. Ein strafender Richtergott bildet die Drohkulisse, die die Kinder zum Parieren bringen soll – Johannas Seele sei schwarz, das wird ihr immer wieder eingebläut. Sie beginnt zu glauben, ein böser Mensch zu sein.

Anstatt ihr Sicherheit und Geborgenheit zu geben, ihr vielleicht am Anfang erst mal mit einer Windel zu helfen, machen die Nonnen alles noch viel schlimmer. Die kleine Johanna hat niemanden, der ihr das erklären kann und ist tief überzeugt davon, alles zu verdienen:

»Meinetwegen hatten sie Arbeit, das hab ich verstanden. Meine Laken mussten gewaschen werden, getrocknet, gebügelt und das war meine Schuld. Man ist halt eine Sünderin, deren Seele immer schwärzer wird. Und das ganz Schlimme war: ›Deinetwegen holt eure Mutter euch nicht wieder ab.‹«

Johanna will in den Wald fliehen, lieber erfrieren oder verhungern, als die Todesangst und die Schmerzen weiter erdulden zu müssen. Im Juli 1955, zehn Monate nachdem Johanna und ihre Geschwister in das Kinderheim eingeliefert worden sind, enden ihre Qualen.

»Meine Mutter hatte inzwischen einen neuen Mann kennengelernt in Hamburg, und der hatte ein kleines Gartenhaus gekauft. Und dann sind wir abgeholt worden. Auf der einen Seite war da eine riesige Erleichterung. Uns ging es besser als anderen Kindern, die keine Eltern mehr hatten oder nie Besuch kriegten oder Pakete. Aber die Angst, die Schwestern erzählen, wie schlecht ich gewesen bin – die war natürlich da. Aber ich habe ab dem Tag, als ich in Hamburg war, nie wieder das Bett eingenässt.«

Warum ihre Mutter ihre Kinder für so viele Monate weggegeben hat, darüber hätten sie nie miteinander gesprochen, sagt Johanna. Fakt ist, dass alleinerziehenden, unverheirateten Müttern häufig die Kinder entzogen wurden. Manche wurden wochenlang, andere für den Rest der Kindheit in Heime geschickt. Die Heirat bringt Johannas Mutter die Kinder zurück. Der neue Mann an ihrer Seite sei viel älter gewesen, es sei keine Liebe gewesen, habe die Mutter ihr später erzählt. Schuld- und Schamgefühle und die Überzeugung, den Eltern nicht noch zusätzliche Sorgen machen zu dürfen, was vielen Kindern damals eingebläut wird,[379] hinderten Johanna daran, ihrer Mutter die Wahrheit über Gut Leye zu erzählen:

»Ich habe mit meiner Mutter noch 14 Jahre lang zusammen im Haus gewohnt und ich habe nie über Gut Leye mit ihr gesprochen. Weil ich Angst hatte, dass sie sich Vorwürfe macht, wenn ich ihr das erzähle.«

Doch im Inneren Johannas arbeiteten die Geschehnisse weiter. Die Gerüche verfolgen sie bis heute, sie hat Angst vor Händen und Wasser, sie traut sich nie ans Meer, mit ihrem Mann schläft sie, als sie Kinder wollen, danach nie mehr. Zu groß sind die Schmerzen. Die Ehe zerbricht daran.

»Diese zehn Monate haben mein Leben geprägt. Mein Körper ist nicht mehr mein Körper.«

Ihrem früheren Mann und den heute erwachsenen Kindern hat sie nie erzählt, was ihr passiert ist. Sie erlaubt sich nur allein zu weinen, verdrängt, lügt, weil sie niemanden belasten will. Aber in ihr ist vor ein paar Jahren ein Kampfgeist erwacht, sie will Gerechtigkeit und hat deshalb eine Klage gegen den Orden und das Bistum Osnabrück eingereicht:

»Ich will kein Mitleid, ich will Veränderung für die Kinder heute. Die Eltern sollen ihre Kinder mit gutem Gewissen in solche Einrichtungen geben können und nicht Angst haben, was da heute noch passiert. Das ärgert mich so, dass Kirchen so lügen.«

Johanna hat bislang niemanden gefunden, der ihre Berichte über Gut Leye bestätigen und ihre Gedächtnislücken füllen kann. Auf unserem Weg nach Niendorf haben Marco, Gaby und ich Johanna besucht. Es ist ein herzliches Treffen auf

Johannas Sonnenterrasse in einem Vorort von Hamburg. Marco, Gaby und Johanna, die sich noch nie zuvor gesehen haben, nehmen sich in die Arme, rauchen und erzählen von ihren Erfahrungen in den Heimen der Thuiner Franziskanerinnen.

Marco ermutigt Johanna, sich therapeutisch helfen zu lassen: »Für mich legt es offen, dass auch schon sehr viel früher sehr schlimme Missstände durch Mitschwestern dieses Ordens passiert sind.«

Die zierliche, inzwischen fast blinde Frau sagt immer wieder, wie dankbar sie für die Gespräche ist. Sie nimmt Marco und Gaby am Ende in den Arm: »Ich bin noch im Lernprozess, aber das tut so gut, euch beide jetzt hier zu haben, weil ihr mitreden könnt und sagen könnt, genau so war's.«

Einen Antrag auf Entschädigung beim Bistum Osnabrück hat Johanna schon gestellt. Der Ansprechpartner für Missbrauchsopfer des Thuiner Franziskanerinnen-Ordens, Justiziar Ludger Wiemker, der die Aussagen der Betroffenen bei Anträgen auf Entschädigung auf Plausibilität prüft, habe sie gefragt, ob sie die Übergriffe als sexuellen Missbrauch empfunden habe. »Ich wusste als kleines Kind nicht, was Sexualität ist, wie soll ich es so empfunden haben?«, sagt Johanna. Als ich Ludger Wiemker bei meinen Recherchen im Februar 2023 treffe, sagt er, dass er sich an solche Schilderungen nicht erinnern könne. Anschließend schreibt er:

»Ich halte es für verfehlt, andere Fälle an dieser Stelle aufzugreifen, die schrecklich sind, aber nichts mit dem eigentlichen Kontext der Kinderkuren zu tun haben. Darüber hinaus möchte ich aus grundsätzlichen Erwägungen heraus zu Einzelfällen in der Öffentlichkeit auch keine Stellung beziehen, um den Vertrauensschutz, der in solchen Gesprächen mit Betroffenen immer vereinbart wird, auch nicht zu gefährden.«

Als ich das Johanna berichte, zeigt sie mir das Protokoll ihres Besuchs bei ihm vom 29. November 2021, das sie vom Bistum erhalten hat. Darin sind alle Details über die Qualen in der Eiswasserwanne und den Stock aufgeführt, auch die Nachfrage Wiemkers zu Johannas Einschätzung der sexuellen Motivation der Strafmaßnahme. Wiemker bestätigt auf Nachfrage, das Protokoll zu kennen und unterzeichnet zu haben. Er habe sich beim ersten Interview nicht erinnert, weil er nur auf Fälle in Kinderkurheimen der Franziskanerinnen vorbereitet gewesen sei.

Ludger Wiemker bestätigt insgesamt zwölf bei ihm gemeldete Fälle von sexuellem Missbrauch in Kinderheimen und Waisenhäusern, die von Thuiner Franziskanerinnen geführt wurden. Darunter finden sich, neben Johanna, zwei weitere Vorwürfe von sexuellem Missbrauch in Gut Leye, »die in erster Linie auch durch einen Priester, der im Bistum Freiburg eingesetzt war, geschehen sind. Und in einem weiteren Fall, bei dem dieser Priester ebenfalls beteiligt war, wurden auch Ordensschwestern der Franziskanerinnen Vorwürfe gemacht, dass sie in unguter Weise dort beteiligt waren«. Einen Kontakt zu den Opfern könne er nicht herstellen.

Weiterhin seien ihm insgesamt drei Fälle von sexuellem Missbrauch in Kinderkurheimen der Thuiner Franziskanerinnen vorgetragen worden. Es handele sich dabei nicht um die Fälle Marco und Daniel, Gabys ehemaligen Lebensgefährten. Beschuldigt worden seien neben einem eingesetzten Erzieher, »eine nicht genau zu definierende Person männlichen Geschlechts«. Ihr sei durch »eine Person weiblichen Geschlechts« Zugang zu den Einrichtungen verschafft worden. Auch einer Ordensschwester sei ein sexueller Übergriff in einem Kinderkurheim vorgeworfen worden.

Die Kinderkureinrichtung St. Johann der Thuiner Franziskanerinnen in Niendorf hat eine historische Verbindung zum Gut Leye. Sie war ursprünglich ein Waisenhaus. Zwischen 1917 und 1922 kamen Erzieherinnen und Waisenkinder aus Niendorf nach Osnabrück und zogen ab 1946 nach Gut Leye um.[380] Als ich die Generaloberin frage, ob es Überschneidungen beim Personal und den Erziehungsmethoden zwischen den Kinderkur- und den Waisenhäusern gegeben haben könne, sagt sie, dass sie darauf nicht antworten wolle, »um die Geschehnisse in den Waisenhäusern und Kinderkurheimen auf ausdrücklichen Wunsch der Betroffenen aus den Kinderkurheimen nicht zu vermischen«.

Marco und Stefan wissen nicht, was sie damit meint: Sie seien nie gefragt worden. »Ich habe diesen Wunsch nie geäußert«, sagt Marco, der mit Johanna im Austausch steht. »Ob das in einem Waisenhaus oder Kinderkurheim passiert, ist für mich kein Unterschied.« Stefan nennt die Reaktion »kaltherzig in dem Sinne, dass sie uns Opfer für die Verschleierung des institutionalisierten Missbrauchs innerhalb der katholischen Kirche ungefragt benutzt«.

Die Folgen der Vertuschung reichen bis heute. Das LinkedIn-Profil des Erziehers zeigt einen untersetzten freundlich lächelnden Mann mit Halbglatze. Acht Jahre »Gruppenleitung in Kinderkurheim« steht in seiner Info. Darunter: »10 Jahre als Kindergartenleitung« und »15 Jahre Gruppenleitung im Kindergarten«. Zu seinen Spezialgebieten zählt »Einzelkindförderung« als Erzieher mit besonderen Aufgaben im Kindergarten. Er ist weiterhin im Vorstand einer landes- und einer bundesweiten katholischen Erziehergemeinschaft, sogar stellvertretender Bundesvorsitzender des bayerischen Verbandes. Die Abteilung für Kinderbetreuung in der Gemeinde Oberhaching hat inzwischen Kenntnis über die Verdachtsfälle und Anzeigen. Auch der Vorstand des bundes- und eines

landesweiten Erziehergremiums kennt die Vorwürfe. Stefan findet es bedauerlich und skandalös, dass intern nicht gehandelt werde.
Gegen den Erzieher wurde von Stefan, Marco und zwei Mal vom Orden Strafanzeige gestellt. Bislang wurden alle Verfahren wegen Verjährung eingestellt. Wegen der Verjährung wurde laut Staatsanwaltschaft Lübeck auch nach der letzten Anzeige nicht mehr ermittelt. Auf die Frage, ob in einem der 15 gemeldeten Fälle die mutmaßlichen Täter:innen noch belangt werden konnten, schüttelt Justitiar Ludger Wiemker den Kopf. Sie seien alle längst verstorben. So auch Schwester Burkharde.[381] Erst nach ihrem Tod hat der Orden Stellung zu ihren Taten bezogen.
Johanna, Marco und Stefan hoffen auf eine Änderung der Verjährungsfristen. Solange es die nicht gibt, möchten sie mit ihrer Geschichte, die dieses Buch erzählt, weitere Zeug:innen finden für Taten, die noch nicht verjährt sind, um den Erzieher vor Gericht zu bringen.
Zurück in Niendorf: Schwester Gratiana blickt von ihrem Stuhl im Garten in Richtung Meer, vorbei an einer Marienstatue: Bald werde hier auf dem Gelände ein Gedenkstein stehen, verkündet sie und zeigt ein Blatt Papier. Auf dunklem Untergrund steht in geschwungener goldener Schrift:

»In Erinnerung an die Kinder, die in unseren Kurheimen Gewalt erfahren haben. Wir blicken mit Scham und Trauer auf diese Zeit zurück. Ihr Leid ist uns Mahnung und Auftrag für die Zukunft.«

Bei der Aufklärung wird der Stein nicht helfen. Marco glaubt nicht daran, dass der Orden dabei tatsächlich mithelfen will. Er sitzt am Ende des Besuchs auf der Treppe vor der Villa St. Johann in Niendorf. Schwester Gratiana steht bei uns. Marco wollte eigentlich sachlich bleiben, aber die Gefühle

übermannen ihn. Unter Tränen ruft er, dass er eine Entschädigung möchte für sein Leid, der Täter endlich bestraft werden solle. Er schluchzt. Alle schauen betreten, schweigen.
»Ich fordere, dass die Vorgesetzten dieses Erziehers diesen Mann feuern. Dass er nie wieder die Möglichkeit hat, mit Kindern zu arbeiten und was weiß ich anzustellen.«
Marco bezieht sich auf das Online-Profil des Erziehers: Darin steht unter der aktuellen Berufsbezeichnung »Kindergarten-Erzieher« und konkreter: »43 Jahre Erzieher, seit 1979«. Ob er tatsächlich noch mit Kindern arbeitet oder inzwischen im Ruhestand ist, ist unklar.
Am Ende stehen wir wieder vor dem Hauptgebäude. Gaby sieht erschöpft aus. »Ich find das gut, dass der Orden hier einen Gedenkstein aufstellen will. Ich habe mir gestern die Kinder hier angeguckt und zu Marco gesagt: Keins von denen weiß, was hier passiert ist.« Sie weint. »Das wird sich ja nun ändern. Mehr kann ich auch nicht machen.« In einer Stellungnahme zu den Missständen in ihren Kinderkurheimen schreiben die Thuiner Franziskanerinnen 2022:

»Und schließlich wird neben allen, ohnehin nur noch mühsam auffindbaren Fakten über die Ereignisse in den Kinderkurheimen die entstandene Schuld nie mehr komplett beschrieben werden können – abzutragen ist sie ohnehin nicht mehr nach all den Jahren. Die einzige Hoffnung beruht darauf, dass die Opfer und ihre Angehörigen eines Tages das geschehene Unrecht verzeihen können.«[382]

6.2.
HAUS HAMBURG IN BAD SASSENDORF:
Alexandra und der Arzt

Hannover Hauptbahnhof, Herbst 2022. Alexandra, rötliche kurze Locken, Brille, fährt auf der Rolltreppe zum Gleis, hält den Griff ihres Koffers fest in der Hand. Auf dem Rücken sitzt ein blauer Rucksack. Darin steckt, wie vor 43 Jahren, ihr Teddy Brummi und ihre Verschickungskarte. Sie ist fröhlich, als sie damals die Reise nach Bad Sassendorf ins Haus Hamburg der Deutschen Angestellten Krankenkasse (DAK) antritt. Alexandra zeigt mir ein rötliches Foto von ihrem Abschied: Ein Mädchen mit Brille und rotem Pony winkt lachend aus dem Waggonfenster, während sich die Eltern im Zug spiegeln. Wie sie da heute so am Bahnsteig steht, allein, wartend und auf die Hochhäuser Hannovers blickend, sehe ich in ihr das sechsjährige Mädchen, das 1979 von diesem Bahnhof aus verschickt wird.

Ihr Zug rollt ein, Bremsen quietschen; Alexandra steigt ein. Sie setzt sich an einen Tisch, ich wähle den Platz gegenüber. »Das erste Mal wieder an diesen Ort zurückzukehren, was für ein Gefühl ist das?«, frage ich. »Ein ganz komisches Gefühl, noch mal in die Geschichte zurückzufahren: Und zu wissen, dass das, was damals passiert ist, mein Leben von Grund auf verändert hat.« Alexandra hat Tränen in den Augen, sie macht eine kleine Pause und sagt dann:

»Ich weiß jetzt, dass ich nicht mehr Opfer bin, wenn ich dahinfahre, und ich weiß, dass Millionen Kinder verschickt wurden, ich kein Einzelfall bin, was ich lange geglaubt habe. Ich möchte öffentlich machen, was damals passiert ist. Die Fahrt nach Bad Sassendorf bedeutet ein Stück Heilung für mich. Und es ist gut zu wissen, dass, wenn Trauma passiert, Trauma auch heilen kann. Heute bin ich erwachsen, heute kann ich mich der Situation stellen, damals war ich ein Kind und hatte keine Chance.«

Wir steigen in Bad Sassendorf aus und fahren zu dem Ort, wo früher Haus Hamburg stand. Das alte Gebäude ist längst abgerissen, ein neues errichtet worden. Eine Rehaklinik. Wir betreten ein kleines Waldstück und setzen uns auf eine Lichtung. Es ist angenehm warm, fast spätsommerlich an diesem Oktoberabend. Alexandra hat über viele Jahre nur noch sehr wenig von ihrer Kinderkur in Bad Sassendorf gewusst.

»Ich hatte lange nur die Erinnerung, dass ich täglich von meiner Familie Postkarten bekam. Ich war das Kind mit den meisten Postkarten. Und dann habe ich noch eine Erinnerung daran gehabt, dass es Solebäder gab, man dann in diesen furchtbaren Wannen lag und anschließend mit eiskaltem Wasser übergossen wurde. Ich kam wieder, konnte nicht richtig hören und hatte einen Sprachfehler. Ich konnte kein ›SCH‹ mehr sprechen. Damals war es nur ein ganz großes Gefühl von Einsamkeit.«

Erst 2009 im Rahmen einer Traumatherapie kamen ihre Erinnerungen langsam zurück. Daran, dass sie in Kur erkrankte und ganz allein auf einer Krankenstation lag. Dass ein Arzt das Zimmer betreten und die Sechsjährige mehrmals zum Oralsex gezwungen habe. 2011 wendet sie sich mit der Bitte um Informationen zu ihrer Kur an die DAK. Die nennt ihr erst ein falsches Haus. In ihrer Verschickungskarte findet Alexandra den richtigen Namen: Haus Hamburg. Die DAK antwortet, dass dazu keine Daten vorlägen. Ohne Anhaltspunkte zu dem Mann, ohne seinen Namen, habe ihr die Kraft für eine Anzeige gefehlt: »Weil doch Richter immer wieder auch gemeint haben: Ja, so etwas erfinden Frauen«, sagt Alexandra,

»weil ich einfach weiß, wie schwer es ist, dass einem geglaubt wird. Gerade wenn man nur Bruchstücke seiner Erinnerung wiederbekommt.« 2016 stellt sie einen Antrag auf Unterstützung durch den Fonds für sexuellen Missbrauch beim Bundesamt für Familie und zivilgesellschaftliche Aufgaben. 2018, mit dem Beitritt der DAK zu dem Fonds, wird er ohne Nachfragen bewilligt. »Was damals in der Kinderkur wirklich geschah, interessierte die DAK nicht«, sagt Alexandra.

Im Jahr 2020 hat Alexandra mir zum ersten Mal davon erzählt. In einem Forum für Verschickungskinder hat sich eine Gruppe Betroffener kennengelernt, die alle in Bad Sassendorf, viele von ihnen im Haus Hamburg, zur Kur waren. Da ich zu Kinderkurheimen recherchiere, laden sie mich in ihre WhatsApp-Gruppe ein. Hier lerne ich neben Alexandra die Verschickungskinder Petra, Bernd, Anna* und Johannes kennen, die im Haus Hamburg oder der Kinderheilanstalt in Bad Sassendorf zur Kur waren. Alexandra fordert damals, dass sich der Träger entschuldigt. »Eine Erklärung, was vielleicht in dem Heim passiert ist, oder eine Entschuldigung gab es bis dato nicht.« Auf meine erste Anfrage 2020, ob Beschwerden über Kinderkurheime vorlägen und ob die DAK bei der Aufarbeitung mithelfe, die Tausende Betroffene heute fordern, erhalte auch ich zunächst als Antwort, dass es keine versichertenbezogenen Daten in den Archiven gebe, da die Aufbewahrungsfristen längst verstrichen seien. Ein Interview wird abgelehnt. Dann leite ich Alexandras Schilderungen über den Arzt weiter. Und einen Bericht Annas*, die sich damals nur schemenhaft erinnert. Daraufhin bezieht am 20. November 2020 der Pressesprecher der DAK, Jörg Bodanowitz, doch Stellung:

»Uns sind jetzt durch Ihre Recherche Beschwerden bekannt geworden. Aber es gab nur einzelne Verschickungskinder, die sich bei uns gemeldet haben, wir sind lange Zeit davon ausgegangen, dass es sich um Einzelfälle handelt. Durch die doch relativ eindrücklichen und schockierenden Schilderungen, die Sie uns geschickt haben, und weitere Schilderungen, die wir jetzt recherchiert haben, ist uns klar geworden, wie groß die Missstände damals in diesen Einrichtungen waren, die systematischen Charakter hatten.«

Der DAK lagen vor meiner Anfrage einschließlich Alexandras bereits fünf Betroffenenberichte vor. Da das DAK-Justiziariat Alexandras Fall vertraulich behandelt habe, habe die Unternehmenskommunikation bei meiner ersten Anfrage nichts davon gewusst, heißt es von der DAK. Zu Alexandras Schilderungen sagt der Pressesprecher:

»Das, was die Betroffene erlebt hat, das ist ja unglaublich schrecklich, und das ist völlig klar, dass ein Mensch sein Leben lang unter solchen Erlebnissen leidet. Der Täter, der sich damals an ihr vergangen hat, wird ja sicherlich kein Täter gewesen sein, der das nur ein Mal gemacht hat, weil man davon ausgehen kann, dass solche Täter Wiederholungstäter sind, gerade wenn sie sich sicher fühlen. Wir sind auch darauf eingestellt, dass sich weitere Opfer dieses Arztes bei uns melden werden.«

Die DAK wolle jetzt gemeinsam mit den Betroffenen Licht ins Dunkel bringen, sagt Bodanowitz, und auch einen Ansprechpartner für Betroffene mit psychologischer Ausbildung einstellen. Alexandra erhält eine Entschuldigung im Namen der DAK-Geschäftsleitung. Und ein Gesprächsangebot. Sie ist froh über die Anerkennung und hofft auf ehrliche Aufarbeitungsabsichten. Alexandra ist sich sicher, dass nicht nur ihr das im Kurheim passiert ist. »Das System Kinderkurhaus war ›perfekt‹ für Täter.« Auch Anna* bestätigt inzwischen, dass auch sie Opfer von sexuellem Missbrauch in Haus Hamburg geworden sei.

Die DAK beauftragt nach der Berichterstattung über den Fall den Historiker Hans-Walther Schmuhl mit einer Studie. Er darf dafür Archivmaterial der DAK auswerten, zu dem auch ich Zugang erhalte. Informationen über »Missstände« enthält das Material, das ich eingesehen habe, nicht. Auch Schmuhl findet darin keine Belege für Gewalt. Er habe Betroffene interviewt, sagt er im Dezember 2022, die verbale und körperliche Gewalt und einen Fall von sexuellem Missbrauch bestätigen – er hat auch Alexandra erneut befragt. Weitere Fälle, die über das bereits Bekannte hinausgehen, nennt Schmuhl mir nicht. Der Arzt, der Alexandra und vielleicht auch Anna* sexuelle Gewalt im DAK-Kurheim Haus Hamburg in Bad Sassendorf angetan haben soll, ist inzwischen tot. Die DAK hat erst nach meiner journalistischen Konfrontation mit einer »historischen Aufarbeitung« begonnen – Alexandras Fall lag jahrelang in den Akten.

Alexandra sitzt vor mir auf der Lichtung in Bad Sassendorf, schaut in die Bäume, hinter denen früher Haus Hamburg stand. Wie wäre ihr Leben verlaufen, wenn sie als kleines Mädchen nicht zur Kur gekommen wäre? »Mein Leben wäre anders gewesen, ich kann nur die Zeit nicht mehr zurückdrehen«, sagt Alexandra und weint. »Ohne die Kur hätte ich viel mehr Vertrauen gehabt, keine Depressionen, gerade als meine Kinder ganz klein waren, da tat es wirklich weh.« Alexandra weint noch mehr, ich nehme sie in den Arm. Dann fasst sie sich wieder, säubert ihre beschlagene Brille mit einem Tuch.

Noch einmal buchstäblich in den Zug einsteigen, um das Trauma zu heilen, das erfordert Mut und Kraft. Alexandra hat das auf sich genommen und sieht sich heute nicht mehr als Opfer. Sie hat viele Jahre Therapie gemacht, ist froh und dankbar, dass sie sich an das Verbrechen erinnern konnte.

»Es hat mich viele Jahre gekostet, wieder Vertrauen ins Leben zu fassen, ich bin froh, diesen Weg gegangen zu sein, auch wenn es sehr, sehr schmerzhaft war. Natürlich gibt es immer noch Situationen – wie in Krankenhäusern oder bei männlichen Ärzten –, die schwer für mich sind. Aber ich habe durch die Traumatherapie ganz viel gelernt, um gut durchs Leben zu gehen. Ich weiß, wie ich damit umgehen kann.«

Das verletzte Kind in ihr kann sie heute beschützen. »Ich sehe eine ganz liebevolle starke Frau, die dieses Kind in den Armen hält und sehr, sehr gut auf dieses Kind aufpasst.« – »Und die es sogar schafft, hierherzukommen!«, sage ich. »Ja«, lacht Alexandra. »Wo ist gerade die kleine Alexandra?«, frage ich. »Ganz tief in meinem Herzen.«

7.
DIE GESCHICHTE DER KINDERKUR

Viele Betroffene vermuten hinter den rigiden Gesundheitskonzepten und der strengen Pädagogik in den Kinderkuren ein Erbe der Nazizeit, das sich in den Heimen über Jahrzehnte konserviert habe.[383] Auch im Journalismus, in der Politik und Wissenschaft ist diese These immer wieder zu hören. So ist etwa als Erklärung dafür, dass die Kinder in den Kuren oft so brutal und gefühllos behandelt wurden, zu lesen, dass der Strafenkatalog, den der Arzt Hans Kleinschmidt für Verschickungsheime verfasst habe, aus dem Geist des Nationalsozialismus entstanden sei.[384] Oder dass die Erzieher:innen durch Ratgeber von Johanna Haarer, einer nationalsozialistischen Pädagogin, geprägt gewesen seien.[385] Im Jahr 2020 greift *Report Mainz* die Nazihypothese auf. Laut den Recherchen des TV-Magazins wurden manche der Kinderkurheime in den 50er- und 60er-Jahren von Naziideologen und Kriegsverbrechern geleitet. Ähnliches berichtet die *Deutsche Welle* im Jahr 2020.[386] Die Zahl solcher Fälle ist jedoch nicht hoch – im Verhältnis zu den über tausend Verschickungsheimen von Trägern des gesamten weltanschaulichen Spektrums, die es in der BRD und auch der DDR gab. Marc von Miquel, der 2022 eine Untersuchung zu NRW-Verschickungskindern im Auftrag des NRW-Sozialministeriums vorgelegt hat, schreibt zu den bekannt gewordenen Einzelfällen personeller NS-Kontinuitäten:

»Die Geschichte der Erholungsfürsorge für Kinder in der Weimarer Republik und in der NS-Zeit ist bislang kaum erforscht, so dass auch über veränderte Kurziele, pädagogische Konzepte und die Rolle der NS-Ideologie kaum gesicherte Aussagen getroffen werden können.«[387]

Wie eng sind diese Verbindungen wirklich? Liegen die Ursprünge der Kinderverschickung im Nationalsozialismus? Ist die faschistische Ideologie prägend für die Jahrzehnte danach gewesen? Dazu lohnt es sich, den Blick auf die Zeit vor 1933 zu richten.

7.1 »DER ARZT ALS ERZIEHER DES KINDES«

Die Prediger:innen Schwarzer Pädagogik

»Die schwarze Pädagogik war nicht einfach plötzlich da. Genauso wenig, wie Nazis einfach plötzlich da waren«[388], schreibt Karin Bergstermann, Expertin für Säuglingspflege der vergangenen Jahrhunderte. Erziehungswissenschaft, deren Geschichte bis ins Mittelalter reicht, gewinnt im 18. und 19. Jahrhundert stetig an Bedeutung. Im Zeitalter der Aufklärung und noch viel mehr in der beginnenden Industrialisierung verändert sich die Rolle der Familien – und die der Kinder.
Den Regierungen ist es an gesunden und folgsamen Arbeiter:innen gelegen; Voraussetzung dafür sind gesunde und folgsame Kinder. Die ersten Erziehungsratgeber erscheinen. Geschrieben werden sie von Männern, häufig Ärzte oder Geistliche. Jean-Jacques Rousseau, berühmter Vertreter der Aufklärung, sperrt seinen Sohn Émile eine ganze Nacht lang in einen dunklen Raum, weil er lautstark um Licht gefleht hatte, und notiert dies

als Erziehungstipp in seinem Buch »Émile oder Über die Erziehung«.[389] Männer gelten als Erziehungsexperten, obwohl sie mit Kindern im Alltag kaum zu tun haben. Aber in der streng hierarchisch aufgebauten Gesellschaft dieser Zeit, in der studierte Männer ein hohes Ansehen genießen, können sie nicht nur ihre »Ansichten durchsetzen, sondern bestimmten auch, dass ein rationales, emotionsloses Denken einem instinktiven zärtlichen Handeln überlegen sei«.[390] Der Lehrer Tuiskon Ziller schreibt 1857, worauf es in der »Kinderzucht« ankommt:

»Ihre Kraft muß gebrochen werden, wenn sie nicht zu besiegen ist ... Der Jugend muß, wenn sie sich nicht umstimmen läßt, Zaum und Gebiß angelegt werden ... ein solches Verfahren ist am notwendigsten gerade bei den lebendigsten Naturen, die sich in allem versuchen.«[391]

Noch drastischer formuliert es ein Handbuch von 1887: »Zucht ist (...) Lebenshemmung, (...) mindestens Einschränkung der Lebenstätigkeit.«[392] Unter dem Titel »Schwarze Pädagogik« hat Katharina Rutschky – die damit den Begriff geprägt hat – 1977 rund 200 Texte aus dem 18. und 19. Jahrhundert in einem »Schwarzbuch der Pädagogik« veröffentlicht. Sie alle predigen »das Ideal eines Kindes, das keinen Mucks von sich gibt und wie im Tode erstarrt ist«[393], und empfehlen die »Vertreibung des Eigensinns«[394] und Abhärtung, um einer späteren Verweichlichung und Lebensuntauglichkeit vorzubeugen. Johann Georg Sulzer, Theologe und Philosoph, rät Erziehungsberechtigten unter der Überschrift »Übungen zur völligen Unterdrückung der Affekte« im Jahr 1748:

»Setzt auch ihren Leib, soviel es die Gesundheit erlaubt, auf die Probe, laßt sie hungern, dürsten, Hitze und Frost ausstehen, harte Arbeit verrichten; doch daß es mit guter Einwilligung des Kindes geschehe.«[395]

Das Kind soll Enthaltung lernen, zum Schweigen und Warten erzogen werden. Laut Joachim Friedrich Campe, Schriftsteller und Pädagoge, muss der Fehltritt eines Kindes immer geschlossen, von allen Angehörigen des Haushalts, durch Liebesentzug geahndet werden. Die elterliche zärtlich-beschützende, bedingungslose Liebe für ein Kind wird entwertet und »Affenliebe« genannt.[396] In seinem Buch »Wie erziehen wir unseren Sohn Benjamin? Ein Buch für deutsche Väter und Mütter«, das erstmals 1899 erscheint, kritisiert Adolf Matthias Eltern, die ihre Kinder lieben und schön finden, auch wenn diese »häßlich«, »dumm, unbegabt, faul« sind.[397] Die Erziehungsmaßnahmen gründen »auf der Annahme, dass das Kind, wenn es nicht erzogen wird, böse und entartet« ist.[398]

»Die Affenliebe (...) will dem Kinde wohl tun, aber sie wählt falsche Mittel; (...) sie hat keine ruhige, echte Widerstandskraft und läßt sich von des Kindes Widerspruch, Eigensinn, Trotz oder auch von Bitten, Schmeichelein, Tränen des jungen Tyrannen tyrannisieren. (...) ›Glücklicherweise‹, so denken jetzt Leserinnen und Leser, ›kann so etwas einem Deutschen nicht passieren. Wir Deutschen sind doch bessere Menschen; wir verstehen uns besser auf gute Erziehung. Wir kennen bei uns eine solche Affenliebe nicht.‹«[399]

Nicht nur äußeres Handeln, auch Gefühle, und Sexualität sollen unterdrückt werden, bis das Kind selbst annimmt, dass die Erziehung notwendig und gut und es seinen Eltern für diese dankbar ist. »Besonders die Gefühlskälte und die manipulativen Methoden des überlegenen Erwachsenen machen hierbei die Schwarze Pädagogik aus.«[400] Zweifel kann es nicht geben, weil die Macht der Eltern gottgegeben ist.

»Diese Form der Manipulation beschreibt eine völlige Fremdbestimmtheit, der das Kind ausgesetzt ist. Neben dem Körper sollen auch die Gefühle des Kindes kontrolliert werden. Besonders deutlich zeigt sich das im Verbot des Weinens: ›Das Weinen als natürliche Reaktion auf den Schmerz muß mit neuer Züchtigung unterdrückt werden‹.«[401]

Der Autor S. Landmann schreibt Ende des 19. Jahrhunderts »Über den Kinderfehler der Heftigkeit«. Vom Kind seien möglichst alle Einwirkungen fernzuhalten, »die mit der Erregung irgendeines Gefühls, eines wohltuenden oder schmerzlichen verbunden sind.«[402] Der Österreicher Stefan Zweig, 1881 in Wien geboren, sagt über seine Kindheit:

»Wir sollten vor allem erzogen werden, überall das Bestehende als das Vollkommene zu respektieren, die Meinung des Lehrers als unfehlbar, das Wort des Vaters als unwidersprechlich, die Einrichtungen des Staates als die absolut in alle Ewigkeit gültigen.«[403]

Auch die Vertreter:innen der Reformpädagogik, die eigentlich mehr Freiheit für die Kinder fordern, vertreten die Ansicht, Kinder hart zu bestrafen. Johann Heinrich Pestalozzi, ein verwirrter Landwirt ohne Studienabschluss, setzt bei der Erziehung seines Sohnes Hans Jakob, den er nach seinem Vorbild Rousseau benannt hatte, auf Unterdrückung: »Ich ließ ihm keine Wahl außer dieser Arbeit oder meinem Unwillen und der Strafe des Einsperrens. Erst nach dem Arrest ward er geduldig, – hernach lernte er mit Scherz und Munterkeit.«[404] Sein Sohn ist zu dem Zeitpunkt drei Jahre alt. In Pestalozzis Erziehungsanstalten, die später Vorbild exklusiver Militärschulen und der nationalsozialistischen Erziehungsanstalten werden, herrscht streng puritanische Einfachheit, Disziplin und Kontrolle, er drillt und züchtigt Kinder mit der Rute.[405]

Lange ist Pädagogik eng mit Medizin verbunden. Ärzte werden als Experten in der Säuglings- und Kleinkinderziehung anerkannt. Der Mediziner Adalbert Czerny hält zu Beginn des 20. Jahrhunderts eine Reihe Vorträge, um Ärzte, Krankenschwestern und Hebammen zu motivieren, strenge Regeln bei der Säuglingspflege und Kleinkinderziehung durchzusetzen. 1934 stellt er in seinem Buch »Der Arzt als Erzieher des Kindes«, das bis 1946 in vielen Auflagen erscheint, zufrieden fest: »Die Aufgabe ist gegenwärtig erfüllt.«[406] Ärzte sind damals davon überzeugt, dass eine geordnete Lebensführung für ein gesundes Leben notwendig ist. Nicht nur Still-, Essens- und Schlafzeiten, sondern sogar die Uhrzeiten für den Toilettenbesuch werden reglementiert. In einem »Lehrbuch der Wöchnerinnen-, Säuglings- und Kleinkinderpflege« für Pflegerinnen, Schwestern und Mütter wird 1930 empfohlen:

»Es ist – nach Möglichkeit – nicht zu dulden, daß sie (Neugeborene) Harn und Stuhl lassen, wann es ihnen paßt, sondern sie sind zu gewöhnen, diese Geschäfte zu erledigen, wann es Zeit ist, und wann die übrigen Kinder es auch tun.«[407]

Recht gibt den Ärzten der Rückgang der Säuglingssterblichkeit durch moderne Pflegeregeln und Hygienemaßnahmen. Der Druck auf die Mütter, sich genau an die Vorgaben zu halten, ist hoch. Das Kinderpflege-Lehrbuch von Arthur Keller und Walter Birk, beide Mediziner, von 1914 erklärt:

»Die ersten 24 Stunden verschläft in der Regel das neugeborene Kind vollständig; sollte es unruhig werden, so genügt in den meisten Fällen das Trockenlegen oder ein Löffel dünnen Tees, um es zu beruhigen. In den ersten 12 Stunden soll man das Kind unter keinen Umständen an die Brust der Mutter anlegen.«[408]

Die überlebenswichtige Nähe von Eltern und Kind sehen die Ärzte nicht. Stattdessen schreiben sie:

»Ist es nicht Affenliebe, wenn das Kind schon in der Wiege auf alle Weise verhätschelt und verzärtelt wird? Statt das Kind mit dem ersten Tage seines Erdendaseins an Einhaltung von Ordnung und Zeit im Genusse seiner Nahrung zu gewöhnen und so den ersten Grund zu Mäßigkeit, Geduld und – Menschenglück zu legen, läßt sich die Affenliebe leiten vom Geschrei des Säuglings. (...)«[409]

Adalbert Czerny ist ein gefeierter Kinderarzt, nach dem heute noch ein Preis für herausragende wissenschaftlich arbeitende Kinder- und Jugendärzt:innen benannt ist. Zu seinen Erziehungsratschlägen gehört:

»Kinder, die zuverlässig sauber waren, machen sich bei Tag oder bei Nacht wiederholt naß, und alle Ermahnungen und Strafen erweisen sich als wirkungslos. Der verlorengegangene Erziehungserfolg läßt sich nicht mehr auf pädagogischem Wege wieder herstellen. Hier muß der Arzt mit einer suggestiven Therapie einschreiten, um die krankhafte Willensschwäche des Kindes, denn nur um eine solche handelt es sich, zu korrigieren.«
»Wer sich nicht gleich dazu entschließen kann, ein Kind zu strafen, um es zum Gehorsam zu bringen, der wird oft dazu gezwungen, wenn er die Methode der Belohnung erschöpft hat.«
»Die Kinder werden ruhig, wenn die Ernährung richtiggestellt wird, und diesem Umstand ist es zuzuschreiben, daß es in Säuglingsanstalten viel ruhiger ist, als sich Eltern vorstellen können, deren Kinder sich unliebsam durch Schreien bei Tag und Nacht bemerkbar machen.«[410]

In den Ratgebern der Männer, die mit den Kindern im Alltag wenig zu tun haben, kommt die Beziehungsebene nicht vor, überhaupt werden zärtliche Gefühle als zerstörerisch kritisiert und ins Gegenteil verdreht. Karin Bergstermann, die viele dieser Säuglingsratgeber gelesen hat, sagt:

»Mit der entsprechenden emotionalen Distanz lassen sich eben auch leicht Tipps zu einem distanzierten Erziehungsstil geben. Ohne Bindung, ohne Unterstützung der Hormone, speziell Oxytozin, bin ich vom weinenden Baby weniger berührt. Mein innerer Drang zu helfen ist weniger ausgeprägt; vielleicht bin ich sogar eher genervt oder wütend. (…) ›Abhärtung‹ war das Zauberwort. In demselben Sinn, wie wir unser Immunsystem stärken, um Infektionskrankheiten besser abwehren zu können, sollte auch der Geist gestärkt werden, um die Unwägbarkeiten des Lebens besser aushalten zu können. Das Gegenteil davon wurde ›Verweichlichung‹ oder ›Verzärtelung‹ genannt.«[411]

Erziehung zur Schönheit: die grausame Kallipädie

Ein Mann hat laut Katharina Rutschky und Alice Miller, die die Geschichte der »Schwarzen Pädagogik« untersucht haben,[412] die damaligen Erziehungskonzepte geprägt: Daniel Gottlob Moritz Schreber, ein besonders populärer Pädagoge des 19. Jahrhunderts, der eigentlich Orthopäde ist. Er ist heute als einer der grausamsten Erzieher bekannt und hatte lange besonders großen Einfluss auf Familien und Erzieher:innen. Auf seine Thesen zur Förderung des »Schönheits-, Thätigkeits-, Ordnungssinnes« setzen später auch Friedrich Fröbel und Johann Heinrich Pestalozzi, dic dem Spiel erzieherische Funktion beimessen, um Kinder früh an Arbeit zu gewöhnen.[413] Um 1850 betreibt er in Leipzig eine der ersten Kinderheilstätten gegen Haltungsschäden: Seine »Kallipädie« oder »Erziehung zur Schönheit«, wie sein pädagogisches Konzept heißt, geht davon aus, dass man Kinder züchten kann wie Pflanzen. Er rät Eltern, in der Kindererziehung – so wie bei der Pflanzenkultivierung – nur ja nicht »der Natürlichkeit den freien Lauf (zu) lassen«.[414] Schreber glaubt an bestimmte Keime im Kind: die edlen, die Gesundheit und Schönheit hervorbringen, und die unedlen, die Entartung und den Keim des Todes in sich tragen.[415] Falsch sei grundsätzlich, dass die Mutter in den ersten Jahren die Haupterziehung übernähme. Männer hätten sehr viel mehr Lebenserfahrung und Menschenkenntnis, weil sie außen beschäftigt und deshalb fähiger seien, einen »richtigen, auf vernünftigen Grundsätzen basierten Erziehungsplan zu entwerfen«.[416]

Das erste Babyjahr besteht laut Schreber für den Säugling bestenfalls daraus, vollkommen allein auf dem Rücken zu liegen und keinen Ton von sich zu geben, kalt zu baden und bei Luftkuren am offenen Fenster ohne Mütze oder Halstuch abzuhärten. Er verbietet den Müttern nahezu jeden körperlichen Kontakt mit ihrem Baby, weil sich der Körper des Kindes durch das Tragen verbiegen könne.[417] Ein exakter Stillrhythmus sei Pflicht, weil neue Nahrung immer erst auf das Ausscheiden der alten folgen dürfe. Sonst käme die Darmtätigkeit durcheinander und es entstehe eine »unnütze Sauggier«, glaubt Schreber.

Haben sich die Eltern vergewissert, dass keine Verunreinigung oder irgendein Druck vorliege, dann sollen sie sich laut Schreber nicht durch Schreien zum Stillen innerhalb der gesetzten Minimalpause verleiten lassen, »sondern man lasse dann ruhig das Kind seine sich äussern wollende Lebenskraft im Schreien austummeln.«[418]

Wenn sich der Eigensinn des Babys bereits durch »grundloses Schreien« zeige, sollen Eltern in letzter Konsequenz zuschlagen:

»Eine solche Procedur ist nur ein- oder höchstens zweimal nöthig und – man ist Herr des Kindes für immer. Von nun an genügt ein Blick, ein Wort, eine einzige drohende Geberde, um das Kind zu regieren.«[419]

Sind die Kinder etwas älter, Klein- und Schulkinder, dann schafft ein straffes Tagesprogramm ohne Raum für Müßiggang und Zeit für sich alle Voraussetzungen für ein gesundes Kinderleben – behauptet Schreber. Das unterdrücke den unedlen geschlechtlichen Trieb der Kinder gleich mit.[420]

»Bei sittenstrenger und körperlich geregelter, namentlich aller Schlaffheit und Weichlichkeit entgegenwirkender Erziehung, wird übrigens nicht leicht Etwas der Art zu befürchten sein.«[421]

In dieser Zeit wird die »Turnerey« populär. Der berühmte »Turnvater« Jahn treibt die Menschen zu Leibesübungen und Körperertüchtigung an. Seitdem gilt Sport als Teil eines erzieherischen Komplettprogramms.[422] Auch Moritz Schreber befürwortet, dass Vier- bis Siebenjährige drei- bis viermal die Woche Gymnastik unter straffer Muskelanspannung treiben.[423] Daneben gehören für ihn Luft- und Liegekuren sowie Abhärtung zum Tagesprogramm, Wanderungen sind Pflichtsport:

»So ist es von gesunden und kräftigen 7–8jährigen Kindern, selbst Mädchen, nicht zu viel verlangt, auf Fussreisen täglich 6–8 Stunden durch zu wandern. (...) nach Überwindung der ersten Müdigkeit (...), kommt erst die ausdauernde Kraft recht in Zug.«[424]

Beim gesundheitsförderlichen Luftgenuss liegen die Kinder bestenfalls in sonnigen Räumen, die hätten die reinste Luft.[425] Schreber schreibt einen genauen Ernährungsplan und feste Zeitpunkte für die Nahrungsaufnahme vor. Essensverweigerung duldet er nicht: »Man gebe nur beim ersten Auftauchen solcher Grillen niemals nach, gebe dem Kind nicht eher einen Bissen anderer Nahrung, als bis die verweigerte vollständig genossen ist.«[426] Abhärtung ist sein Zauberwort. Selbst verschnupfte Kinder gehören kalten und trockenen Nordostwinden ausgesetzt. Allerdings sollen sie die »Wärterinnen« davon abhalten, zu lachen oder zu schreien, um ihre »Athmungsorgane nicht zu sehr zu erregen«.[427] Von Baden vor dem dritten Lebensjahr rät er ab, empfiehlt stattdessen kalte »Totalabreibungen«.[428] Bei mindestens 14 Grad Raumtemperatur wird das Kind in eine Wanne gestellt, deren Boden mit kaltem Wasser bedeckt ist und eine Minute lang mit dem immer wieder eingetauchten Leinentuch abgerieben. Und Kinder sollten sich an das vollständige Untertauchen mit dem Kopf gewöhnen, »jedesmal beim Anfange des Bades«.[429]

Auf das Nasen- und Ohrenwachstum könnten Erzieher:innen Einfluss nehmen, glaubt Schreber. »Entstellende« abstehende Ohren sollen sie mit Heftpflasterstreifen oder einem Tuch am Kopf fixieren und damit in die richtige Richtung zwingen. Heilmittel gegen die sogenannte »Stumpfnase« mit einer nach oben zeigenden Nasenspitze, sei zwei- bis dreimal tägliches zartes Herunterdrücken mit dem Finger.[430] Um zu einer schönen Pflanze heranzuwachsen, müssen sich Kinder gerade halten, beim Gehen, Sitzen und Liegen. Schultern fallen lassen und den Rücken krümmen münde in einen Schönheitsfehler, der Ausdruck für Schlaffheit, Dummheit und Feigheit sei.[431] Sie dürfen nur auf dem Rücken schlafen, werden immer wieder geweckt, wenn sie sich drehen.[432]

Seine Kinderheilstätte in Leipzig ist auf Haltungsschäden spezialisiert. Hat eine strenge Erziehung Fehlbildungen nicht verhindern können, therapiert sie Schreber mit Körperformungsapparaturen. Testpersonen aller seiner Prototypen sind seine eigenen Kinder. Darunter ist das »Schulterband«, ein Lederriemen, der um Schultern und Rücken gebunden wird und die Schultern nach hinten zieht.[433] Auch der »Kopfhalter«, der mit einer Haarklemme am Hinterkopf befestigt wird, sei ein probates »Erinnerungsmittel«, um die straffe Kopfhaltung beizubehalten.[434] Gegen Überbiss entwickelt er ein »Kinnband«. Die Lederriemen-Konstruktion wird über den ganzen Kopf gezogen und um den Kiefer gespannt und zieht Ober- oder Unterkiefer in die gewollte Richtung.[435] Um Kinder in der Schule und daheim ins Geradesitzen am Tisch zu zwingen, erfindet Schreber den »Geradhalter«, eine Vorrichtung aus Eisen, die am Tisch klemmt und gegen das Schlüsselbein drückt.[436] Wenn das Kind – trotz ständigen Weckens – eine von der Rückenlage abweichende Schlafposition einnimmt, dann ist es auf dem Rücken liegend am Bett festzuschnallen mit zwei ringförmigen Schulterriemen mit Armringen, die über der Brust zusammengehalten am Bett befestigt werden.[437] So »wird jedes Umwälzen nach der Seite verhütet«.[438] Bis das Hauptwachstum des Körpers abgeschlossen ist, empfiehlt Schreber, müssten unruhige Kinder jede Nacht festgeschnallt werden.[439]

Absolute Konsequenz und unbedingter Gehorsam sind die Säulen seiner Erziehung, die ab dem ersten Lebensjahr unbeirrbar und mir aller Härte durchgesetzt werden müsse. Je fügsamer ein Kind sei, umso besser überstehe es Krankheiten, behauptet Schreber. Seine Tochter dient als Vorbild. Sie sei an unbedingten Gehorsam gewöhnt. Eine schwere Krankheit, die sie erlitt, hätte sie ohne die anerzogene »ruhige Fügsamkeit« nicht überlebt.[440] Körperliche Züchtigung zieht er als Bestrafung der Entziehung von geliebten Vergnügungen vor, weil Letzteres Bitterkeit auslösen könne. Das Kind soll nach der

Züchtigung dem Strafvollzieher die Hand reichen. »Von da an sei alles vergessen.« Das Kind verstehe so, dass es selbst dem Strafvollzieher gegenüber noch etwas gut zu machen habe[441], »wenn auch vielleicht ein Wort oder ein Schlag mehr als nötig gefallen sein sollte«.[442] Er fragt: »Soll den Wärterinnen«, damit meint er Erzieher:innen, »ein direktes Strafrecht auch nöthigenfalls das der körperlichen Züchtigung, zuerkannt werden?« Die Frage ist ganz im Interesse der Kinder selbst offenbar nur zu bejahen.[443]

Wut, Ekel, Traurigkeit, Angst sind Gefühle, die Kindern auszutreiben sind, sie sollen stets ein fröhliches Wesen zeigen.[444]

> »Steigt aus des Kindes Seele ein Wölkchen in die Höhe, so scheucht es schnell hinweg durch Eure Heiterkeit. (…) Es bildet das Fundament der Stimmung für's ganze Leben, dass das Kind jede grundlose Uebellaunigkeit, trübe oder gar schmollende Stimmung als etwas durchaus Verbotenes betrachtet.«[445]

Für die ganzen Selbstüberwindungen in der Erziehung, verspricht Schreber, werden die Eltern zwischen dem achten und sechzehnten Lebenjahr belohnt, »mit süssesten Freuden«. Wenn die Erziehung jedoch misslungen ist, hat man es mit »verzogenen, falsch gearteten« Wesen zu tun.[446]

Drei seiner fünf Kinder erkranken psychisch sehr schwer: Eine Tochter erstarrt immer mehr, einer seiner Söhne verbringt lange Zeit in einer Klinik für psychische Krankheiten, leidet an Paranoia, der andere nimmt sich durch einen Kopfschuss das Leben.[447]

Der Psychotherapeut Arnold Retzer sagt: Wer sich nicht erlaube, wütend und traurig zu sein, wer als Kind sehe, dass von ihm ständig Heiterkeit verlangt werde, obwohl es ihm nicht gut gehe, und diese Gefühle negativ bewertet würden, entwickele neben der Frustration und des eigenen Unglücks auf Dauer große Schuldgefühle – und die seien Wasser auf die Mühlen der Depression.[448]

Nach einem Unfall 1851 in der Turnhalle seiner eigenen Kinderheilstätte flammt Moritz Schrebers Nervenleiden wieder auf. Ihn plagen Depressionen und Wahnvorstellungen. In dieser Zeit schreibt er »mit eisernem Willen« an der »Kallipädie«. 1861, mit nur 53 Jahren, kurz nach der Publikation des Buches, verstirbt er, psychisch krank, an einer banalen Blinddarmentzündung.[449] Aber sein pädagogisches Erbe, – Luftkuren, Gymnastik, Zwangsernährung, kalte Abreibungen, Drill – lebt in den Kinderheilstätten weiter. Schreber steht mit seinen Aussagen damals nicht allein, aber er bringt es mit mehreren seiner medizinischen und pädagogischen Schriften[450] für das Erziehungs- und Bildungswesen[451] in Deutschland und anderen Ländern zu großer Popularität. Seine Erziehungskonzepte werden in mehrere Sprachen übersetzt.[452] Auch noch in den 1920er-Jahren greifen Verfasser der pädagogischen Kinderkurkonzepte seine Theorie von den edlen und unedlen Keimen auf.[453] Nach seinem Tod wird er nicht nur Namensgeber der Schrebergärten, sondern etlicher Vereine für Kindererholungen.[454]

Das »Kerkernetz«: die Entstehung des Anstaltswesens

Mit dem Aufkommen des Kapitalismus im 19. Jahrhundert entsteht die soziale Frage. Das Leben in den Elendsquartieren der Arbeiterfamilien ist geprägt von Hunger und harter Arbeit, viele Kinder werden Opfer sexueller Übergriffe oder müssen sich prostituieren.[455] Aber neben solchen »verkümmerten Kinderexistenzen«, schreibt die Wienerin Bertha Pappenheim 1897,

»begegnet man in der kinderreichen Arbeiterklasse meist Kindern, die wenn sie gesund und satt sind auch wirklich fröhliche, glückliche, unbefangene, meist ungezogene, aber auch unverzogene Kinder sind. Das Hauptmerkmal ihrer Kindlichkeit und ihres Glückes ist, daß sie spielen (…) mit Schnee und Regen und Wind.«[456]

Heinz-Elmar Tenorth, emeritierter Professor für historische Erziehungswissenschaft, findet solche Darstellungen proletarischer Kindheit verklärend:

»Die Freiheit, das wird ein bisschen idealisiert, ist tiefste Armut und eine Lebensform, die familiär häufig keine eigenen Räume kennt, für die Kinder. Auf der Straße spielt jemand, der keinen Platz in der Familie hat und der kein eigenes Zimmer hat. Wenn ich mit der ganzen Familie, von acht Personen, in zwei knappen Räumen wohne, und geschlafen wird in Schichten. Da bleibt nur die Straße. Das ist nicht nur Freiheit, sondern auch Not.«[457]

Durch die Industrialisierung, die Trennung von Haus und Arbeit, entstehen Betreuungsnotstände, weil viele Frauen gezwungen sind, mitzuarbeiten.[458] Ab dem 19. Jahrhundert wachsen Institutionen zur Kleinkinderbetreuung rasant an, die häufig in konfessioneller Trägerschaft sind und von Diakonissen oder Nonnen geführt werden. Sie heißen »Kleinkinderschule und Kleinkinderbewahranstalt, (…) Kinderasyl oder Bewahrsschule«.[459] Eine »Kleinkinderbewahranstalt« ist ein karges Massenlager. Die Unterbringung von 50 und mehr Kindern in einem Raum ist üblich, über ihnen thront eine Erzieherin an einem Tisch, »ein paar Puppen und Bauklötze, Bälle, Bilderbücher und Musikinstrumente«.[460] Ziel der Geistlichen, die dort arbeiten, ist es, die Kinder zu frommen Gemeinde-

mitgliedern heranzuziehen, ihnen Schwören und Lügen, Respektlosigkeit den Eltern gegenüber, Faulheit und Unsauberkeit abzutrainieren.[461]
Die strengen Kleinkinderbewahranstalten und die Schulen sind laut Heinz-Elmar Tenorth nicht nur Orte der Repression, sondern auch ein Schutzraum für Arbeiterkinder:

»Die gehen gerne in die Schule um 1900, weil es da warm ist, weil man da behütet ist, weil man da im Kreise von Gleichgesinnten lernen kann und nicht in der kalten Bude sitzen muss und allein ist oder sich auf der Straße rumtreiben muss. Und man lernt was und sieht, dass man sein Leben relativ einfach und gut selbst gestalten kann. Man studiert nicht gleich, aber man macht in kollektiven Organisationen Erfahrungen, die zur eigenen Befreiung dienen und viele dieser Kinder, die darüber gern schreiben, die haben da gelernt, was Sozialismus ist.«

Parallel zur Entstehung des Wohlfahrtsstaats, mit Bismarcks Sozialreformen, der Rentenversicherung, Krankenversicherung und Unfallversicherung für die Arbeiter:innen, die sie, weil das Hilfssystem der Großfamilie zunehmend überkommen ist, vor Risiken durch Invalidität oder Arbeitslosigkeit schützen sollen[462], bildet sich im 19. Jahrhundert ein System der Fürsorge und Vereinsmildtätigkeit heraus, auch der Wohlfahrtsverbände. Im Zuge dessen entstehen immer mehr Anstalten, deren Aufbau der Staat massiv fördert. Die neu erfundenen Psychiatrien, Krankenhäuser, Erziehungs- oder Arbeitsanstalten sollen einerseits die katastrophalen Zustände für die verarmte Arbeiterschicht in den Städten verbessern, andererseits Landstreicherei und Kriminalität vorbeugen, zur Arbeit erziehen und die Arbeitsfähigkeit der Bevölkerung sichern. Statt der früheren Gewaltausübung herrscht der moderne Staat mit »Pastoralmacht«, urteilt der Philosoph Michel

Foucault. Als Hirte zeige er sich fürsorglich für seine Herde, aber auch für jedes einzelne Schaf:

»Der Hüter der Herde wacht einerseits darüber, dass sie nicht angegriffen wird. Andererseits ruft er diejenigen Schafe zur Ordnung, die aus der Reihe tanzen. (...) die Pastoralmacht meint es gut mit den Schäfchen, sie will nur das Beste für sie.[463]

Die neue Gewaltausübung zeige sich durch die Verankerung des methodischen Forschens an mehreren Orten, mit Zustimmung breiter Bevölkerungsmassen, schreibt Foucault.[464] Krankenhäuser, in denen im Mittelalter Menschen auf den Tod warten oder für Heilung beten, werden Orte der Medizin und der Forschung, wo »Ärzte nicht die Erkrankten, sondern die Krankheiten gleichzeitig studierten und behandelten«. Eine Rede zur Eröffnung des Bamberger Krankenhauses im Jahr 1789 trägt den Titel: »Von den Vortheilen der Krankenhäuser für den Staat« – und nicht etwa für die Patienten. Warum? »Weil sie die beste Schule für Aerzte« seien.[465]
Immer mehr Kinderkrankenhäuser entstehen, um die Eltern zu entlasten und die Arbeitsfähigkeit sicherzustellen. Als der bayerische König Maximilian II. im Jahr 1853 die Bevölkerung dazu aufruft, freiwillig Armenpflege zu leisten und dafür Vereine zu gründen, findet das breiten Widerhall. In Fürth entsteht der überkonfessionelle St. Johannis-Zweigverein, der sich schon sehr bald auf die Pflege von Kindern spezialisiert. »Ziel und Zweck des Vereines« ist es, »zu vermeiden, daß die Kinder arbeitender und kranker Mütter gesundheitlich und moralisch verwahrlosten«.[466] Im Jahr 1856 eröffnet der Verein die erste Kleinkinder-Krippenanstalt[467] in einem Privathaus, wo später bis zu 90 Waisenkinder oder Kinder von erkrankten Müttern tagsüber, manche auch nachts bleiben. Viele werden dort krank. »Die exponentielle Zunahme von

kranken Kindern in der Krippe führt alsbald zu dem Bau eines Kinderspitals in der Nachbarschaft.«[468] Das Spital nimmt diese Kinder zur Isolation und Behandlung auf, auch Kinder von außerhalb, damit sich die Geschwister nicht anstecken und die Familie vor der »oft belastenden Pflege« bewahrt wird und die Eltern weiterarbeiten können. Während einer schweren Diphterieepidemie im Winter 1889 und 1890 wird die Klinik bis an ihre Leistungsgrenze in Anspruch genommen:

»Von 39 mit Diphterie aufgenommenen Kindern überlebten diese Zeit lediglich 17 Kinder. 22 Kinder starben während des Aufenthaltes, was allerdings die Akzeptanz des Spitals in der Bevölkerung nicht schmälerte.«[469]

Der Philosoph Michel Foucault, geboren in den 1920er-Jahren als Sohn einer »kaltherzigen Arztfamilie«, wird unter anderem bekannt als Kritiker staatlicher Disziplinarinstitutionen, wie er Kranken-, Waisenhäuser oder Gefängnisse nennt. Ihr Ziel ist es ihm zufolge, einen gesunden, angepassten, ruhigen, gehorsamen Menschen zu bilden, der innerhalb der Anforderungen der Gesellschaft funktioniert.[470] Die Medizin orientiert sich laut Foucault ab dem 19. Jahrhundert immer mehr an der »Normalität als an der Gesundheit«.[471] Die Architektur von Fabriken, Baracken, Krankenhäusern oder Schulen ähnele Gefängnissen, wirke auf die Menschen ein, mache ihr Verhalten beeinflussbar und setze sie einer Erkenntnis aus, die sie verändere und einer Norm angleiche.[472]
Fürsorgeerziehung nennt das deutsche Recht eine besondere Art der Zwangserziehung, durch die der Staat straffällige Kinder und Jugendliche von ihren Eltern trennen darf. Mit einer Gesetzesreform 1900 darf der Staat Kinder und Jugendliche zwangserziehen, die vorher keine Straftat verübt haben.[473]

Insbesondere Arbeiterkinder und Kinder alleinerziehender Mütter werden aus den Familien genommen.[474]

»Nicht einmal ein Viertel aller ledigen Mütter im deutschen Kaiserreich durfte Mutter sein. Entweder wurde ihnen das Kind gleich nach der Geburt weggenommen, da sie ja ›unmoralisch‹ gelebt hatten, oder ihre ohnehin belasteten Lebensbedingungen wurde(n) (sic!) derart beschwert, dass sie ›freiwillig‹ auf das Baby verzichteten. In den Großstädten, wohin die jungen Frauen im Prozess der Industrialisierung gespült wurden, gab es die meisten unehelichen Geburten.«[475]

Die Auswahl der Kinder treffen die Fürsorgerinnen der Jugendämter. Sie kommen in die Familien, Schulen und Betriebe und überwachen Gesundheit und Wohlerzogenheit der Kinder und Jugendlichen.

»Zielsetzung war, die Ursachen für den schlechten Gesundheitszustand und die mangelhafte Ernährung der Schulkinder zu bekämpfen und – verbunden mit methodisch durchdachten Projekten der Familienfürsorge – letztendlich die wirtschaftliche Selbständigkeit und die ›Erziehungsfähigkeit‹ der betreuten Familien zu stärken.«[476]

Im Landesarchiv von Schleswig-Holstein liegen Berichte von Fürsorgerinnen aus dem frühen 20. Jahrhundert. Als Gründe für einen Antrag auf eine Zwangserziehungsmaßnahme reichen neben »drohender Verwahrlosung wegen Gefährdung des geistigen leiblichen Wohles des Minderjährigen«, mangelnder Hygiene und Sauberkeit im Elternhaus, Trunksucht oder Bettelei auch schon, wenn der oder die Minderjährige einfach nicht »genügend zum Besuche der Kirche, Schule oder zur Erfüllung der ihm sonst obliegenden Pflichten angehalten« wurde.[477] Viele Eltern misstrauen Fürsorgerinnen wie dieser, die im Juni 1918 hauptsächlich in Quern und Sterup in Schleswig-Holstein tätig ist. Sie schreibt in ihrem Monatsbericht:

»Den Säuglingen geht es im Allgemeinen gut; ein paar sind da, welche an Rachitis leiden, sogar ein Kind, welches durch diese Krankheit eine Rückenverkrümmung bekommen hat. Ich hatte es der Mutter schon in den vorigen Besuchen gesagt; sie hielt es aber nicht für nötig, daß ihr Kind Lebertran bekam. Sie war eine von den Frauen, welche sehr mißtrauisch war. Nun ist ihr Kind in ärztlicher Behandlung.«[478]

Auch sogenannte Schulschwestern kontrollieren in der Weimarer Republik die gesundheitlichen Verhältnisse der Kinder und stellen die Überwachung durch die Ärzte sicher. Vorgaben für Schulschwestern in Berlin Charlottenburg lesen sich so:

»1. Wenn Eltern trotz Mahnung die Ratschläge des Schularztes betreffs ärztlicher Behandlung ihrer Kinder nicht befolgen, so hat die Schulschwester sich auf Anordnung des Rektors in die Wohnung der Eltern zu begeben und zu versuchen, durch persönliche Einwirkung die Eltern zur Befolgung der schulärztlichen Ratschläge zu veranlassen: (...)
Sie hat dann das Kind dem von den Eltern bestimmten Arzt zuzuführen und nach erfolgter Untersuchung wieder nach Hause zu begleiten und den Eltern die Verordnungen des Arztes mitzuteilen. (...) Nimmt die Schwester bei ihren Besuchen Mißstände in bezug auf Körperpflege, Ernährung, Schlaf oder Kleidung wahr, so hat sie die Eltern aufzuklären, ihnen Ratschläge über zweckmäßige Ernährung zu erteilen und auf die Wichtigkeit des Waschens und Badens, sowie reiner Luft in Wohnungen und Schlafräumen für die Gesundheit hinzuweisen.«[479]

Wo die Fürsorgerinnen eine gesundheitsförderliche Erziehung nicht feststellen können, beantragen sie Zwangserziehungsmaßnahmen. Das Personal zur Betreuung dieser »bedürftigen« Kinder verschreibt sich der sogenannten »Rettungshauspädagogik«, die davon ausgeht, dass das »verwahrloste Kind« erziehungsbedürftig ist. Die Kinder sollen aus ihrem »verderbten« Milieu herausgeholt werden und in einem familienanalogen neuen Zuhause zu nützlichen Mitgliedern der Gesellschaft herangezogen werden.[480] Heinz-Elmar Tenorth sieht die »Rettungshäuser« zwar nicht nur als »terroristische Anstalten«, sondern auch als Zufluchtsort: »Aber es ist immer Kasernierung, immer Einschluss in ein Haus, und es ist immer auch rigide Kontrolle.«[481]

Die Rettungshäuser sollen Folgen von Armut mit »strukturierenden, gezielte(n) Erziehungsmaßnahmen« korrigieren.[482] Von wenigen Ausnahmen abgesehen, ist die Lage der »Pflegekinder« katastrophal. Die meisten von ihnen werden in Anstalten untergebracht, die in privater Hand liegen und gewerblich betrieben werden. Die Anstaltserziehung basiert oft auf strengen Regeln.

»Mangelhafte hygienische Verhältnisse, Unterernährung und räumliche Enge führten während der ersten Lebenstage und -wochen zu außergewöhnlich hohen Sterbeziffern. Die älteren Pflegekinder sahen sich zudem einer frühen und extensiven Ausbeutung ihres Arbeitsvermögens ausgesetzt.«[483]

Verhalten, das mit Armut einhergeht, wie »Bettelei, Landstreicherei, Obdachlosigkeit, Prostitution, Müßiggang oder Arbeitsscheu« wird schon früh kriminalisiert[484]: Im preußischen Strafgesetzbuch von 1851 wird Betteln und Landstreichen mit Haftstrafe bewehrt.[485] In dieser Zeit entstehen die ersten Arbeitshäuser, Zwangs- und Armenarbeitsanstalten. Dort sitzen Bettler, Waisenkinder oder geistig Behinderte zusammen ein, um durch »Arbeitserziehung« wieder in wirtschaftlich verwendbare Untertanen transformiert zu werden. Die Verfolgung einiger Tausend ›Arbeitsscheuer‹ sollte Millionen Menschen als warnendes Beispiel dienen.[486] Die Unterbringungsdauer in den Arbeitshäusern regelt die innere Verwaltung.[487] Wolfgang Ayass von der Universität Kassel sieht im Arbeitshaus vier Entwicklungsstränge zusammenfließen:

»(...) die lange Tradition der Hospitäler als Institutionen stationärer Armenpflege; der Arbeitserziehungsgedanke, der die Armenfürsorge immer mehr dominierte; die beginnende Ablösung von Todes- und Körperstrafen durch die moderne Freiheitsstrafe als Mittel des Strafvollzugs; schließlich das neu entstehende Interesse an Nutzung verfügbarer Arbeitskräfte im Dienste merkantilistischer Wirtschaftsförderung.«[488]

In so einem Arbeitshaus in Stenderup lebt 1911 der zwölfjährige Otto, der von seiner alleinerziehenden Mutter getrennt worden war. Die Fürsorgerin hat vermerkt, dass die Mutter den Jungen nie misshandelt oder das »Züchtigungsrecht« überschritten habe. Aber die Mutter sei nicht imstande, ihn »ordentlich« zu erziehen. Der Junge lebte laut den Unterlagen seit Mitte Februar 1911 in einer Anstalt, die abwechselnd Armenhaus oder Arbeitshaus genannt und von einem Landwirt und seiner Frau betrieben wird. Otto bedroht die Frau mit einem Stuhl, als sie ihn züchtigen will, stiehlt wiederholt. Die Zuchtmittel aller bisher eingeschalteten Erzieher, Eltern oder Lehrer seien erschöpft, schreibt die Fürsorgerin und beantragt Unterbringung zur »Fürsorgeerziehung«.[489] Der Landrat schreibt:

»Dieser (Otto) ist vor seiner Aufnahme in das Arbeitshaus verwahrlost worden, seit er aber hier Aufnahme gefunden hat, steht er unter der strengen Zucht seines Pflegevaters Gabriel und es steht zu erwarten, daß Anstaltszucht und Schulzucht ihn vor weiteren Fehltritten bewahren und bessern werden. (…) Nach dem Zeugnis des Lehrers vom 8. Mai 1911 hat eine strenge Strafe und das Hand in Hand arbeiten des Lehrers und der Pflegeeltern bewirkt, daß der Knabe sich im Fleiß und in der Reinlichkeit gebessert hat. Im Betragen hat er sich in der Schule nichts zu schulden kommen lassen.«

Der Beschluss zur weiteren Arbeitshausunterbringung wird ohne Einbezug seiner Familie getroffen: »Die Mutter und der Vormund sind nicht gehört, weil von ihrer Vernehmung ein sachdienliches Resultat nicht zu erwarten war.«[490]
Der Philosoph Michel Foucault nennt die Anstalten – Psychatrien, Waisen-, Kranken- oder Arbeitshäuser – das große »Kerkernetz«[491], das nach folgenden Imperativen ausgerichtet sei:[492]

»Der Gesundheitsimperativ schreibt vor, kräftige Körper heran zu züchten; der Qualifikationszwang gebietet die Herstellung fähiger Offiziere; der politische Imperativ verlangt die Ausbildung fügsamer Militärs; der moralische Imperativ will die Verhütung von Ausschweifung und Homosexualität (…) Das Normale etabliert sich als Zwangsprinzip.«[493]

Während der Industrialisierung Europas, in der Blütezeit des Anstaltswesens und der staatlichen Erziehung, im Zeitalter der aufkommenden Sozialhygiene, eines neuen medizinischen Leitbildes, das auf Prävention, Gesundheitsfürsorge und die Besserung der Gesundheitslage in der Arbeiterschaft zielt,[494] entstehen in Deutschland, Österreich und der Schweiz die Kinderkurheime.

7.2
»SCHULE FÜR GESUNDE LEBENSHALTUNG«:
Die Geburt der Kinderkuren

Mit der Industrialisierung und wachsendem Elend in den Städten, der beengten Lebenssituation und harter, monotoner Arbeit[495] verbreiten sich im 18. Jahrhundert in Europas Städten nicht nur Armut, sondern auch neuartige Infektionskrankheiten wie Tuberkulose und »Skrofulose«.[496] Letztere ist besonders verbreitet unter Stadtkindern, verursacht Entzündungen an Haut und Schleimhäuten, Katarrhe der Augen, der Nase, des Rachens, der Bronchien und des Darms. Der englische Arzt Richard Russel stellt Mitte des 18. Jahrhunderts fest, dass Fischerfamilien fast nie daran erkranken. Nachdem er im Jahr 1750 eine Abhandlung über die heilende Wirkung von Meerwasser veröffentlicht hatte, entstehen in England die ersten Kinderheilstätten an der See in Brighton und Margate. 1779 öffnet auf Norderney das erste Nordseebad Deutschlands.[497] 1793 folgt ein Seebad in Heiligendamm, das ein Großherzog auf Anraten eines Arztes gegründet hatte und es jedes Jahr mit seinem Hofstaat besucht.[498] Italien und Frankreich richten ab dem 19. Jahrhundert erste Kinderseehospize und Kinderheilanstalten ein.[499] Konkurrenz erhalten die Seehospize ab 1803 durch Solebadeanstalten in Magdeburg. Mit der salzhaltigen Luft am Gradierwerk erzielt man laut Chronisten so gute Erfolge, dass Ärzte um ihre Seebäder fürchten.[500]

Angesichts verpesteter Städte werden »Luftkuren« immer mehr als Heilmittel verschrieben. Auch gegen Tuberkulose seien sie wirksam. Das behauptet der Arzt Hermann Brehmer 1856 in seiner Dissertation. Die Meinung teilt auch der deutschstämmige Schweizer Arzt Alexander Spengler, der 1860 die ersten Kurgäste in seiner Davoser Pension zur Luftkur im Freien empfängt und bald seine eigene Kuranstalt eröffnet, die Gäste aus ganz Europa, auch Prominente, anlockt.[501] Karl Turban erfindet 30 Jahre später in seiner Tuberkuloseheilstätte eine Kombinationstherapie von Liege- und Höhenluftkur. Turban, der »Tuberkulose-Tyrann«,[502] wie man ihn nennt, legt sich häufig selbst in die Liegehalle, um Zweifel der Patient:innen zu zerstreuen. Absolute Ruhe ist das Credo: Niemand traut sich, auch nur mit der Zeitung zu rascheln oder sich zu unterhalten.[503] Das Bergdorf Davos entwickelt sich innerhalb weniger Jahre zu einem florierenden Kurort. Die Luxussanatorien richten sich an eine zahlungskräftige internationale Kundschaft, die stundenlang im Freien liegt und reichhaltig speist.[504] Tuberkuloseheilstätten in Arosa, Leysin und Crans-Montana werben mit ihrem angeblich heilsamen Höhenklima.

»Der Gaswechsel wird gesteigert, die Brust weitet sich, der gesamte Stoffwechsel wird angeregt, die Zahl der roten Blutkörperchen vermehrt sich innerhalb weniger Wochen, die Haut wird besser durchblutet, das Kältegefühl schwindet, und jeder spürt: hier kann ich mich kräftigen, hier muss ich gesunden.«[505]

Während die Meeresluft gesundheitsfördernd für die Atemwege sei und das Hochgebirge als tuberkuloselindernd gilt, versprechen zunehmend auch Kurkliniken im Mittelgebirge eine heilende Wirkung durch ein reizarmes, mildes Sommerklima und Luftreinheit. In der Folge entstehen auch hier immer mehr Heilbäder. Auch nur der Klimawechsel an sich gilt bald als erholungsfördernd: je stärker der Wechsel, umso höher die Wirkung. Orte ohne bekanntermaßen heilsames Klima bieten Solebäder und orthopädische Kuren an,[506] werben mit Gymnastikangeboten gegen Fehlhaltungen, die als weiterer Zweig der »Zivilisationsschäden« gelten.[507]

Laut dem Journalisten Christian Schürer hat es jedoch valide wissenschaftliche Studien zur Wirksamkeit von Klimakuren gegen Tuberkulose nie gegeben. Doch weil um 1900 an Tuberkulose so viele Menschen sterben wie an keiner Krankheit sonst und es an Medikamenten gegen die Krankheit fehlt, werden die Heilanstalten zum einzigen Hoffnungsschimmer.[508] Schürer vertritt in seiner Doktorarbeit von 2017 die These, dass die Schweizer Alpen »nicht wegen eines der Natur innewohnenden Heilfaktors zu berühmten Kurorten wurden, sondern weil sie sich clever als Orte der Gesundheit vermarkteten«.[509] Ein Kurgast erzählt in Thomas Manns »Zauberberg«, dass der Leiter des fiktiven Sanatoriums »Berghof« anlässlich geringer Gästezahlen im Sommer die Lehre aufgestellt habe, dass

> »die sommerliche Kur nicht nur nicht weniger empfehlenswert, sondern sogar besonders wirksam und geradezu unentbehrlich sei. Und er habe dieses Theorem unter die Leute zu bringen gewusst, habe populäre Artikel darüber verfasst und sie in der Presse lanciert. Seitdem gehe das Geschäft im Sommer so flott wie im Winter.«[510]

In den Roman bringt Mann seine eigenen Erfahrungen ein. 1912 besucht er seine Frau in einer Davoser Klinik, die dort wegen eines Lungenleidens ein halbes Jahr kurt. Als er ihr bei der Liegekur im Freien Gesellschaft leistet, erkältet er sich so schwer, dass die Ärzte ihm eine »Dämpfung« der Lunge diagnostizieren und zu einem mehrmonatigen Aufenthalt im Sanatorium raten.[511] Thomas Mann reist jedoch nach drei Wochen ab. Die Kuren sind ein Luxusangebot, nur etwas für die reiche Bevölkerung, Tuberkulose oder Skrofulose aber sind Volkskrankheiten. Sie gehören zu den häufigsten Todesursachen bei jungen Erwachsenen und führen zu großer Not in den ärmeren Bevölkerungsschichten. Deshalb werden Heilstätten bald auch für »Unbemittelte« gefordert.[512] Kantone und gemeinnützige Stiftungen antworten mit der Errichtung von Volksheilstätten. Die erste in der Schweiz ist 1895 Heiligenschwendi im Kanton Bern. Die Zürcher Höhenklinik Wald wird 1898 eröffnet.[513] Während die Reichen in den Luxusanlagen der »Wellness« mit Musik, Erholung und gutem Essen frönen, klingt das Kurprogramm für die »Unbemittelten« etwas anders. Laut Kurvorschriften in der Bernischen Heilstätte Heiligenschwendi von 1909 ist die Liegekur

»genau nach Vorschrift durchzuführen. Bei fortgeschrittener Heilung kamen leichte Arbeiten an der frischen Luft dazu. Der Kuraufenthalt sollte für die aus ärmeren Bevölkerungsschichten stammenden Kranken auch eine ›Schule für gesunde Lebenshaltung‹ sein. Sie wurden zu gesunder Ernährung, Verzicht auf Alkohol und Sauberkeit angehalten.«[514]

Ende des 19. Jahrhunderts gründen sich auch in zahlreichen deutschen Städten mildtätige Vereine mit dem Ziel, Tuberkuloseheilstätten für Angehörige der Arbeiterschicht zu errichten und zu unterhalten[515], um die Erwerbsunfähigkeit versicherter Männer und Frauen zu verhindern. Den Staat kosten die Kureinrichtungen wenig. Finanziert werden sie durch private Spenden und Schenkungen sowie karitative Einrichtungen.[516]

Heilstätten für Kinder

Zunehmend entstehen auch immer mehr Kuranstalten für Kinder. Die Diakonie – damals heißt sie noch Innere Mission – schreibt über den Beginn ihrer Kindererholungsfürsorge im 19. Jahrhundert:

»Erholung wird im Zuge dieser Verelendung durch die Industrialisierung unerlässlich. Insbesondere die Arbeiterjugend ist wegen mangelhafter Lebens- und Hygieneverhältnisse zunehmend von psychischer und physischer Verwahrlosung bedroht. (...) ›Sollten wir nicht auch eine Heilanstalt für arme Kinder haben?‹ Diese Frage stellt bereits 1834 der fromme Ludwigsburger Arzt Dr. August Hermann Werner und beantwortet sie selbst, indem er zwei Kinderheilanstalten in Württemberg einrichtet. Bald werden überall Kinderheilstätten und -erholungsheime gegründet.«[517]

Keimzelle des Diakonischen Werkes, das später viele Kinderheilstätten betreiben wird, ist die »Kinderheil und Diakonissenanstalt« in Stettin. Ihr Leiter, der Arzt August Steffen, wird später Vorsitzender der »Gesellschaft für Kinderheilkunde«.

»(...) bei der Gründung der Erholungsheime geht es nicht nur darum, für die gesundheitlichen Bedürfnisse der Menschen zu sorgen. Zugleich sollen sie Orte christlicher Gemeinschaft sein und ›innere Anregung‹ schaffen. Der christliche Charakter der Erholungsheime kommt in der Hausandacht, aber auch im ganzen Geist und Ton des Hauses zur Geltung.«[518]

Im Jahr 1877 entschließt sich die Innere Mission im »bescheidenen Badeort Sassendorf«, eine Heil- und Pflegeanstalt für skrophulöse Kinder zu errichten – die Geburtsstunde der Kinderheilanstalt Bad Sassendorf. Schon 1879 erreicht sie eine Belegungsstärke von 380 Kindern pro Kur.[519]
Es sind immer wieder männliche Ärzte, die die Errichtung von Kinderkurheimen vorantreiben. Dazu gehört Friedrich Wilhelm Beneke. Er initiiert den Bau mehrerer Heime. Mitte des 19. Jahrhunderts erforscht er die Wirkungsweise von Nordseeluft und -bädern. Auf dem Kongress deutscher Kinderärzte in

Berlin stellt er 1880 einen Antrag, um auf Norderney Baracken zu errichten, um »kranke und unbemittelte Kinder« aufzunehmen, und stellt einen Bauplan für eine Kinderheilstätte vor. Testpersonen sollen ärmere Kinder werden. Wie hoch das kaiserliche Interesse an den Heilstätten ist, zeigt der 1881 gegründete »Verein für Kinderheilstätten an den deutschen Seeküsten«, der unter dem persönlichen Protektorat des Kronprinzen und der Kronprinzessin des Deutschen Reiches und von Preußen steht. Im September 1881 nimmt Beneke eine Gruppe kleiner Patienten mit nach Norderney, um mit ihnen dort sechs Monate über den Winter 1881 und 1882 zu verbringen. Darunter ist ein dreijähriger Junge. Nach dieser »Überwinterung« schlussfolgert der Arzt über die Nordseeluft: »Wer eine solche spezifische Heilkraft leugnet, der kennt sie nicht.«[520] Aber schon vor Abschluss dieser »Testreise« hatte Kaiser Wilhelm I. im Januar 1882 zugestimmt, Kinderheilstätten an den deutschen Seeküsten zu fördern. 250.000 Mark sollten aus dem kaiserlichen Dispositionsfonds in den Bau einer »großen Nationalen Musteranstalt« fließen, wenn der Verein selbst 500.000 Mark aufbrächte. Eine Lotterie in der Bevölkerung, die das Preußische Staatsministerium genehmigt hatte und die gleichzeitig als Werbung für die geplante Heilstätte dient, spielt 700.000 Mark in die Kassen. Der Bau der Prestigeheilanstalt Seehospiz Kaiserin Friedrich kann beginnen. 1886 ist die riesige Anlage mit großem Haupthaus und sechs »Pavillons« fertig – so heißen die Baracken für jeweils 40 Kinder mit zwei Schlafsälen, einem Speisesaal, einem Badehaus und Waschküche.[521] Den erzieherisch-pflegerischen Dienst übernehmen Schwestern vom Viktoria-Haus für Krankenpflege in Hannover. Im Jahr 1888 werden schon Gruppen von 568 Kindern aufgenommen, die im Schnitt 50 Tage kuren.[522]

Die gerade entstandenen Landesversicherungsanstalten finanzieren den Aufbau solcher Heilstätten Ende des 19. Jahrhunderts mit, tragen die Kosten für die Heilbehandlung von an Tuberkulose erkrankten Versicherten und werden zentrale gesundheitspolitische Akteure für Kinderheilverfahren. Freiwillige Leistungen zur Tuberkulosebekämpfung werden später auch bei Kindern gewährt.[523]

Im Ersten Weltkrieg sind Lebensmittel rationiert, viele Kinder leiden an Unterernährung. Im Jahr 1915, angesichts der beginnenden Ernährungskrise und der steigenden Kindersterblichkeit, weiten die Landesversicherungsanstalten in Deutschland die Finanzierung von Kinderheilverfahren systematisch aus und übernehmen fortan zwei Drittel des Pflegesatzes, finanzieren Heilverfahren für bedürftige Kinder teilweise vollständig.[524]

Auch wird der »Verband der Katholischen Erholungsheime, Kurheime und Heilstätten für Kinder und Jugendliche« gegründet und mit ihm zahlreiche katholische Kinderheilstätten. Kinderkurheime und Waisenhäuser entstehen meist nebeneinander, werden aus demselben System geboren. Im Jahr 1911 stiftet ein gewisser Johannes Käter dem Orden der Thuiner Franziskanerinnen das stattliche Haus am Strand der Lübecker Bucht, das zum Kinderheim St. Johann und später zum Kinderkurheim wird. Vier Ordensschwestern übernehmen die Leitung des Hauses, 99 Kinder werden aufgenommen. Auf der Villa steht bis heute »Kinderheim St. Johann«. 1913 erwirbt der Orden die benachbarte »Villa Oceana« – sie wird zum Antoniushaus.[525] Im Nordosten, in Stralsund und Greifswald, »entstehen gleichzeitig mit neuen katholischen Waisenhäusern für uneheliche Kinder sogenannter ›Schnittermädchen‹ Kinderkurheime an der Ostsee«. So eröffnet 1913 das Kaiser-Wilhelm-Kinderheim für Berliner Kinder, Zinnowitz erhält ein katholisches Erholungsheim.[526]

Weitere Träger der Jugenderholungsfürsorge werden neben den Versicherungsanstalten auch Kommunen und gesetzliche Krankenkassen.[527] Die Deutsche Angestellten Krankenkasse (DAK) führt ab 1921 die ersten Kinderkurgänge und urteilt, dass diese Kuren die Gesundheit der Kinder und Jugendlichen gefestigt hätten.[528] Das Haus Hamburg der DAK in Bad Sassendorf öffnet mutmaßlich 1928 oder 1929.[529] In den 20 Jahren ab 1921 lässt die DAK knapp 100.000 Kinder zur Kur entsenden.[530] Insgesamt werden 1917 570.000 bis 600.000 Kinder im Inland und rund 33.000 Kinder ins Ausland verschickt, in Heime oder zu Familien. Der Arzt Karl Behm, in den 1920ern Leiter des Erholungsheims am Heuberg und ab 1926 Leiter der Kinderheilanstalt Bad Orb im Spessart, schreibt: »Sie konnten sich erholen und in der heiteren Atmosphäre glücklicherer Länder den Druck abschütteln, der auch schon die Kinderseelen in unserem Vaterlande schwer belastete.«[531]

Verschickung in der Weimarer Republik

Nach dem Krieg, als die Kinder besonders stark hungern, sinkt die Zahl der Verschickungen wieder: 1918 auf 280.000 bis 300.000; 1919 auf 100.000 bis 144.000 Kinder.[532] Doch viele karitative Vereine versuchen die Heime wieder instand zu bringen. Vom Verein »Landaufenthalt für Stadtkinder« heißt es 1920:

»Die Kinderlandverschickung ist Teil eines umfangreichen gesundheitspolitischen Programms, das von öffentlichen Stellen in Zusammenarbeit mit privaten Hilfsorganisationen aufgrund der seit 1915 zunehmenden Lebensmittelverknappung durch die Bezuschussung der Unterbringungs-, Fahrt- und Versicherungskosten usw. gefördert wurde, um der wachsenden Kindersterblichkeit (bei abnehmender Säuglingssterblichkeit) und den Folgen der Mangelernährung entgegen zu wirken.«[533]

In den 1920er-Jahren boomt die Kinderverschickung wieder. Immer mehr Erholungsheime entstehen. Die Zahlen steigen von 130.000 im Jahr 1920 auf 250.000 Inlandverschickungen im Jahr 1922.[534]
Die Fürsorge und Erholung von Kindern wird auch ein Wirkungsbereich der späteren Arbeiterwohlfahrt (AWO), die 1919 von der Sozialdemokratischen Partei Deutschlands (SPD) gegründet wurde. Ihr Credo ist es, notleidende Menschen zu unterstützen, und damit zu Freiheit, Gerechtigkeit und Solidarität beizutragen. Mehrere AWO-Ortsvereine organisieren in den 20er-Jahren erste Erholungsmaßnahmen für Kinder.[535]
Auch in den ersten Jahren der 30er-Jahre versuchen Wohlfahrtsorganisationen mit Spenden den Betrieb in trägereigenen Erholungsheimen aufrechtzuerhalten »und möglichst vielen schlecht ernährten Kindern Landaufenthalte zu vermitteln«, weil 20 Prozent der Schulanfänger wegen Unterernährung nicht eingeschult werden können.[536] Insgesamt gibt es vor dem Nationalsozialismus allein im »Deutschen Verband evangelischer Kindererholungsheime und Heilstätten« 215 Kindererholungsheime und Heilstätten mit insgesamt 17.300 Betten.[537]

Im Sommer in die Ferienkolonie

Unter der Bezeichnung »Erholungsaufenthalt« laufen damals auch die Ferienkolonien, die keinen expliziten Gesundheitsanspruch haben und ebenfalls ab Ende des 19. Jahrhunderts immer populärer werden. Sie finden in den großen Sommerferien statt, wenn sich für viele Eltern ein Betreuungsnotstand ergibt, und sorgen dafür, dass auch die Schulferien der Kinder immer mehr in Anstalten stattfinden. In Deutschland gründet sich 1878 die erste deutsche Ferienkolonie.[538] Im Verlauf der Kaiserzeit werden es Hunderte mehr. In seiner Doktorarbeit ermittelt Thilo Rauch für die ersten Jahrzehnte des 20. Jahrhunderts 418 Vereine zur Durchführung von Ferienkolonien in 203 Städten. Auch Logen und Freimaurer versuchen in der Zeit, ihre Ideale und Erziehungsvorstellungen in das Fürsorgewesen einzubringen, und gründen Ferienkolonie-Vereine.[539] Um die 100.000 Kinder werden jährlich bis zum Ausbruch des Ersten Weltkrieges in die sechswöchigen Ferien verschickt.[540] Die Kinder kommen dabei in Ferienhäusern, Apartmentanlagen, bei Privatleuten oder eben in Erholungsheimcn unter[541] – Ferienkolonie und Kindererholung sind also teilweise dieselbe Sache unter verschiedenen Namen.

Die allgemeine Erschöpfung der Arbeiterkinder

Adolf Wolters, gerade Anfang 30, tritt 1920 als wissenschaftlicher Mitarbeiter in der Hauptfürsorgestelle für Kriegsbeschädigte und Kriegshinterbliebene in den Dienst des damaligen Provinzialverbandes Westfalen und wird 1921 geschäftsführender Direktor. In der »Not der 20er-Jahre, in denen sich die gesundheitlichen Schäden der Kriegs- und Inflationsjahre in allen Altersstufen bemerkbar machten« und die Wohlfahrtsverbände »durch die Inflation in karitativer Tätigkeit stark gehemmt waren«, setzt er sich laut Presse für einen Ausbau der Erholungsfürsorge ein.[542] Wolters gründet 1924 die sogenannte Ausgleichsstelle, dessen Leiter er wird. Sie vermittelt »erholungs- und genesungsbedürftige« Kinder aus Westfalen, aber auch kinderreiche Kriegerwitwen in geeignete Heime nah und fern und wird zum Vorbild für die Verschickungsverwaltung in anderen Regionen.[543] Die Ruhrgebietskinder stehen schon damals im Fokus der Heil- und Erholungsfürsorge. Verschrieben werden die Kinderkuren weiterhin zur Prävention von Tuberkulose und Skrofulose, allgemeiner Anfälligkeit und Körperschwäche, Drüsenstörungen, Blutarmut und Rachitis, Asthma, Bronchitis, Nervenschwäche, Herz-Kreislaufstörungen bis hin zu Unterentwicklung, Untergewicht, Fehlernährung, Wachstumsschäden, Folgen nach Operation oder Unfällen und schweren Erkrankungen oder Wirbelsäulenverkrümmungen wie Skoliose, Lordose oder Kyphose.[544]

Über die Lebensumstände der Arbeiterkinder kann der wohlsituierte Kinderkurarzt Karl Behm nur den Kopf schütteln. 20.000 Kinder durchlaufen in den Jahren 1920 und 1921 eine sechswöchige »Erholung« in seinem Haus »Heuberg« bei Tübingen. Während der Aufenthalte beobachtet Behm viele Ruhrgebietskinder, interviewt sie und führt Statistiken. Seine Schlüsse: Die Ursachen der allgemeinen Erschöpfung von Kindern, die er überall beobachte sei die Kulturbelastung durch die Schule und der Bewegungsmangel. Erholungsbedürftigkeit beschreibt er 1926 »als einen nicht ganz so einfach zu erkennenden, eigenartigen Zustand zwischen Gesundheit und Krankheit«. Erkennbar »am Zustand der Ermüdung oder Übermüdung, an der Anfälligkeit für Krankheiten und an einer körperlich-geistig-seelischen Leistungsminderung«.[545] Der Erholungsbedarf zeige sich in ungenügender Körperausbildung, Schwäche des Rückenmuskels, Haltungsfehlern, Rückgratsverbiegungen, geringen Bauchmuskeln, Darmträgheit und auch in geistig-seelischen Folgen: einem mangelnden Körpergefühl, Unsicherheit, Ungeschicklichkeit, Ängstlichkeit und mangelndem Vertrauen in die eigene Kraft.[546] Die wirtschaftliche Not, Leistungsdruck, Elternzerwürfnisse oder schlechte Ernährung sieht er als weitere Ursachen vieler körperlicher

Leiden[547] – ganz besonders das enge Wohnen. Laut einer Befragung Behms von 400 Kindern aus dem Ruhrgebiet, die in Heuberg erholungskurten, schlafen, wohnen, essen, kochen in vielen Familien sechs oder fünf Personen in einem Zimmer.[548] Der gut bemittelte Behm fragt sich: »Kann es bei so dichtem Wohnen, bei solchem Mangel an Betten zu erquickendem Schlaf kommen?« Er urteilt: In den »Wohnstätten« der Arbeiterkinder, »Brutstätten für Tuberkulose und Geschlechtskrankheiten«, herrsche ein Mangel an Hygiene und »guten Sitten«. Behm fantasiert 1926:

»Wie will man sie sauberhalten? Der Vater, ein Bergmann kommt morgens um 6 Uhr von der Nachtschicht nach Haus, legt sich in das warme Bett, das die Mutter eben verlassen. Diese ist aufgestanden, um Kaffee zu kochen für den auf einem Strohsack schlafenden ältesten Sohn, welcher zur Arbeit fort muß. Daneben schlafen auf einem Strohhaufen die anderen sechs Kinder, unter ihnen eine 17jährige Tochter, neben ihr ein Schlafgänger.«

Behm ist sich sicher, der Name »Familienleben« löse in einem Kind aus solcher Umgebung wohl nur abstoßende Empfindungen aus.[549] Nicht die Lebensumstände für Arbeiter:innen, sondern die Eltern tragen laut Behm die Schuld an der »Erholungsbedürftigkeit« des Kindes: »Der erholungsbedürftige Zustand wird durch fehlendes oder schlechtes Familienleben herbeigeführt«[550] und die »Zerrüttung des Familienlebens« sei nunmal »eine der Hauptursachen der körperlich-seelischen Erholungsbedürftigkeit unserer Kinderwelt«.[551] Besonders bedauert er das »harte Schicksal der Unehelichen«, die er besonders gefährdet nennt. Er unterstellt Kriegswitwen Betrugsversuche und den unverheirateten Müttern, ihre Kinder loswerden zu wollen:

»Gab man ein uneheliches Kind wohl in eine Anstalt oder zu fremden Menschen, weil die Mutter es nicht ›gebrauchen‹ konnte, so sind unsere Waisen- und Kriegskinder jetzt in ähnlicher Lage. Auf engstem Raume zusammengepfercht, leben so viele fremde Menschen um das Kind herum, daß eine innige, wertebildende und erziehende Bindung an die Mutter oder einen anderen Menschen kaum entstehen kann. Die von Entbehrungen aller Art gereizten Menschen haben keine ruhige Umgebung, in der alles abklingen kann, und so müssen Auftritte erfolgen, die für das kindliche Seelenleben eine Verrohung bedeuten. (...) Mancher Mann wird auch als Vater bezeichnet, der im Hause lebt, der Kriegswitwe aber nicht angetraut ist, weil diese nicht auf ihre Pension verzichten will.«[552]

Die Stadt stelle ganz allgemein eine »Überreizung von Auge und Ohr« dar. Sie peitsche die Nerven auf mit ihrem bunten Treiben, Getöse durch Jazzbands, Geschäftsreklame oder Straßenbahnen und führe zu »seelischer Verlumpung«.[553] Bälle, Lunaparks, Fastnachttreiben und Alkohol findet Behm ebenso schädigend wie Kitsch-Kino, das nicht weniger schlimm sei als »anstößige Sachen«.[554] Das Volk verrohe geradezu: Da gebe es Mädchen, die ihre Kinder abtrieben, Neugeborene in Jauchegruben ertränkten oder im Backofen verbrannten. Für Behm ist das der Beweis, dass das Volk Erziehung zu seelischer Gesundung und zu sittlichem Empfinden nötig habe.[555]

Frauen im Dienst der Erholungsfürsorge

So ist der Blick des Bürgertums auf ärmere Bevölkerungsgruppen, die die Fürsorgerinnen aus den Jugendbehörden kritisch in Augenschein nehmen. Sie wählen die Kinder aus, die zur »Erholung« kommen sollen. Eine Fürsorgerin aus Gelting in

Schleswig-Holstein schreibt in ihrem Monatsbericht vom Juni 1918 an den königlichen Landrat zu Flensburg, dass sie 166 Hausbesuche absolviert und geeignete Kinder für Erholungsmaßnahmen gefunden habe. Die Menschen, die auf medizinische statt erzieherischer Hilfe hofften, müsse sie immer wieder enttäuschen:

»(…) direktem Widerstand begegnet man hier nicht, wohl liegen aber noch manchere Schwierigkeiten vor. Die Bevölkerung ist noch immer der Meinung, daß man hier für die Krankenpflege angestellt ist und holt mich häufiger zu solchen Zwecken heran. (…) Auch habe ich größere Kinder gefunden, denen eine Erholung gute Pflege für einige Wochen sehr not täte.«

Aus dem Bürgertum stammen viele der Frauen, Lehrerinnen, Kindergärtnerinnen oder Hortnerinnen, die in den Erholungsheimen arbeiten. Überhaupt engagieren sich bürgerliche Frauen in unzähligen Einrichtungen der Heil- und Erholungsfürsorge, um ihre Erfahrungen in Kinderpflege zu erproben.

»Wobei diese bürgerliche Hilfsbereitschaft immer auch ein Stück eigener seelischer Hilfsbedürftigkeit enthielt. So begannen bürgerliche, vor allem unverheiratete Frauen und höhere Töchter das proletarische Elend für ihre eigene Emanzipation ›auszubeuten‹, wobei sie ein Profil ›sozialer Mütterlichkeit‹ ausgebildet hatten, welches sie in höchst ambivalenter Weise an Patriarchat und Proletariat band.«[556]

Thilo Rauch stellt in seiner Dissertation über Ferienkolonien die Behauptung auf, dass sich die Frauen damit im gesellschaftlichen Leben ein Wirkungsfeld – neben Kindern und Haushalt – erobern wollen.[557] Aber in den Erholungsheimen ist es nicht anders.

Die Gebäude der Anstalten

Viele dieser Anstalten befinden sich in nicht selten karg ausgestatteten Villen, die in die Jahre gekommen sind. Die schon erwähnte Fürsorgerin aus Gelting berichtet 1918, dass der Baron von Hobe-Gelting ein marodes Haus als Erholungsheim abtreten würde.

»Herr Baron v. Hobe-Gelting hat mir kostenlos eins seiner Häuser für das Kindererholungshaus zur Verfügung gestellt, leider ist das betreffende Haus etwas feucht u. eignet sich dadurch wenig elende, kleine Geschöpfe dort unterzubringen. Es wird sich wohl noch ein günstigeres Gebäude finden lassen für diesen Zweck.«[558]

Günstiger finden damals verantwortliche Ärzte ausgediente Militäranlagen. Das Haus Heuberg entsteht Anfang der 1920er-Jahre auf einem ehemaligen Truppenübungsplatz mit Baracken für 3.500 Kinder.[559] Alfred Gastpar aus dem Stuttgarter Gesundheitsamt erklärt, warum die Kinder trotz der Militäranlage auf dem Heuberg eine besonders erholungsfördernde Umgebung vorfänden:

»In den Krankheitslisten des Militärs sind Erkältungskrankheiten so gut wie ausgeblieben, die weiträumige Anlage begünstigt von vornherein den Zutritt von Luft und Sonne und auch an den rauheren Tagen bieten die großen wohl heizbaren Säle einen behaglichen Aufenthalt, Infektionskrankheiten, die beim Zusammenströmen so großer Kinderscharen mit Sicherheit zu erwarten sind, konnten infolge der Weiträumigkeit der Anlagen, infolge des Vorhandenseins eines vollständig eingerichteten Lazaretts, mit Hilfe eines gut arbeitenden ärztlichen Dienstes rasch erkannt und isoliert werden. Abwasserbeseitigung und Kläranlage sorgen für die Entfernung aller Schmutzwässer. Gut gepflegte Straßen erleichtern den Verkehr im Lager. Erstklassiges Trinkwasser steht in reicher Menge zur Verfügung.«[560]

Die Finanzierung der Kinderkuren

Die Kinderkureinrichtungen sind finanziell häufig schlecht ausgestattet. Viele der Vereine, die sich vor dem Ersten Weltkrieg dem Kinderkur- und -erholungswesen anschließen, halten die Einrichtungen kaum über Wasser. Auch die ab 1904 entstandenen Bezirksverbände der Eisenbahnvereine beginnen Erholungsheime für die Arbeiter und deren Familien zu bauen. Bis 1914 entstehen neun Erholungsheime, die nur unzureichende Mittel durch Darlehen vom zuständigen Ministerium und von der Eisenbahner Spar- und Darlehnskasse erhalten. Die Eisenbahner selbst spenden für die Häuser.

»Wie es die finanziell doch gar nicht so gut ausgestatteten Vereine in der Zeit von 1904 bis 1914 geschafft haben, neun Häuser in eigener Regie zu führen, kann vom Chronisten heute nur schwer nachvollzogen werden. So wurde beispielsweise der Erlös aus dem Verkauf von Stanniol, Altpapier, Flaschen und Schrott gesammelt und für den Bau mitverwendet. Die Einrichtungsgegenstände stammten oft aus Spenden von Eisenbahnern. Trotz aller Anstrengungen mußte man in den ersten Jahren mit ganz bescheidenen Mitteln auskommen. Auch wenn die Heime schließlich standen und eingerichtet waren, bedeutete das noch nicht das Ende aller Sorgen. Zu der Tilgung der Darlehen kamen jetzt die Kosten der Unterhaltung dieser Häuser.«[561]

Auch in den 20er-Jahren fehlen vielen Einrichtungen weiterhin die Mittel. Mit der wirtschaftlichen Rezession nach dem Ersten Weltkrieg nehmen sich die Verbände der freien

Wohlfahrtspflege, vorranging die evangelische und katholische Kirche, vielen bankrotten Kur- und Erholungsheimen an.[562] »Die Situation der Heime machte lange Zeit Sorgen«, steht in einer Chronik des Bundesbahn-Sozialwerks über die 1920er-Jahre:

»In der Nachkriegszeit wurden die Heime wichtiger denn je, doch im Gefolge der Inflation bis zur Einführung der Rentenmark (1923) arbeiteten sie mit zunehmenden Verlusten und zehrten damit ebenfalls an der ohnehin geringer gewordenen Substanz der Vereine. (...) Gerade bei den Kinderheimen war der Bedarf besonders groß: Der schlechte Gesundheitszustand der Stadtkinder infolge der Unterernährung in der Kriegs- und Nachkriegszeit forderte dringlich entsprechende Maßnahmen.«[563]

Viele Kosten bleiben bei den Bürger:innen selbst hängen. Ein sogenannter Erholungsaufenthalt ist für die Eltern damals teurer als eine »Heilkur«, die die Landesversicherungsanstalten in den 1920ern mitfinanzieren.[564] Die Rechtsgrundlage bildet die Reichsversicherungsordnung für freiwillige Leistungen »zur Hebung der gesundheitlichen Verhältnisse der versicherten Bevölkerung«.[565] Zuschüsse für Erholungsaufenthalte übernehmen die Rentenversicherungen nicht mehr, auch die Heilkuren sind keine Pflichtleistungen mehr.[566] Im Jahr 1926 finanzieren Kindererholungskuren laut dem Arzt Karl Behm nur die Kriegshinterbliebenenfürsorge und die Krankenkassen. Aber für die angeblich so vielen weiteren Kinder, die Erholung nötig hätten und für die keine öffentliche Unterstützung zur Verfügung stehe, müssten weitere Geldquellen erschlossen werden, findet der Erholungsheimleiter. Die oft weniger gut bemittelten Eltern der infrage kommenden Kinder regt Karl Behm, für den Kinderkuren die Lebensgrundlage bilden, dazu an, sich an den Kosten zu beteiligen. Als »Volkserziehung« versteht er es, wenn dadurch das »verschüttete Verantwortlichkeitsgefühl«[567] gehoben werde. »Örtliche Erholungspflege«, bei der die Gesundheit der Kinder durch Schulärzte und Gesundheitsangebote im Wohnort überwacht wird und die damals weiter ausgebaut wird, um Verschickungskosten einzusparen, können laut Karl Behm die »Verschickungskur« nicht ersetzen. Sie zeige doch eine höhere Erfolgsquote. Auf Studienergebnisse verweist er nicht, sondern argumentiert, dass bei vielen Kindern wegen der engen Wohnverhältnisse eben nur eine »Verschickung« erholsam sei.[568] Er fordert eine Erhöhung der Mittel von den Behörden[569], auch die nicht medizinischen Erholungskuren dürften nur unter Leitung von Ärzten wie ihm erfolgen, denn Kinder würden »bei unzureichender ärztlicher Aufsicht noch in ihrem Zustand gefährdet«.[570] Er schlägt als akute Geldbeschaffungsmaßnahme vor, dass die Kinder – ob erholungsbedürftig oder nicht –, so wie es in seinem Heim auf dem Heuberg Sitte sei, »freudebeseelt« losmarschierten, sich in »zu beackernde Gebiete« aufteilten und dort um Almosen für Kinderkuren betteln sollten. »Durch Spenden von Frohsinn und Freude Erholungsgelder gewinnen! Kinder in der Arbeit für Kinder. Versucht es nur, ihr werdet den Segen spüren.«[571]

Das Kinderkurprogramm der 1920er-Jahre

Was die Nachkriegskinder 1945 in den Kinderkurheimen erleben, schreibt der Arzt Karl Behm schon 1926 in seinem Buch »Erholungsfürsorge. Ein Leitfaden zur Arbeit an erholungsbedürftigen Kindern« fest, das laut der Diakonie zum »Klassiker« wird.[572]

Die Kinder werden auch schon in den 1920er-Jahren mit Transportkarten auf die Eisenbahn gebracht: »Die Karte soll aus fester Pappe sein und sichtbar mit Schnur um den Hals getragen werden«, schreibt Karl Behm 1926.[573] Die Fürsorgerinnen der Jugendämter begleiten die Kinder. Sie fahren mit den Kindern zum Verschickungsheim und beaufsichtigen sie während der Bahnfahrt.[574] Die Kinder reisen in der »Holzklasse«, auf harten Holzbänken, über viele Stunden, oft während der Nacht.[575] Für die Nachtfahrt empfiehlt der Arzt Karl Behm, Gepäckstücke zwischen zwei Bänke auf den Boden zu legen und mit Decken und Mänteln einen Liegeplatz zu bauen. Die Kleinen würden auch im Gepäcknetz »prächtig« schlafen. »Ganz ohne Erbrechen geht selten eine Kinderreise vonstatten.«[576] Lautes Singen und Erzählen ist zu unterbinden.[577]

Anders, als heute behauptet wird, ist das Kahlscheren der Kurkinder kein Relikt aus dem Nationalsozialismus, schon in den 1920ern wird den Kindern zur Prävention gegen Läuse bei der Ankunft im Kinderkurheim Senne der Kopf rasiert.[578]

In den Heimen ist eine strenge »Lagerordnung« gewünscht[579], über die es »nichts zu murren« gibt.[580] »Wie im Bienenstande ist alles wohlgeordnet.«[581] »Tanten« heißen schon damals die Erzieherinnen, Jugendleiterinnen, Krankenschwestern, Wohlfahrtspflegerinnen oder Lehrerinnen, die in den Heil- und Erholungsheimen arbeiten; der Heimarzt »Onkel Doktor«.[582] Denn die Kinder sollen in den Anstalten neue »Familien« finden. So nennt Karl Behm Häusergruppen mit jeweils 15 bis 20 Kindern, die dort mit einer »Tante« wohnen. Die »Erholungszeit« soll »ein Nest bieten, eine geistig seelische Atmosphäre voll lebenspendender Wärme, ein Familienleben«[583], das die Kinder zu Hause nicht fänden. Dabei ist »Eiserne Zucht tut unserer Zeit not«[584] sein Erziehungsmotto. Ruhe ist Gesetz im Kurheim: »Kein Jagen und Hasten, kein Hetzen auf Spaziergängen«, nie bis zum Schreien und Kreischen.[585] Ordnung und Pünktlichkeit auch, um »einen erschlafften Körper wieder zu straffen«.[586]

Luftkuren, Atemübungen, Gymnastik und »Sonnenbraten« sind die Tagesprogrammpunkte. Lesen auf der Wiese »darf nicht geduldet werden«[587]. Dafür sind Pflicht: Kniebeugen, Haltungsübungen, Dauerlauf und das ruhige Atmen in Rückenlage, Wanderungen oder »volkstümliche Übungen« wie Springen, Werfen und Stoßen, Geschicklichkeits- und Gleichgewichtsübungen, Ballkreisspielen, Laufspiele wie »Schwarzer Mann«, Jagd- oder Reiterball, »Indianer«- oder Waldspiele und »der schöne deutsche Schlagball«. Fußball hingegen gehört strikt verboten, weil er die »Leidenschaften« aufstachelt.[588]

Mädchen und Jungen sind in den Heimen streng getrennt. In einem Film über das Kinderkurheim Senne bauen die Jungen mit Spaten eine riesige Festung und heben Gräben aus. Im Gleichschritt ziehen weiß gekleidete Mädchen durch den Wald und pflücken Blumensträuße. In der angeschlossenen Haushaltsschule lernen sie Kochen, Nähen und Säuglingspflege mit einer Babypuppe.[589] Für Jungen werden Prügeleien empfohlen, damit sich die Kinder gegenseitig »abschleifen«, auch mit Katzbalgereien, mit Hänseln oder Necken, dem »Aufziehen wegen bestimmter Schwächen des anderen«.[590]

»Knaben müssen laufen, ringen, stoßen, werfen, Hordenüberfälle auf andere Scharen machen und sich mal tüchtig durchprügeln, nur so üben sie Auge und Hand, lernen Entschlossenheit, Mut, Ausdauer und Kameradschaft«,[591]

schreibt Karl Behm. Mit Militarismus und Soldatendrill habe das nichts zu tun, es gehöre einfach zur Lebensertüchtigung. »Der nicht geschundene Mensch wird nicht erzogen.«[592]

Das Gegenprogramm ist der obligatorische anderthalb- bis zweistündige Mittagsschlaf und eine Ruhezeit vor dem Essen.

»Ohne strenge Überwachung erreicht man keinen Mittagsschlaf bei Kindern. Jede Unterhaltung ist verboten. Der Abort ist vorher aufzusuchen. Wer trotzdem austritt, wird dem Arzt vorgeführt. Ruhe ist sonst nicht in die Gesellschaft hineinzubekommen.«[593]

Privatheit sehen die Pläne nicht vor. Abends nach dem Essen und dem Zubettbringen ist »Sprechen nicht mehr geduldet«.[594] Nachtwandler empfiehlt Behm am Bett festzubinden. Die Toiletten sind nachts geschlossen: »In der Nacht halten wir es so ..., da sollte keines den Abort aufsuchen brauchen.«[595] Jedes Kind, das mehr als einmal einnässe, gehöre dem Arzt vorgestellt unter Angabe ausführlicher Informationen über Charakter, seelisches Verhalten und das Leiden des Kindes. »Der Bettnässer« per se lasse sich nämlich in drei Typen unterscheiden: der Entartete, der Dickfellige und der Aufgeregte.[596] Erhalte Karl Behm Charakterbeschreibungen durch die »Tanten«, etwa »phlegmatisch«, »jähzornig«, »ehrlich«, »großsprecherisch«, »unsauber« oder »zerfahren«, könne er einfach in dem von ihm verfassten »Merkblatt über bettnässende Kinder« nachschlagen und feststellen, ob es sich um eine Krankheit, um einen schweren oder nur einen einfachen Fall handele. Jeden Abend vor dem Insbettgehen sei dem Kind einzuhämmern: »Aufwachen! Topf benutzen!«[597] Drakonische Maßnahmen wie das Umhängen des Bettlakens oder das Quälen durch »Schlafen nur auf Brettern« lehnt er ab. Bei »Dickfelligen« brauche es keine besonderen Mittel, wenn der Erzieher »energisch« sei und die »Sensibilisierung« durch Strychnineinspritzungen fördere.[598] Strychnin löst eine Starre der Muskeln aus.

»Weichherzig« dürfen die »Tanten« nicht sein, das sei eine »schädliche Eigenschaft«, die oft »junge, kinderliebe Erzieher, die nichts recht abschlagen können«, mitbrächten.[599] Kuscheln,

in den Arm nehmen, einhaken ist nicht geduldet, Geschwister dürfen nicht in einem Bett schlafen: Zu groß sei die Gefahr von Sexualität. »Tanten« sollten nicht auf »Wehwehchen« der Kinder eingehen. Sie aber streng überwachen, um die erholungshemmende Selbstbefriedigung zu unterbinden. »Jedes Kind, das onaniert, ist dem Arzt vorzustellen. Es können Reizzustände vorliegen oder Krankheiten, die beseitigt werden müssen.«[600] Dann folgt »kalt waschen, oder Pudern mit Anaesthesin« – ein Wirkstoff zur Oberflächenbetäubung.[601]
Auch »die Darmtätigkeit ist zu regeln und an Pünktlichkeit zu gewöhnen. (…) Der Erzieher muß nur mit dem nötigen Ernst auf jedes Kind einwirken, immer wieder den Versuch morgens zu machen«.[602] So will Behm die Zivilisationskrankheit Verstopfung bekämpfen.
Schon damals vermissen viele Kurkinder ihre Familien, manche erstarren in der Kur. Diese »seelische Erstarrung« fällt auch Karl Behm auf:

»Ein 7jähriges Mädchen kam infolge Heimwehs (…) in einen solchen Zustand. Mit maskenartigem Gesicht saß es still den ganzen Tag da, war weder zum Spielen noch zum Essen zu bewegen; bei den verschiedensten Versuchen, es dazu zu bringen, verharrte es in derselben Gleichgültigkeit. Ich kam nun am zweiten Tage zu der Familie«,[603]

wie er die Kindergruppen im Heim nennt,

»gerade als gegessen werde sollte. Da nahm ich das Kind auf den Schoß, ohne weiter auf es einzureden und unterhielt mich ruhig mit den anderen Kindern. Als die Suppe ausgeteilt war, nahm ich einen Löffel und führte ihn dem Mädchen zum Munde. Es ging ein Zittern durch den kleinen Körper, sie schluckte, das Eis war gebrochen.«[604]

Er behauptet: »Die seelische Verkrampfung fällt oft erst während des Heimaufenthaltes auf«.[605] Nachdenklich stimmt ihn das nicht. Heimweh könne nicht der Grund sein, denn das gibt es in den Kinderkurheimen eigentlich gar nicht, schreibt Behm in der Stimme eines Kurkindes an die Eltern:

»Heimweh, diese trübselige ›bregenklütrige‹ Stimmung, die doch auf dem Heuberg gar nicht aufkommt. Das Heimweh meinen wir ja gar nicht, liebe Eltern, und fragt doch nicht immer, wenn wir euch in den Briefen nur von hier erzählen, ob wir euch denn ganz vergessen hätten! Nein, nein, und tausendmal nein ... Aber hier ist es doch so schön, daß wir manchmal gar nicht an zu Haus denken.«[606]

Das Essen im Erholungsheim besteht überwiegend aus Breikost, erklärt Behms Leitfaden. Trinken dürfen die Kinder während des Essens nichts.[607] Auch Sprechen ist nicht erlaubt. Der Teller solle nicht zu voll gemacht werden, aber er muss leer gegessen werden. Kinder würden oft sehr »kräftige Ausdrücke für Speisen« gebrauchen, die ihnen nicht mundeten.

»Da nur kräftig zwischenfahren, auch mal auf die Hungersnot in Russland hinweisen, oder darauf, daß Essen bedeutet: sich ernähren und den Hunger stillen, daß es keine Schleckerei sein soll.«[608]

Eine Kurverlängerung ist schon damals Usus, wenn die Kinder in Kur erkranken.[609] Den »Tanten« rät Behm, die Kinder ganz genau zu beobachten, »wenn ein Kind seine plötzlich auftretende Mandelentzündung verbergen möchte, um ja nicht etwa dableiben zu müssen«. Schon damals werden Briefzensur und Kontaktverbot festgelegt. Karl Behm lässt die Eltern vor Kurantritt ein Formular zum »Besuchsverbot« unterschreiben.[610] Ein Besuch »bedeutet eine beträchtliche Schädigung für herzkranke, blutarme und nervöse Kinder. Es ist eine Rücksichtslosigkeit, ein im höchsten Grade unsoziales Verhalten, nur an sein eigenes Kind zu denken und das Wohlergehen anderer zu schädigen.«[611] Wer dennoch zu Besuch komme, dem werde das Kind sofort mit zurückgegeben und die eingezahlten Kurkosten nicht zurückerstattet.[612]

Erkrankte Kinder kommen in Isolierzimmer. Dem Arzt ist von den Erzieher:innen ein nüchterner Bericht zu melden: über Stuhlgang, Temperatur, Appetit, aber auch Persönliches, wie »lebhaft nervöses Kind, von Mutter sehr verwöhnt«.[613] Bei Erkrankungen, die er als leichter einstuft, erlaubt er, dass das Kind selbst nach Hause schreibt, aber nur Harmloses, bei schweren Fällen nicht. Dann melde sich nur der Arzt.[614]

Die Arbeitsbedingungen unter den meist männlichen ärztlichen Heimleitungen sind schon in den 1920ern hart, die Frauen werden ausgebeutet.[615] Es gilt Rund-um-die-Uhr-Betreuung der 15 bis 20 Kinder ihrer »Familie«. Sie sollen mit den Kindern gemeinsam essen und aus Sicherheitsgründen bei den Kindern schlafen. Das spart laut den männlichen Vertretern der Gesundheitsbehörden »die Haltung von Dienstboten«.[616] Einmal in der Woche haben sie einen Tag frei, dann sollen sie nicht ruhen oder Zerstreuung finden, sondern sich in einem Arbeitskreis weiterbilden, fordert Behm. »Aus solchem Gemeinschaftsleben erwächst neue Schwungkraft, sich selbst verzehrend wieder voll hingeben zu können.« Er appelliert: »Wirf dich weg! Sonst bist du nicht meiner Art und meines Blutes.«[617]

Um die Sicherheit der Kinder steht es schon in der Weimarer Republik nicht gut. Die Zahl der Unfälle von Kurkindern finden Versicherungen schon in den 1920ern »bedeutend höher als erwartet«.[618] Auch sexueller Missbrauch durch andere Kurkinder wird hier bereits als Problem erkannt.[619] Bekannt werden

den Behörden auch sexuelle Übergriffe durch Kurheimpersonal.[620]

Die Wirkung der Kuren

Die Erholungskuren sollen die Jugend und auch die Eltern zu gesunden Volksmitgliedern erziehen, die gern Sport treiben, wandern und Lieder singen.[621] Karl Behm erhofft sich, dass die Kinder folgsamer sind, wenn sie zurückkehren.

»Je leiser und stiller ihr, als liebe ›Geister‹ wirkt, um so lieber werden die Eltern auf euch eingehen, um so wohler werdet ihr ihnen tun, denen es bei ihren Sorgen gar nicht recht zu lauter Freude ums Herz ist.«[622]

Auch die Rassenhygiene erfinden nicht erst die Nationalsozialist:innen. Karl Behm und andere Ärzt:innen der Weimarer Republik und Kaiserzeit glauben bereits an »Keimschäden«, »Entartung«, wertes und unwertes Leben. So ist Behm dafür, dass sich nur diejenigen Frauen fortpflanzen, die »edle« Keime in sich tragen.[623] Die Theorie von den edlen Keimen hatte der Pädagoge Moritz Schreber schon vor dem Kaiserreich verbreitet. In der Weimarer Republik attestiert Karl Behm den Kinderkuren einen heilsamen Effekt auf das »Entartungsbild« der »reizbaren Seelen- und Nervenschwäche«[624], das aus der »Schädigung (...) der Erbmasse«[625] resultiere:

»die leichten Psychopathien: (...) mit übergroßer Empfindsamkeit, Haltlosigkeit vom Naschen bis zum Stehlen, Neigung zum Phantasieren bis zum bewußten Lügen, Unausgeglichenheit, Stimmungsschwankungen, Zügellosigkeit, zusammengefaßt: die psychisch labilen – die seelisch schwankenden Kinder.«[626]

Später zeige sich diese Störung darin, dass die »Arbeitskraft« dieser Menschen gewöhnlicher Arbeitsbelastung nicht »gewachsen« sei.[627]

Die Indikationen der Heime der 50er- und 60er-Jahre werden schon damals festgeschrieben: Dazu zählt die exsudative Diathese, »ein die gesamte Haut und Schleimhaut angehender im Stoffwechsel verankerter Entartungszustand«[628]. Dieser führt laut dem Kinderarzt Adalbert Czerny zu Milchschorf, trockener abschilfernder Gesichtshaut, Wundwerden, Exzemen, Bronchialkatarrhen und Asthmaanfällen, zu Haut-Schleimhaut-Tuberkulose und Skrofulose.[629]

Gemessen wird der Erfolg aber auch damals nur an Längenwachstum und Gewichtszunahme.[630] Die AWO nennt ihre Kinderkuren der 1920er-Jahre in einer Dokumentation eine »Erfolgsgeschichte«,[631] obwohl Ärzte schon damals differenziertere Nachuntersuchungen fordern.[632] Und eine Erholungslehre als ärztlich-wissenschaftliche Aufgabe ist überhaupt erst noch in Angriff zu nehmen,[633] stellt Karl Behm am Ende seines Buches fest. Medizinische Erkenntnisse über die Wirkung von Erholungskuren gibt es nicht.

7.3 FAHNENMARSCH UND FÜHRERKULT:
Kinderkuren im Nationalsozialismus

Nach der Machtübernahme greifen die Nationalsozialist:innen auch im Erziehungs- und Bildungswesen schnell durch. NS-Symbolik wie Hakenkreuze, Fahnen, Hitlerporträts findet ihren Weg in die Schule, Hitlergruß und Fahnenappelle werden verpflichtend, Bildungsinhalte auf Vereinbarkeit mit der NS-Ideologie überprüft und verändert, viele jüdische, teilweise sozialistische und pazifistische Pädagog:innen werden entlassen,[634] »Rassenzugehörigkeit« wird Kriterium für den Zugang zu höheren Schulen.

Während Hitler bei der Machtergreifung noch vorschwebt, die Jugend – zumindest die der »Volksgemeinschaft« – zu drillen und zu Raubtieren heranzuzüchten,[635] macht ihm Reichsjugendführer Baldur von Schirach schnell klar, dass der Nationalsozialismus die Schwarze Pädagogik überwinden muss, wenn er die Kinder aus den Elternhäusern herausholen und infiltrieren will.[636] Millionen Jungen und Mädchen wandern in Hitlerjugend (HJ) und Bund deutscher Mädel (BDM) am Wochenende mit Proviantrucksäcken durch die Natur, sitzen ums Lagerfeuer, singen Volkslieder und erzählen sich Gruselgeschichten.[637] Bei alldem wird direkt oder indirekt die nationalsozialistische Ideologie vermittelt. Viele derjenigen, die dazugehören wollen, erleben in HJ und BDM eine Freiheit und Unabhängigkeit von Schule und Elternhaus wie nie zuvor.[638] Die neuen Freizeitaktivitäten sind eine Möglichkeit, sich der elterlichen Autorität zu entziehen, und werden besonders »in ländlichen Milieus vielfach geradezu als eruptiver Ausbruch der Moderne vor Ort empfunden«.[639] Dennoch wollen nicht alle an den Aktivitäten teilnehmen. Wer sich jedoch widersetzt, sich vor den gemeinsamen Veranstaltungen drückt, wird bestraft, wer Glück hat, nur mit Leibesübungen im Schulhofdreck.[640]

Die institutionelle Gewalt durch Strafe und Erniedrigung im NS-Staat nimmt gegen »Gemeinschaftsfremde« zu, sonst jedoch nicht.[641] Heinz-Elmar Tenorth, Experte für historische Bildungsforschung, stellt einerseits fest, dass die Pädagogik in der Nazizeit schwärzer geworden sei. Er meint damit die Ausgrenzung der »Anderen«, die damit einhergehende Kontrolle und Funktionalisierung. Er weist andererseits darauf hin, dass Jugendliche in HJ und BDM teilweise weniger Repression und mehr Bindung erfahren als in den Elternhäusern und Schulen vor dem Nationalsozialismus. Die Ambivalenz in der NS-Erziehung stecke zwischen jugendkulturellen Formen und Praktiken einerseits und andererseits stark kontrollierenden Ausgrenzungspraktiken. »Wer sich dem nicht unterwirft, anschließt, wird ausgegrenzt. Doch wer sich integriert, die jugendkulturellen Formen wahrnimmt und sich dem Führer unterwirft, für den kann das ein ganz normales Leben gewesen sein.« Und eine Form der Befreiung.

»Man darf natürlich kein jüdisches Kind sein. Aber andere haben das im Jugendalter gerne wahrgenommen. Die Jugendorganisationspädagogik im Namen von Jugendbewegung, ›Jugend wird durch Jugend geführt‹, und ›Die junge Generation befreit sich‹, das wird positiv erlebt, weil man primär die Jugendkultur erlebte und nicht die Funktionalisierung.«[642]

Der Fokus der Nationalsozialist:innen liegt auf älteren Kindern und Jugendlichen. Der staatlichen Kleinkinderziehung widmen sie kaum Aufmerksamkeit, weil Fremdbetreuung dem nationalsozialistischen Idealbild von Müttern und Großfamilien widerspricht. Anfängliche Versuche, die Kindergärten gleichzuschalten, scheitern.[643] Einen wichtigen Leitfaden für Kleinkindpädagogik schreibt die glühende Nationalsozialistin und ausgebildete Medizinerin Johanna Haarer. Die mehrfache Mutter setzt darauf, den Kindern »Volk, Vaterland und Führer« spielerisch nahezubringen.[644] Sie ist Gegnerin einer Kindergartenpflicht und gegen die Massenbetreuung von Kleinkindern[645] – somit auch gegen Verschickungsheimen. Kleinkinder bräuchten enge Bindungspersonen: »Bringt man ein Kleinkind vor dem dritten Geburtstag in einem Heim oder einer Krippe unter, dann entwickelt es sich nicht so wie bei guter Pflege daheim.« Ihr eigentliches Ziel ist es, Propaganda für »arische« Mutterschaft und Großfamilien zu machen. Haarer empfiehlt in ihrem Buch »Unsere kleinen Kinder« zeittypische Strenge, auch Strafen, aber Drohungen und Einschüchterungen lehnt sie ab, sie ist gegen Schläge, weil die »dem Kinde einen schweren seelischen Schaden zufügen«,[646] sie erlaubt Kläpse auf den Hintern, doch das »lockere Handgelenk ist stets von Übel«.[647] Und Haarer appelliert an die Eltern, nicht lange zu strafen, weil Kinder nichts mehr als ihre Liebe und Zuneigung bräuchten und viel Zeit für ungestörtes freies Spiel.[648] Sie bittet die Eltern, kleinen Kindern, die Dinge zerstören und herumwerfen, nicht böse zu sein. Das sei »eine notwendige Entwicklungsstufe, durch die das Kind vieles lernt und erlebt.«[649] Haarer schreibt:

> »Schlägt man ein trotziges Kind, so scheint es nachher oft förmlich gebrochen, oder aber schwer verstockt. Sie selbst erleben an sich, daß Sie danach nur schwer Ihre innere Ruhe wiederfinden. Vielleicht regt sich bei Ihnen die Reue und das Gefühl, etwas falsch gemacht zu haben. Sie haben Mitleid mit dem Kinde. Schlagen Sie das trotzige Kind also lieber nicht! Wenn der Trotz eine Weile gedauert hat und das Kind mit Ihnen einzweit war, dann fängt es manchmal zu weinen an – (…). Jetzt ist es wichtig, daß sie sofort zur ›Versöhnung‹ bereit und dem Kinde ganz schnell wieder gut sind! Denn nichts braucht das trotzige Kind so nötig wie Ihre Liebe.«[650]

Heute ist Haarer zum Synonym für Schwarze Pädagogik geworden. Nicht wegen ihres Erziehungsratgebers für Kleinkinder, sondern wegen ihres millionenfach verkauften Buches »Die deutsche Mutter und ihr erstes Kind«. Es enthält überwiegend Schwangerschafts- und Geburtstipps.[651] Zum Umgang mit Säuglingen rät sie, wie schon viele Erziehungsratgeber vor dem Nationalsozialismus, sich nicht von Babys tyrannisieren zu lassen, wenn sie schreien. »Häufig kommt es nur auf einige wenige Kraftproben zwischen Mutter und Kind an – es sind die ersten! – und das Problem ist gelöst.«[652] Zärtlichkeiten und Bedürfniserfüllung der Babys verurteilt sie. »Solche Affenliebe verzieht das Kind wohl, erzieht es aber nicht.«[653] Neu ist diese Härte nicht – im Vergleich zu manchen ihrer männlichen Vorgänger aus der Weimarer Republik und Kaiserzeit ist sie noch milde.

Das Kinderkurprogramm

Der Ausschluss aus dem gesellschaftlichen Leben von Jüdinnen und Juden, Sinti und Roma, »Asozialen«, geistig und körperlich Beeinträchtigten und unheilbar Kranken beginnt schon in den ersten Jahren nach der Machtübernahme der NSDAP. Bevor sie ab 1939 systematisch ermordet werden.[654] Mit dem »Gesetz zur Verhütung erbkranken Nachwuchses« von 1933 werden Menschen zwangssterilisiert, »die nach Ansicht der Experten den Volkskörper schädigten«.[655]
Zum Wohl dieses Volkskörpers, einer biologisch-»rassischen« Einheit, sollen die »Erbkranken« getötet, die »Erbgesunden« gekräftigt werden.[656] Die »gesundheitlich begründeten Ferienreisen von Stadtkindern in ländliche Gebiete« aus der Weimarer Republik sind also auch ganz im Sinne der NS-Gesundheitserziehung – solange die Kinder »arisch« sind. Unter der bereits etablierten Bezeichnung »Kinderland- und -heimverschickung« werden sie nach der Machtergreifung von der Nationalsozialistischen Volkswohlfahrt (NSV), der NS-Massenorganisation für Gesundheitsfürsorge zur Stärkung der Volksgemeinschaft,[657] fortgesetzt. Die Zahlen steigen kontinuierlich von 180.000 Erholungs- und Heilkurverschickungen

im Jahr 1933 bis hin zu 380.000 Kuren im Jahr 1938.[658] Die NSV kontrolliert und überwacht ab 1933 die »Liga der freien Wohlfahrtspflege« zunehmend, unter der sich die Spitzenverbände der freien Wohlfahrtspflege in den 1920er-Jahren zusammengeschlossen hatten. Auch den Kinderkurbereich: So werden entsprechende Einrichtungen in NSV-Kinderkurheime umbenannt. Das Deutsche Rote Kreuz muss bis zum Ende der NS-Zeit Eigentum und Grundstücke aller Kindererholungsheime, -kuranstalten, -liegehallen und -heilstätten an die NSV übergeben.[659] Anderen Verbänden, wie der Caritas, gelingt es trotz der Einschüchterungsversuche durch vereinzelte Verhaftungen von Mitarbeiter:innen, weiterzuarbeiten und auch bei den Kinderkuren eine gewisse Unabhängigkeit zu bewahren.[660] Viele leitende Persönlichkeiten legen aber von sich aus ihre Ämter nieder oder werden gezwungen, aus ihren Positionen in den Verbandsorganen auszuscheiden.[661] Dies gilt auch für Deutschlands größte Kinderfahrtmeldestelle in Münster.[662] Die »Sorge um den individuellen Leib« und die damit verbundene »Arbeit am Kollektivkörper«, die ab dem 19. Jahrhundert zugenommen hat und die auch Ärzte wie Karl Behm oder Moritz Schreber vertraten, bilden für Rassismus und Eugenik im Nationalsozialismus eine entscheidende Grundlage.[663] Wie schon in der Weimarer Republik werden behinderte Kinder, Kinder, die an Infektionskrankheiten oder Epilepsie leiden, Bettnässer und »schwer erziehbare asoziale Jugendliche«[664] von den Kuren ausgeschlossen. Kirchliche Verbände sollen jedoch weiterhin auch Kinder mit Behinderungen wie Gehörlosigkeit verschickt haben, ohne dass die NSV intervenierte.[665] Die Reichszentrale Landaufenthalt für Stadtkinder stellt 1933 »rassehygienische« Kriterien auf, um zwischen »erbbiologisch einwandfreien« und »erbminderwertigen« Menschen zu unterscheiden. Jüdische Kinder, sogar »Jüdische Mischlinge

zweiten Grades«, die laut Rassegesetz eigentlich »Ariern« gleichzustellen sind, sind von dem Angebot an Kinderkuren ausgeschlossen.[666]
Die Kuren richten sich weiterhin vor allem an Kinder aus sozial schwachen Schichten, ihnen soll ein mehrwöchiger Ferienaufenthalt in gesunder Umgebung und mit ausreichender Ernährung ermöglicht werden.[667] Die Heime werben weiterhin damit, Kinder mit Wandern, Luft, Sonne, Bewegung, Spiel und Solebädern zu kurieren: »Frisch und gut erholt kehren die Kinder in das Elternhaus zurück. (...) Gesunde Mütter! Gesunde Kinder! Gesundes Volk! (...) Caritas tuet Gutes Allen« heißt es in einem Kinderkurwerbefilm der Caritas aus dem Jahr 1936.[668] Liegen, Luftkuren, Gymnastik und Wandern bleiben das Alltagsprogramm in den Kinderkurheimen.
Auch aus Propagandafilmen über NSV-Kindererholungsheime klingen die alten Konzepte aus Weimarer Republik und Kaiserzeit heraus. Während manche Heime vom Einfluss der NSV unberührt zu bleiben scheinen, versuchen die Nationalsozialist:innen durch die Auswahl neuer Mitarbeiter:innen, Schulungen und neue Rituale die nationalsozialistische Indoktrination voranzutreiben. Werbefilme der NSV zeigen, dass dies auch für kleinere Kinder gilt.

»Auch unsre Kleinsten wollen keinen Tag beginnen, ohne sich erst auf ihre Fahne zu besinnen ... Die Fahne hoch marschiert, Voran der Führer führt ... Mit unsern Fahnen ist der Sieg, Flieg, deutsche Fahne, flieg«.[669]

So heißt es in einem Film der NSV-Erholungsfürsorge.

Wie der Kuralltag tatsächlich aussieht, erzählt Praktikantin Hanni. Sie berichtet 1939 über den Tagesablauf im BDM-Kinderkurheim Senne am Fuße des Teutoburger Waldes: sieben Uhr wecken, aufstehen, Zähne putzen, anziehen, Betten machen: und zwar perfekt. Steht noch ein Hausschuh unterm Bett, fliegt er in hohem Bogen aus dem Fenster. Danach: Antritt und Marsch zum Fahnengruß, anschließend Kaffee trinken. Es folgen Spiele oder Hauswirtschaft. Manchmal wandern die Kindern nach dem Morgenkaffee mit eingepackten Broten in den Teutoburger Wald, pflücken Blumen und bringen Sträußchen mit. Nach dem Mittagessen müssen alle zur Mittagsruh bis 15 Uhr. Das hätten einige Kinder überhaupt nicht gewollt, schreibt Hanni, aber wer sich erholen wolle, müsse eben genug schlafen. Bis zum Abendbrot wird gespielt, geturnt oder sich anderweitig beschäftigt – auf dem Spielplatz oder am Sandberg. Die Kinder bauen Häuser und Burgen. Vor Ostern basteln sie gemeinsam Häschen und Küken, bemalen Postkarten als Gruß für die Eltern. Nach dem abendlichen Fahnengruß kommt das Abendessen. Eine Gutenachtgeschichte liest sie den bittenden Kindern nur vor, wenn sie auch brav gewesen sind, dann müssen sich alle auf die rechte Seite legen und schlafen. Jeden zweiten Tag werden die Kinder abends abgeduscht, ein großer Spaß laut Hanni. Aber am Ende wird die Dusche kalt gestellt. Niemand kann fliehen, Tränen fließen, aber das hilft nicht: Man darf nicht zimperlich sein, sagt Hanni, man muss ja abgehärtet werden.[670]

Fokus auf der männlichen Jugend

Das Regime braucht kräftige Soldaten. Der Fokus im Kinderkurwesen wird in der NS-Zeit auf männliche Jugendliche verlagert, die Heimleitungen solcher Einrichtungen werden durch männliche »Lagerführer« ersetzt. Um in den Kurheimen Platz zu schaffen, müssen sogar Mütter weichen. So wird das Müttererholungsheim Mutterfrieden auf Langeoog 1938 in ein Heim für berufstätige Hitlerjungen umfunktioniert. Die frühere Heimleitung wird entfernt, unter der Angabe, dass sie erkrankt sei. Das Haus wird mit neuem Mobiliar ausgestattet und heißt von nun an HJ-Kurheim Wicking. Der Verwaltungsbeamte, ab 1939 SS-Sturmbannführer, der die Umfunktionierung anordnet, verspricht dem Heimbesitzer, dass das Haus in dem aktuellen »tadellosen Zustande erhalten« bleibe.[671] Ein »Lagerführer« wird eingesetzt und ein zusätzlicher Sportwart als »Gruppenführer«. Die niedrige Vergütungsstufe, die für die früheren weiblichen Angestellten gegolten hatte, wird für die Männer aufgestockt. Auch eine Liegehalle wird trotz Bebauungsplänen durch die Luftwaffe in die Dünen vor dem Haus gebaut. Die Behörden haben »noch ausreichendere Mittel zur Verfügung als bisher«.[672] Wehrerziehung ist der Plan für den männlichen Nachwuchs. Hitler hatte 1939 die »Jugenddienstpflicht« eingeführt, die zu neuen Schulungen, Heimabenden und Wehrsportübungen führt.[673] Aber im Kuralltag ändert sich nicht so viel, wie die NS-Funktionäre hoffen. Das zeigt ein Blick in ein Kindererholungsheim in Lippe. Im Jahr 1941 übernimmt Walter Thorun die Leitung. Männer als Lagerführer werden damals händeringend gesucht, aber die Wehrmacht hat im Krieg Vorrang. Thorun ist wegen einer Verletzung nicht kriegstauglich. Alle vier Wochen empfängt er 40 Jungen aus dem Ruhrgebiet im Alter von 14 bis 18 Jahren zur Kur. Die Jungen kommen aus Lehrberufen des Industriehandwerks, viele sind Bergjungleute aus Zechenbetrieben des Ruhrgebiets und sollen hier gekräftigt werden. Thorun, der NSDAP-Mitglied ist, im Kurheim nur mit einem Offiziersmantel herumläuft und wenig Erfahrung im Umgang mit Kindern und Jugendlichen hat, wandert mit ihnen durch die Natur, zu »Liedgut aus der bündischen Jugend«.[674] Wehrsport ist nicht Thoruns Fall, er findet hingegen, dass Chorgesang belebt. Er pflegt Vorlesen und Erzählen, Gespräche und Diskussionen mit den Jungen und lässt sie bei der Tagesplanung mitentscheiden, so sagt er. Thorun erstellt aber auch anhand von Leistungstests Qualitätsprofile der Kurjungen, die zu ihm kommen. An seiner Skala lassen sich Regionen mit besonders leistungsstarken jungen Männern ablesen, die der Staat damals dringend für den Kriegseinsatz braucht. Begeistert von dieser Skala, verschafft ihm ein Psychologe aus dem öffentlichen Dienst eine Ausbildung zum Sozialerzieher, die eigentlich nur Kriegsversehrten gilt.[675]

Beschlagnahmungen der Kinderkurheime

Mit dem Beginn des Zweiten Weltkriegs ändert sich auch die Lage für die Heime. Viele werden zweckentfremdet. Auch das Kurheim Wicking auf Langeoog wird kurz nach dem Bau der Liegehalle beschlagnahmt. Es dient fortan der Luftwaffe zur Unterbringung der Kommandantur des Flak-Artillerie-Schießplatzes der Insel.[676] Das Kinderkurheim St. Johann der Thuiner Franziskanerinnen wird 1938 in ein Lazarett umfunktioniert.[677] Auch die Deutsche Kriegsmarine beschlagnahmt Kinderkurheime.[678] Das Seehospiz Kaiserin Friedrich, die Prestige-Heilanstalt aus dem Kaiserreich, wird 1938 in ein »Reichsjugenderholungsheim« umgewandelt, nachdem der »Verein für Kinderheilstätten an den Deutschen Seeküsten« aufgelöst worden war.[679] Die NSV zieht das Vereinsvermögen ein. Mit Kriegsbeginn übernimmt die Wehrmacht das Seehospiz und führt es bis Kriegsende als Lazarett, Kaserne und Depot.[680]
Doch in den ersten Kriegsjahren führen auch einige Kinderkurheime ihren Betrieb weiter fort wie zuvor. Die Auguste-Victoria-Kinderheilanstalt Bad Oeynhausen wird 1939 nur vorübergehend beschlagnahmt. Auch wenn die Solepumpe zerstört ist

und »Kellerräume zur Sicherheit der Kinder bei Luftgefahr« fehlten, vermeldet das Heim 1940 wieder normale Kurverläufe bei über 200 Kindern und Jugendlichen. Die Einrichtung koppelt sich bald fast vollständig von der Aufsicht der Jugendbehörde ab. Aus Zeit- und Papierersparnis sendet sie nur noch halbjährlich kurze Berichte.[681] Trotz Beschlagnahmungen und Zweckentfremdung durch das Militär nehmen 1941 immer noch 300.000 Kinder an Kuren in Heimen teil.[682]

Die »Erweiterte Kinderlandverschickung«

Während der deutsche Bombenkrieg in den Nachbarländern seit Kriegsbeginn 1939 wütet, beginnen die Alliierten erst 1942, Deutschland zu bombardieren.[683] Ab diesem Zeitpunkt brechen die Kinderkuren ein, zugunsten der Erweiterten Kinderlandverschickung.[684]

Schon 1940 geben Hitler und Reichsjugendführer Baldur von Schirach das Signal zur Landverschickung der Jugend aus luftgefährdeten Gebieten.[685] Die verharmlosende und beschönigende Bezeichnung »Erweiterte Kinderlandverschickung« (KLV) knüpft an die bekannte und allgemein geschätzte Einrichtung der Verschickung in Kurheime oder zu Bauernfamilien an und suggeriert somit Erholung, Gesundheitspflege und soziale Fürsorge.[686] Die KLV ist nicht mit Kinderkuren oder Erholungsaufenthalten zu verwechseln, sondern eine Evakuierungsmaßnahme. Der Tarnbegriff ist gewählt, um Eltern nicht zu beunruhigen. Der allseits verbreiteten Propaganda zufolge war die deutsche Luftabwehr unüberwindlich.[687]

Die NS-Volkswohlfahrt übernimmt die Verschickung der Kleinkinder und der Kinder der ersten vier Schuljahrgänge, die HJ kümmert sich um die älteren.[688] Kleinkinder kommen häufig in Familien, bei Landwirten und Pflegestellen unter, ältere reisen meist im Klassenverbund mit ihren Lehrer:innen. Oft leben sie monate-, manchmal jahrelang in Villen, Burgen, Hotels, Zeltlagern, Schullandheimen oder Klöstern in internatsähnlichen Verhältnissen.[689] Ab 1943 werden Schulen evakuiert. Oft reisen dann ganze Klassen mit ihren Lehrer:innen fort. Die Erfahrungen der Kinder und Jugendlichen sind so unterschiedlich wie die Orte, an die sie reisen – schätzungsweise zwei bis fünf Millionen Kinder nehmen bis Kriegsende an der KLV teil.[690]

Doch auch die reguläre Erholungs- und Heilfürsorge, die traditionellen Kinderkuren, läuft weiter. Mitten im Bombenkrieg, als nicht mehr nur die Städte, sondern auch das Hinterland, Häfen und Schienen mit Bomben angegriffen werden, reisen hier und da noch Kurkinder durchs Land.[691]

7.4
DER WIEDERAUFBAU:
Anknüpfungspunkte nach 1945

Bereits unmittelbar nach Kriegsende gibt es Bemühungen der früheren Verantwortlichen der Erholungs- und Heilfürsorge, die Kinderkuren fortzuführen. Dies ist für die Jugendbehörden »bei dem jetzigen Tiefstand des Gesundheitszustandes unserer Kinder (...) ein Gebot der Stunde«.[692] Diakonie und andere Wohlfahrtsverbände organisieren unter der Bezeichnung »Improvisierte Erholungsfürsorge« Aufenthalte in Gemeindehäusern auf dem Land mit »örtlichem Betreuungspersonal«. Bauern vor Ort leisten Lebensmittelspenden für die Kinder.[693] Die Landesjugend- und -gesundheitsbehörden prüfen länderübergreifend, wo es unbeschädigte und belegbare Kurheime gibt. So werden 1946 mit den Besatzungsbehörden

auf Norderney Verhandlungen geführt, die die Häuser wieder für ihre früheren Zwecke freigeben sollen. Manche Heime bleiben von der britischen Armee jedoch bis 1949 besetzt.[694]
Viele wieder freigegebene Kurheime melden aber, dass die Inbetriebnahme wegen zu großer Schäden in absehbarer Zeit nicht möglich sein wird. Häufig ist Inventar geplündert oder gestohlen. Auch Wäsche gibt es keine. Andere Hindernisse kommen dazu: Manchmal leben Ostflüchtlinge oder Waisenkinder in den ehemaligen Kinderkurheimen oder es lässt sich niemand finden, der den Betrieb übernehmen würde. So versucht die Caritas erfolglos einen Schwesternorden zur Führung des Vestischen Kinderheims auf Norderney zu finden.[695]
Aber anderswo schaffen es konfessionelle Träger, den Wiederaufbau des Kinderkurwesens voranzutreiben. Am 13. Juni 1946 meldet die Provinzialverwaltung in Münster, dass das Haus Wicking auf Langeoog von der Beschlagnahme befreit sei. Es kann der freien Wohlfahrtspflege angeboten werden. Kurz darauf übernimmt das Diakonissenhaus in Münster die Regie und eröffnet es im August 1946 wieder, ausgestattet mit Wehrmachtsmobiliar und 20 Betten.[696]
Die riesige Anlage des Seehospizes Kaiserin Friedrich auf Norderney ist am Kriegsende eine Ruine. Flüchtlinge laufen mit Entsetzen fort, weil es dort keinen Schutz vor Kälte und Nässe gibt, Verbände und Landesversicherungsanstalten erklären nach einer Besichtigung eine Wiederinbetriebnahme für aussichtslos. Wieder sind es Diakonissen, die sich bereit erklären, die Trägerschaft zu übernehmen:[697] Als die Diakonissen des Mutterhauses »Kinderheil« aus Stettin-Finkenwalde, die gerade aus Pommern mit 400 Kindern hatten fliehen müssen, die Anlage besuchen, bietet sich ihnen ein erschreckender Anblick.

»Das war nur noch der Kadaver einer Anstalt; ganz Norderney trauerte um seine älteste, schönste und größte Heilstätte. Die Kinderbettstellen, seit Jahren verrostet in Schuppen. Die Fensterscheiben waren zerschlagen, die Möbel gestohlen oder zum Heizen zerhackt, die Dächer waren undicht und die Decken fielen herab.«[698]

Es wäre vernünftiger gewesen, einfach fortzugehen, schreibt ein Chronist, aber wegen der Elendsbilder von Kindern in den ausgebombten Großstädten seien die Schwestern bereit gewesen zu einem Opferweg, der von der ältesten bis zur jüngsten unter ihnen Hingabe und Selbstverleugnung fordere.[699]
Zwei Jahre später, im Mai 1948, laufen die Schwestern winkend und singend zum Hafen, um die letzten einhundert Matratzen abzuholen. Damit ist das Seehospiz wieder eingerichtet.

»Dann kam der herrliche Augenblick, als das Hufgeklapper der Norderneyer Pferdedroschken von der Straße hereindrang. Jubelnd und lärmend sprangen die Kinder aus den Wagen, selig, an der See zu sein und fern von Bombentrümmern.«[700]

Viele weitere Träger, die auch schon in der Kaiserzeit und der Weimarer Republik das Kinderkurwesen wesentlich mitbestimmt haben, übernehmen nach 1945 die früheren Erholungsheime und Heilstätten oder bauen neue auf. In den Wirren zwischen Kriegsende und Gründung der beiden deutschen Staaten werden stetig neue Kurheime eröffnet, die Zahlen der Kinderkurverschickungen steigen sukzessive an. Die Provinzialverwaltung in Münster, die größte Kinderfahrtmeldestelle im Land, verschickt 1945 fast 500 Kinder zwischen sechs und 14 Jahren zur Kur, 1946 sind es schon annähernd 4.000, bis 1948 werden es fast 8.000.[701]
So wie viele andere Kurheimträger im Laufe der Nachkriegs-

jahre öffnen die Kurheime St. Johann und Antoniushaus der Thuiner Franziskanerinnen ihre Tore 1948 wieder für Kurkinder.[702] Ein Heimleiter und ehemaliger Gestapohäftling aus Bad St. Peter erhält nach Beschlagnahmung durch die Kriegsmarine sein Kinderkurheim zurück, das »die allerschwersten Schäden« aufweist.[703]

Auch die Verwaltung knüpft an die Traditionen der 1920er-Jahre an. 1948 wird die »Arbeitsgemeinschaft der sozialen Heime in Norderney« wieder eingerichtet, die die Nationalsozialisten aufgelöst hatten. Im Zuge der Entnazifizierung kehrt 1948 Adolf Wolters auf seinen Posten als Leiter der Ausgleichstelle der Abteilung Erholungs- und Heilfürsorge zurück, den er im Nationalsozialismus verloren hatte. Mit Wolters steigt die Zahl der Kinderkuren in Münster wieder, die Ausgleichstelle agiert wie vor 1933.[704] Im Jahr seiner Rückkehr lässt er bereits knapp 18.000 Grundschulkinder sowie Kleinkinder und Jugendliche aus Westfalen und Lippe zur Kur verschicken.[705]

Westfalen ist Vorbild für die nördlichen und südlichen Länder, von denen viele ab 1948 ihre Kinderfahrtmeldestellen wieder einrichten und die Verschickungsverwaltung wieder in Gang bringen. Wolters wird 1949 Vorsitzender einer Arbeitsgemeinschaft aller Kinderfahrtmeldestellen der BRD zur gemeinsamen Steuerung und Planung.[706]

Einfluss des Nationalsozialismus auf die Nachkriegskuren

Im Nationalsozialismus sind schätzungsweise bis zu 250.000 Männer und Frauen am Holocaust beteiligt.[707] Planer:innen, Exekutor:inen oder Handlanger:innen. Hunderttausende weitere Deutsche töten für das Regime: Sie schießen auch Kinder nieder und wehrlose Alte, löschen ganze Ortschaften aus. In Deutschland lebt nach dem Krieg ein Heer von Täter:innen.

Einige der NS-Größen begehen nach Kriegsende Selbstmord, andere verstecken sich im Ausland. Doch die Entnazifizierung fällt ambivalent aus. Einige werden juristisch verfolgt.[708] Doch die Straffreiheitsgesetze von 1949 und 1954 amnestieren Zehntausende Täter:innen.[709] Viele von Hitlers ehemaligen Funktionseliten – aus Unternehmen, Medizin, Wissenschaft, Justiz, Militär und Journalismus – können unter Konrad Adenauer wichtige Schaltstellen in Staat, Gesellschaft und Wirtschaft wieder einnehmen.[710]

Auch an den Euthanasiemorden Beteiligte kommen zunächst unbehelligt davon. In Schleswig-Holstein siedeln sich eine Reihe NS-Verbrecher an, darunter Werner Heyde, Leiter der medizinischen Abteilung der Berliner »Euthanasie Zentrale« und für den Mord an mindestens 80.000 Behinderten und Kranken verantwortlich. Er wird Anfang der 60er-Jahre wegen der Tötung von 100.000 Menschen angeklagt, stirbt durch Selbstmord in Untersuchungshaft.[711] Ärzte, die der rassistischen Ideologie und Eugenik nahegestanden haben sollen, wechseln nach dem Krieg ins Kinderkurwesen. Dazu soll Hans Kleinschmidt zählen, der 1942 am Euthanasiemord eines kleinen Jungen beteiligt gewesen sein soll.[712] Auch Werner Catel ist während der Nazizeit in der Gesundheitsabteilung des Innenministeriums an der Ermordung behinderter Kinder beteiligt. Sowohl Kleinschmidt als auch Catel werden Medikamententests an Kurkindern in der Nachkriegszeit vorgeworfen, in Catels Fall 1947 in der Kinderkurklinik Mammolshöhe, wie erwähnt, sogar mit tödlichem Ausgang.[713]

Werner Scheu betreibt nach dem Krieg das Kinderheim Möwennest auf Borkum, auch noch, nachdem er in den 70er-Jahren aus seiner Haftstrafe zurückgekehrt war.[714] Er hatte im Zweiten Weltkrieg an der Erschießung Hunderter Juden mitgewirkt und sechs Jahre in einem Zuchthaus absitzen müssen.

Über diese Zeit schreibt er, der selbst eine Art Konzentrations- oder Arbeitslager auf seinem Anwesen betrieben hatte, ein Buch mit dem Titel »In Haft«. Er beschreibt darin das Verhalten von Gefangenen innerhalb einer »Totalen Institution« – so wie manche heute die Kurheime der Nachkriegszeit nennen.[715] Entsprechend gibt es aus einzelnen Heimen Berichte über Wehrübungen und die Vermittlung nationalsozialistischer Inhalte. So wurden laut Verschickungskindern im Kinderkurheim »Nickersberg«, das von dem ehemaligen NS-Funktionär Paul Bartsch nach dem Krieg betrieben wird, »Nazi-Lieder« gesungen.[716]

Im Erholungsheim »Kinderglück« in Birkenhain in der DDR führt 1953 ein Erzieher mit den Kindern militärische Übungen durch.[717] Luftgewehre stehen teilweise gespannt in Reih und Glied unkontrolliert in den Schlafräumen des Kurheims.[718] Der Spielplatz ist zu einem Partisanenlager umgebaut worden mit Wachttürmen, Schießstand und Alarmglocke. Für die Partisanenkämpfe werden die Kinder in den Morgenstunden mit geschulterten Gewehren hinausgejagt. Nachts müssen sie mit Luftgewehren Wache vor dem Tor stehen oder Schützengräben bauen und darin die Nacht verbringen. Bisweilen werden sie an Pfähle gebunden oder mit Stöcken an den Beinen gefesselt, damit sie sich nicht setzen oder bücken können. »Ermüdete Kinder (…) von seinen Partisanen gefesselt bringen lassen, gehörte scheinbar zur Hauptkur«,[719] empören sich Mütter in einem Brief. Ein Vater berichtet, sein Sohn sei einen Tag lang in einen Bunker gesperrt worden ohne Nahrung, und erbittet eingehende Untersuchung. Die Barackenanlage befindet sich im Wald auf dem ehemaligen Hauptquartier Heinrich Himmlers, Hauptverantwortlicher des Holocaust. Mit dem Nationalsozialismus bringen die Kontrolleure der Sozialversicherung und des Freien Deutschen Gewerkschaftsbundes das Erziehungsprogramm aber nicht in Verbindung. Die Funktionäre bewerten das Partisanenlager als gute Infrastruktur für Erziehungsarbeit nach Konzepten des sowjetischen Pädagogen Anton Semjonowitsch Makarenko, die durchaus gewünscht ist. Für die Erholungskinder sei es lediglich zu Übertreibungen gekommen. Der Erzieher sei für kräftige Kinder unter guter und strenger Anleitung zweifellos auch ein guter Pionierleiter.[720] Das Heimpersonal beschwichtigt, es gebe immer Kinder, denen etwas nicht gefalle, zumal, wenn sie von Haus aus verwöhnt und verzogen seien. Auf sie besondere Rücksicht zu nehmen oder sie sogar zu bevorzugen, lasse die Erziehung zum Gemeinschaftsleben nicht zu.[721] Die Einführung von Traditionen als Erziehung zur bewussten Disziplin findet auch die volle Zustimmung der Volksbildung Neubrandenburg, über deren Schreibtisch der Fall geht.[722]

Briefzensur, Toilettenverbot, Teller leer essen – was viele Verschickungskinder bis in die 90er-Jahre erleben, hat seine Wurzeln in der Gesundheits- und Anstaltserziehung des 19. Jahrhunderts. Die Erziehungsmethoden sind schon lange vor dem Nationalsozialismus entstanden und finden bereits in den Kinderkurheimen der Weimarer Republik Anwendung – auch durch den Erziehungsleitfaden von Karl Behm.

Militärische Wehrerziehung wie in den oben skizzierten Beispielen bleibt die Ausnahme in den Kinderkurheimen der Nachkriegszeit. Der Nationalsozialismus stellt mit der Zweckentfremdung und Zerstörung vieler Kinderkurheime und der Neuausrichtung auf die Erweiterte Kinderlandverschickung eher eine Zäsur der Erholungs- und Heilfürsorge dar, als dass er Spuren hinterlässt.

V Endlich wieder zusammen

Zurück nach Dortmund-Marten

Wir stehen vor der Vitrine einer Fischbude in Wenningstedt. Mein Vater wählt Seehechtfilets für den Hauptgang, ich zeige auf geräucherte Buttermakrele, Krabben und Lachs für die Vorspeise. Er und meine Tante versuchen mich noch zu bremsen. »Das schaffen wir nie!« Ich glaube schon, der lange Tag am Meer hat mich hungrig gemacht – und sie lassen mich gewähren. Wir ziehen mit einem Beutel voll Fisch Richtung Ferienhaus. In der Kochecke fangen die beiden gleich an, mit Töpfen und Pfannen zu klappern. Als alles auf dem Tisch steht und ich den fetten Fisch, den ich ausgesucht habe, probiere, wird mir klar, dass mir nur nach etwas Seehecht und Salat ist. Es ist wirklich viel zu viel.

Ich denke an meine Tante, die in der Kinderkur jeden Tag gezwungen wird, Dinge zu essen, vor denen sie sich ekelt.

Sie und ihr Bruder sehnen im Frühjahr 1967 sechs Wochen lang die Rückkehr herbei. An einem Tag im April ist es endlich so weit: Die beiden sitzen wieder nebeneinander im Zug. Als sie Sylt über den Hindenburgdamm und das Meer wieder verlassen, endet eine Geschichte, von der mein Vater lange nichts mehr hören will.

Das Wiedersehen in Dortmund-Marten ist überschwänglich, »herzzerreißend«, sagt meine Tante. Alle sind heilfroh, sich wieder zu haben. Zu Hause am Küchentisch wird ihm warm ums Herz. Dass es nicht schön gewesen sei, sagen sie den Eltern, als die fragen. Dass Barbara krank alleingelassen wurde, dass das Essen fad war, die Erzieherinnen doof, dass sie getrennt wurden.

»Wie furchtbar die Zeit für die beiden war, haben wir erst bei ihrer Rückkehr erfahren«, sagt mein Großvater Albert Vollmer, der inzwischen verstorben ist, als ich ihn darauf vor ein paar Jahren anspreche. »Und dann haben wir uns gesagt, da brauchen wir sie nicht wieder hinzuschicken.«

Eine Beschwerde reichen meine Großeltern im Anschluss an die Kur nicht ein. Von den Taten der Zimmergenossen von Matthes wissen sie nichts. Er schämt sich als kleiner Junge so sehr für das, was die Großen gemacht haben, dass er darüber schweigt.

Als wir den Fisch gegessen haben, setzen wir uns auf das gemütliche Sofa am Fenster. »Rückblickend war das größte Drama in der Kinderkur, dass ich niemanden hatte, dem ich vertraut habe«, sagt meine Tante. Auch wenn sie und ihr Bruder nicht besonders behütet aufwachsen – mit einer depressiven Mutter und einem Vater, der viele Jahre alkoholkrank ist –, ist die Kinderkur eins der dunkelsten Kapitel in ihrer Kindheit.

»Unsere Eltern waren ja lieb, sie waren zugewandt, in der Sprache und in den Gesten, es gab viele Umarmungen. Die Verunsicherung, die entsteht ja immer dann, wenn dieses Vertraute wegbricht. Dass unsere Eltern nicht immer hundert Prozent funktioniert haben in der Zeit, hat ja auch dazu geführt, dass Matthes und ich so ein besonders enges Verhältnis hatten, weil wir eben viel allein waren und so aufeinander aufpassen mussten. Und in der Kur konnten wir uns nicht mehr auf diese Bande verlassen. Die ist weggebrochen.«

8.

RÜCKKEHR NACH HAUSE

Das lange Schweigen der Verschickungskinder

Einigen Kindern gefällt es in den Kuren so gut, dass sie gar nicht mehr nach Hause wollen. Manche sind sogar froh, dass sie von Problemen im Elternhaus weit entfernt sind. Aber viele Verschickungskinder steigen mit großer Erleichterung in die Züge oder Busse heimwärts. Auch Birgit freut sich auf die Heimkehr, obwohl sie sich unterwegs Sorgen macht. Engster Begleiter während der Kinderkur als Neunjährige in Bad Reichenhall in den 60er-Jahren ist ihr Teddy.

»Ein uraltes Tier mit Holzwolle gefüllt, mit gläsernen Knopfaugen. Ich glaube, mein Großvater hatte den schon, er war schon geflickt und abgelebt, und für den hatte meine Mutter einen extra Tornister gepackt, aus dem er mit dem Kopf und den Händen rausgucken konnte. Und den schleppte ich die ganze Kur über mit. Das war mein Anker damals als Kind. Und als ich dann wieder fahren musste, wurden die Koffer nicht von uns selber gepackt, sondern von den Frauen, die da arbeiteten. Und die haben meinen Teddy nicht in diesen Tornister getan, sondern ihn in meinen Koffer gequetscht und den Koffer zugemacht, und ich hatte die Fantasie, dass er darin keine Luft kriegte. Als ich wieder zu Hause war, war für mich klar, Teddy ist tot. Das war ganz furchtbar. Nach einer Weile habe ich das in meiner Fantasie dann so zurechtgebogen, dass er wieder zum Leben erweckt wurde. Und dieser Teddy sitzt bis heute auf meinem Kleiderschrank.«

Harald wird während der Kinderkur als Siebenjähriger an der Nordsee Teil einer Jungsbande, die er idealisiert. Es ist seine Strategie, um mit seiner Angst und Verunsicherung umzugehen. Als er diese Bande verlassen muss und nach Hause zurückkehrt, ist er wie entwurzelt.

»Ich wollte unbedingt zu meiner Jungsbande zurück und hab kein Wort davon sagen können. Ich kam nach Hause und habe geweint. Und alle haben sich gewundert. So nach dem Motto: ›Jetzt kommt er nach Hause und weint.‹ Ich habe nur gesagt, ich habe Heimweh nach dem Meer und sonst habe ich kein Wort darüber verloren.«

Auch andere fühlen zurück im Elternhaus einen Bruch. Klaus*, der mit vier Jahren sechs Wochen zur Kur im Schwarzwald ist, ist zu Hause in Wuppertal nicht mehr derselbe. Er spricht mit schwäbischem Akzent, geht körperlich und emotional auf Distanz zu seinen Eltern. Das ist die Wut auf die Mutter, die ihn da hingeschickt hatte, vermutet er. Bis heute verfolgen ihn Albträume, die mit dem Schwarzwald gekommen sind: »Das ist so eine Konstellation übermächtiger Objekte, die auf mich zukommt und droht, mich zu zermalmen«, sagt er.
Rosi, die mit fünf Jahren sechs Wochen zur Kur nach Bayern verschickt wird, um zuzunehmen, dort Toilettenverbot und Esszwang erlebt, wird auf der Rückreise von einer Betreuerin im Zug begleitet. Nach der Ankunft am Abend sitzen sie zusammen in der dunklen kalten Bahnhofshalle und warten. Rosi weiß nicht, auf wen.

»Dann kamen plötzlich zwei Menschen an, denen ich übergeben wurde. Und das wollte ich aber absolut nicht, mit diesen beiden Menschen mitgehen. Ich habe geschrien und getobt und mich gewehrt, so ich nur konnte. Aber diese Menschen waren meine

Eltern ... Die Kinderhand wird in die Hand eines fremden Menschen gelegt und mit dem musst du dann mitgehen. Das war ganz entsetzlich, die Eltern gar nicht mehr wiederzuerkennen: enorm schlimm für mich.«

Zurück im elterlichen Haus und bei ihrer großen Schwester, bleibt Rosi alles fremd.

»Ich habe mir diese Tapeten angeguckt – diese großen bunten, die man früher hatte. Und das war für mich befremdlich. Es war nicht so, dass ich nach Hause gekommen wäre und gedacht habe: Ach ja, hier ist ja mein Nest.«

Auch sie hat sich verändert. Sie spricht plötzlich mit bayrischem Dialekt, sagt »Würschtli« oder »Bürschtli« und jodelt. »Damit bin ich meiner großen Schwester ziemlich auf den Wecker gefallen.« Es dauert lange, bis sich Rosi wieder eingelebt hat.

Sylvia, die in Schloss Krumke zur Kur war, wo Kinder, die ins Bett gemacht hatten, in einer Wanne stehen mussten und vor allen gedemütigt wurden, kehrt kurz vor Weihnachten heim. Sie sitzt an Heiligabend blass, mit Augenringen und abgemagert neben ihren Eltern. »Meine Eltern haben gesagt, dass ich nach der Kur apathisch war, wochenlang.«

Auch Birgit geht es zurück zu Hause auf dem Bauernhof in Hessen schlecht. Sie spricht über Tage kein Wort, so hat es ihr später die Mutter erzählt.

»Meine Eltern waren sicherlich davon überzeugt, dass sie mir mit der Kur was Gutes tun. Ich hatte auch nicht das Gefühl, dass ich groß vermisst wurde zu Hause. Sechs Wochen sind ja für einen Erwachsenen ein ganz anderer Zeitraum im Sommer, wenn die Ernte ist und wenn im Garten viel Arbeit ist, da hat mich keiner vermisst. Ich war dann halt wieder da. Ja, und dann habe ich nicht geredet und dann hat man halt abgewartet, hat aber auch nichts unternommen. Oder mal irgendwie gefragt: Was ist dir passiert und wie war es? Und ich habe das dann irgendwann verdrängt. Der Alltag fing wieder an. Aber so von meinem Gefühl war das ein Einschnitt in meinem Leben, wie ich keinen anderen bis dahin hatte.«

Als Günter von der Kur auf Norderney zurückkehrt, wo ihn Nonnen beim Spazieren in den Hintern getreten und mit kaltem Wasser abgespritzt hatten, wird er direkt nach seiner Rückkehr noch einmal richtig krank. »Danach habe ich nie wieder eine Grippe gehabt – fast 40 Jahre lang. Es war so, als wollte mein Körper mit allen Mitteln verhindern, wieder krank zu werden.«

Bruno wird vier Mal in seiner Kindheit jeweils drei Monate ins Seehospiz auf Norderney verschickt. Die ständigen Unterbrechungen hätten ihn schulisch aus der Spur gebracht. Da ist er nicht der Einzige. Immer wieder erzählen Verschickungskinder, dass sie nach der Kur sitzen bleiben oder den Anschluss nicht mehr finden.

Wenn die Kinder von Gewalt in den Kurheimen berichten, reagieren viele Eltern gar nicht. Es gibt aber auch Berichte von Müttern oder Väter, die aktiv werden. Das zeigen einige aktenkundige Beschwerden und auch Bernds Geschichte. Als er Ende der 70er-Jahre nach sechs Wochen Kur aus der Kinderheilanstalt in Bad Sassendorf zurückkehrt und von Schlägen der Oberin erzählt, fährt sein Vater mit anderen Eltern zur Einrichtung, um sich zu beschweren. »Er hat gesagt: ›Gute Frau: Merken Sie sich das: Wenn einer meinen Sohn schlägt, dann bin ich das!‹«

Gesundheitliche Wirkung der Kuren

Was hat den Kurkindern die Heilkur langfristig gesundheitlich gebracht? Trägt der Aufenthalt zur versprochenen Besserung von Haut- oder Atemwegsproblemen bei? Nicole, die in einem DDR-Kurheim an der Ostsee in den frühen 80er-Jahren zur Kur ist, sagt, dass das tägliche Eincremen und Verbinden ihre Neurodermitis etwas abmildern konnte. Nach dem Kurende ist jedoch bald wieder alles beim Alten. Die Wirkung der Kuren in Bad Reichenhall wird in einem Online-Forum unterschiedlich bewertet. »Gesundheitlich haben mir die sechs Wochen gutgetan«, schreibt jemand. Ein anderer:

»Ich selbst war dort zwischen 1978 und 1985 wegen Asthma dreimal, jeweils sechs Wochen zur Kur und wundere mich über die teils sehr negativen Berichte mancher Personen. Für mich waren es immer wunderschöne Aufenthalte mit nur den besten Erinnerungen. Auch haben mir die Kuren sehr geholfen.«

Auf persönliche Nachfrage, was sich verbessert habe, reagiert die Person nicht mehr. Birgit, die in der Nachbaranstalt Villa Phönix als Mädchen zur Kur ist, sagt:

»Ich habe diese Asthmaanfälle erst in der Pubertät verloren. Ich bin immer noch ein bisschen anfällig, was Bronchitis angeht. Das ist meine Schwachstelle geblieben. Aber die Kur hatte überhaupt keinen Effekt.«

Dirk sieht das anders. Er fliegt mehrmals zur Asthmakur von der DDR an die Adria, ist nach vier Aufenthalten zwischen 1980 und 1989 am Ende geheilt. Da ist er 16 Jahre alt. In der Presse heißt es 2013, die früheren Kinderkuren im beliebten Ferienort Veli Lošinj an der Adria »inmitten üppiger subtropischer Vegetation«[723] eigneten sich mit salzhaltiger Luft und mehr als 2.500 Sonnenstunden im Jahr hervorragend zur Behandlung von Asthma und Hautkrankheiten. Viele der Kurkinder seien geheilt zurückgekehrt.[724]

Therapie und Heilung

In den 50er- und 60er-Jahren, in denen die meisten Verschickungen stattfinden, prägen Strenge und Gewalt die Erziehung vieler Familien. Aber die Zeit in Kur beschreiben viele Verschickungskinder als besonders gravierenden Einschnitt in ihr Sicherheitsgefühl. Die psychologische Psycho- und Traumatherapeutin Claudia Schedlich hat viele Patient:innen behandelt, die in ihrer Kindheit längerfristig aufgrund von medizinischen Behandlungen von ihren Eltern getrennt wurden.

»Dieses Verlustgefühl, das beschreiben alle. Also dieses Getrenntsein und ohne den Schutz der Eltern in eine unliebsame Umgebung geschickt worden zu sein und wenig Möglichkeiten gehabt zu haben, Kontakt aufzunehmen oder zurückzukommen; sie haben sich in der Regel sehr verlassen und allein und ausgeliefert gefühlt.«

Sie weiß, was diese Trennung für Folgen haben kann: eine Erschütterung des eigenen Sicherheitserlebens und des Grundvertrauens in eine sichere Lebensumgebung.

»Und diese Erschütterung ist auch nachhaltig. Die späteren Erwachsenen beschreiben, dass sie sich verschickt und weggeschickt gefühlt haben, was sie gekränkt und verletzt hat. Sie konnten häufig auch nicht nachvollziehen, was die Gründe waren für das, was mit ihnen passiert ist. Und dieses Gefühl von Ohnmacht, Vertrauensverlust und Ausgeliefertsein, das hält sich.

Es ist häufig so, dass Menschen heute in ihrer Beziehungsgestaltung beschreiben, dass sie ängstlicher sind, dass sie größere Verlustängste haben, dass sie Schwierigkeiten haben, Menschen zu vertrauen, dass sie die Stabilität von Beziehungen anzweifeln und mit einem ständigen Gefühl der Unsicherheit leben. Sie können sich nicht wirklich verlassen und fallen lassen. Die psychischen Folgen zeigen sich in Depressionen oder manchmal unerklärlichen Angstzuständen, die oft nicht zuordbar sind, weil den Menschen der Zusammenhang nicht so klar ist zwischen dem, was ihnen als Kind passiert ist und ihrem jetzigen seelischen Leiden. Das muss überhaupt erst mal wieder verknüpft werden.«

Erlebnisse von Esszwang, verbaler oder physischer Gewalt können noch bedrohlicher erlebt werden, wenn Kinder bereits angeschlagen sind, mit Heimweh kämpfen und Fremdheitsgefühlen.

»Viele Kinder, denen das von zu Hause unvertraut war, konnten sich auch schwierig in diese restriktiven Strukturen einfügen. Es wurden ja auch Strafmaßnahmen in diesen Einrichtungen ausgeübt, die dann schon in Richtung einer Gewalttraumatisierung gehen. Und das war etwas, was die Kinder im Nachgang dann häufig überhaupt nicht aufarbeiten konnten. Auch weil es den Eltern nicht bewusst war, was ihre Söhne und Töchter erlebt haben.«

Vielen Verschickungskindern fehlt jemand, der genau nachfragt. So ist es auch bei Johannes, als er 1972 aus der Kinderkur in Bad Sassendorf zurückkehrt, wo er als Bettnässer gedemütigt wurde.

»Das war nachher ein Tabuthema. Ich konnte auch meine Eltern nicht fragen: Wieso, weshalb, warum habt ihr mich weggegeben? Ich habe das nie begriffen und habe immer auch meinen Eltern dafür die Schuld gegeben. Ich habe bis heute auch überhaupt noch gar keine Unterlagen, keine Briefe, nichts mehr. Meine Eltern leben nicht mehr. Die kann ich auch nicht mehr fragen. Diese ständige Angst, die man sein ganzes Leben bis heute in sich trägt, kommt immer wieder hoch. Hauptsächlich nachts.«

Sylvia weiß lange nichts mehr von der Gewalt in Schloss Krumke. Als sie 42 Jahre alt ist, sitzt sie in der Küche, als plötzlich Flashbacks kommen – an die Erniedrigungen in der Wanne, an den Moment, wo sie ihr Erbrochenes isst. Lang Verdrängtes, ihre kindlichen Gefühle kehren zurück, werden detailliert. Sie beginnt zu verstehen, warum sie immer ein Problem damit hatte, im Mittelpunkt zu stehen, bei Vorträgen am ganzen Körper zittert, sie ständig darüber nachdenkt, wie sie andere bewerten. »Das Gefühl von dort ist der Ursprung meiner Angst, die mich heute heimsucht.« In der Zeit der rückkehrenden Erinnerungen zieht sie sich immer mehr zurück, bekommt ein Burn-out und scheidet aus ihrem Führungsposten aus – »weil ich es nicht mehr stemmen konnte«. Sylvia kämpft bis heute mit Depressionen und Ängsten, ist auch in stationärer Behandlung gewesen.
Karlheinz hat aus fünf Verschickungen eine Essstörung und Lebensmittelabneigungen mitgenommen.

»Bestimmte Essen kann ich bis heute nicht essen, weil die Erinnerungen daran zu schwer hängen, die ich einfach nicht verdrängen kann. Das ist zum Beispiel Milchreis mit Zimt, Steckrüben, Schwarzbrot ... das alles mag ich auch nicht, weil es in mich hineingequetscht, quasi geknüppelt, reingequält wurde.«

Bei Harald Schickedanz hat die Zeit in der Kinderkur eine grundsätzliche Skepsis gegenüber Institutionen ausgelöst. »Alles, was so daherkam und irgendwelche Vorschriften gemacht hat, da war ich vollkommen misstrauisch.«
Alexandra kann nach der Kinderkur, in der sie ein Arzt missbraucht hat, lange Zeit kein »Sch« mehr sprechen. Die Psychotherapeutin Claudia Schedlich erlebt bei Menschen mit einer Gewalttraumatisierung häufig, dass das Muskelsystem dauerhaft angespannt ist. Der dauerhafte Alarmzustand entwickelt sich bei manchen Betroffenen zu Schmerzsyndromen. Außerdem können Situationen, die mit der Gewalterfahrung assoziiert sind, Ängste auslösen. »Wenn Betroffene dann einem Arzt begegnen, kann das massive Ängste und auch eine Überflutung mit Angstgefühlen auslösen.«[725] Bis heute belasten Alexandra Arzttermine.
Birgit hat in der Kinderkur in der Villa Phönix in Bad Reichenhall keine Gewalt erlebt, aber die abrupte wochenlange Trennung von zu Hause und der rigide Umgang in der Kur haben sie erschüttert. Sie glaubt, dass sie die Kurerfahrung bis heute geprägt hat, weil ihre Erschütterung im Anschluss von niemandem gesehen oder mit ihr besprochen wurde.

»Wenn ich mich so angucke: Ich kann sehr schlecht Gefühle zulassen, Gefühle nicht so gut äußern. Ich weine, wenn es irgendwie geht, nicht vor anderen Menschen. Und diese scheinbare Gefühlskälte, die kann damit zusammenhängen. Nicht nur, aber auch. Ich habe nicht gelernt, meine Gefühle zu äußern, weil sie nicht wahrgenommen werden und weil sie auch keiner wissen will. Heute wirke ich auf andere Leute eher distanziert.«

Rosi hat lange Zeit keine Erinnerung mehr an den Heimaufenthalt. Auch nicht an das Essen, das nach Plastik schmeckt und das sie in der Kinderkur nicht runterbekommt. Jahrzehnte vergehen, da stellt sie sich bei einer Psychiatrie für einen neuen Job vor,

»... und auf einmal ging die Aufzugstür auf. Da kam dieser Essenswagen rausgeschoben und mit ihm eine Wolke von Plastikgeruch: und zwar genau der Geruch, den ich auch immer in diesem Kinderheim gerochen hatte. Der haute mich da wirklich psychisch total um. Da hab ich gedacht: ›Ich fass es nicht.‹ Und dann waren alle Erinnerungen wieder präsent. Es hat mich erschüttert, weil ich dachte, die Menschen können das nicht essen. Es waren sehr hilflose Menschen. Und in der Psychiatrie können sich auch keine Menschen hinstellen und sagen: ›Das schmeckt ja alles nach Plastik. Ich mag das nicht.‹«

Nach dem Kinderkuraufenthalt hatte sie als Fünfjährige keine Erinnerung mehr an ihre Eltern.
John Bowlby, der Begründer der Bindungstheorie, sagt:

»Kein Verhalten wird von stärkeren Gefühlen begleitet als das Bindungsverhalten. (...) Solange das Kind sich in uneingeschränkter Verfügbarkeit seiner Hauptbindungsperson oder in geringer Entfernung von dieser befindet, fühlt es sich sicher. Die Gefahr eines Verlustes ruft Angst hervor, der tatsächliche Verlust Trauer, und beide lösen meistens außerdem Ärger aus.«[726]

Aus psychotherapeutischer Sicht kann das Nichteingehen auf die Vertrautheit zu den Eltern als unbewusste Bewältigungsstrategie gedeutet werden, wobei das Gefühl von Kontrolle gestärkt und das Erleben von Hilflosigkeit durch die negative Trennungserfahrung reduziert wird. Dahinter könnte sich das kindliche Gefühl der Wut verbergen und die Verzweiflung, von den Eltern im Stich gelassen worden zu sein.[727]
»Wenn ich so zurückschaue, dann hat diese Entwurzelung mein ganzes Leben begleitet«, sagt Rosi. »Das Gefühl bleibt,

nicht hierhinzugehören, es vielleicht auch nicht mehr zu wollen, weil mich jederzeit wieder jemand dort herausreißen kann.« Rosi glaubt, dass die Kinderkuraufenthalte massive Schäden in Kinderseelen angerichtet hätten. »Es ist ein riesiger psychischer Stress, wenn die Vertrautheit der Eltern verloren geht. Heute hat man das zumindest verstanden.«

Das Gefühl der Fremdheit begleitet auch Birgit bis heute. Nach dem Abitur, als sie zum Studium an einen anderen Ort zieht, wird dieses Gefühl übermächtig. »Ich will das nicht aufbauschen, aber ich war da suizidgefährdet.«

Bruno, der viermal drei Monate lang im Seehospiz Kaiserin Friedrich in Norderney kurt, wo ältere Jugendliche versuchen, kleine Kinder zu vergewaltigen, kann nach seiner letzten Kur seine Mutter nicht mehr umarmen. Für den Rest seines Lebens.

»Durch diese Distanz, die sie durch ihre eigene Erziehung hatte, konnte sie das nicht überbrücken. Die war selber schockiert, hat wahrscheinlich Schuldgefühle gehabt und das war so eine gegenseitige Reaktion. Damit habe ich mich zurückgezogen und hab mich auch nie mehr von ihr einfangen lassen. Irgendwann vor ihrem Tod hat sie gesagt«,

Bruno beginnt zu weinen, »›Ich habe dich doch geliebt!‹«

Wie repräsentativ sind die Erfahrungen?

Immer wieder wird versucht, die Erfahrungen zu quantifizieren. Wie viel Prozent der Kurkinder haben gelitten, wie viel haben die Zeit in guter Erinnerung, wie systematisch waren Missstände? Die bisherigen Versuche sind wenig repräsentativ. So hat die *SWR*-Redaktion von *Report Mainz* einen Wissen-

schaftler beauftragt, der 1.000 öffentlich zugängliche Kommentare ausgewertet hat, in denen 93 Prozent die Kur als negativ bewertet hätten und 60 Prozent unter Spätfolgen leiden würden.[728] Der Verein Aufarbeitung und Erforschung von Kinder-Verschickungen e.V. hat inzwischen 6.700 Fragebogen[729] auswerten lassen, die recht leichtfertig mit dem Traumabegriff umgehen. 62 Prozent haben darin Zwangsernährung und Trennung von den Eltern als traumatisch angegeben. Bestrafungen fallen mit 38 Prozent als traumatische Erinnerung ins Gewicht, »gemeines Verhalten des Personals« und Gruppenzwang und Erniedrigungen vor der Gruppe mit 24 Prozent, Toilettenverbot mit 16 Prozent.[730]
Dabei gilt es zu beachten, woher die Teilnehmer:innen der Befragungen kommen. Geworben wurde dafür auf Betroffenenseiten, die Kurkinder als »Opfer« ausweisen. Außerdem wurden Erfahrungsberichte von Menschen ausgewertet, die auf Plattformen Kommentare abgegeben hatten. Zu fragen ist, wie repräsentativ diese Gruppen sind. Historikerin Lena Krull hat ehemalige Bad Sassendorfer Kurkinder zu ihren Erlebnissen befragt.

»Jede Erinnerung hat ihre eigene Berechtigung. Und natürlich muss man dazu sagen, dass die Menschen, die sich mit dem Thema in ihrer eigenen Biografie auseinandersetzen, häufig eher negative Erinnerungen gemacht haben. Deswegen haben wir auch wirklich sehr viele negative Erlebnisberichte aus den Bad Sassendorfer Einrichtungen. Es gibt aber auch genauso Menschen, die eher neutrale und positive Erinnerungen haben. Bei uns speziell überwiegen aber die negativen Erinnerungen.«

Archivare bestätigen, dass Menschen, die nach Informationen über ihre Kinderkur suchen, auch häufig positiv an die Zeit zurückdenken. Historikerin Lena Krull ordnet das so ein:

»Ich bin der Meinung, man kann das statistisch überhaupt nicht erfassen, wie hoch der Anteil von negativen Erlebnissen in diesen Kinderkuren war. Und die Frage ist auch, wie sinnvoll das überhaupt ist. Denn wir haben ja genügend Berichte von Zeitzeuginnen und Zeitzeugen, die darauf hinweisen, dass eben sehr viele negative bis traumatische Erfahrungen gemacht haben. Und meiner Ansicht nach ist es nur begrenzt hilfreich, dann noch sagen zu können, wie viele das von der Gesamtmenge sind.«

Erinnerungsarbeit und Hilfe bei Traumata

Seitdem Kinderkuren immer mehr negative, zuweilen auch undifferenzierte Schlagzeilen machen, in denen alle Kinderkurheime als »Totale Institutionen«, so wie Psychiatrien oder Gefängnisse und per se Orte der Gewalt, markiert werden, sind viele Menschen verunsichert. Sie vermuten nun, selbst in der Kinderkur schreckliche Dinge erlebt zu haben, an die sie sich nur nicht mehr erinnern könnten, und suchen nach Informationen über die früheren Einrichtungen. Sogenannte »Heiler:innen« machen mit dieser Unsicherheit Geschäfte und bieten spirituelle »Rückführungen« in die Vergangenheit an. Teilweise haben sie den Kund:innen, die sich an nichts mehr erinnern können, in solchen Sitzungen von ihren Visionen berichtet. So hätten sie gesehen, wie die Betroffenen in den Kurheimen sexuell missbraucht, Opfer von Medikamentenmissbrauch oder Zeug:innen vom Tod eines Kindes geworden seien.
Die Psychotherapeutin Claudia Schedlich warnt vor solchen Experimenten, weil sie das Selbstbild ändern könnten, »und das führt zu einer Umänderung der eigenen Lebensgeschichte, ohne dass das auf festem Boden steht«. Für eine Heilung bilde das keine stabile und fundierte Grundlage. Eigenrecherchen bei Erinnerungslücken findet Claudia Schedlich sinnvoll:

»Wenn rauszukriegen ist, dass in einer bestimmten Zeit in einem bestimmten Heim bestimmte Erziehungspraktiken oder auch Gewalt ausgeübt wurden. Auch der Austausch mit anderen Menschen, die dort waren, kann hilfreich sein.«

Eine Spurensuche ersetzt jedoch keine Therapie, wenn der Leidensdruck hoch ist. Anzeichen posttraumatischer Belastungsstörungen können etwa unerklärbare Erregungszustände, unklare Träume, Schlafstörungen, fragmentierte Erinnerungen, ein Gefühl der Unsicherheit in der Welt oder ein Misstrauen in Beziehungen sein.

»Wenn Menschen häufiger niedergeschlagen sind, merken, dass sie bestimmte Dinge vermeiden, wenn sie mitkriegen, dass es bestimmte Auslösereize gibt, die immer wieder massive Ängste in ihnen auslösen. Auch das ist ein Indikator, um zu sagen, da ist etwas, was anscheinend im System so belastend ist, dass es gut wäre, sich da Hilfe zu holen.«

In solchen Fällen rät Schedlich den Verschickungskindern zu einer Psychotherapie bei zertifizierten Traumatherapeut:innen. Zur Behandlung innerhalb einer Therapie ist EMDR eine inzwischen anerkannte und etablierte Psychotherapiemethode. Beim Eye Movement Desensitization and Reprocessing konzentrieren sich die Patient:innen auf bestimmte Anteile einer nicht ausreichend verarbeiteten Erinnerung, während gleichzeitig beide Gehirnhälften stimuliert werden.[731] Der wissenschaftliche Fachverband EMDRIA schreibt dazu:

»Eine EMDR-Sitzung ist vergleichbar mit einer Zugreise: Die Patientinnen und Patienten fahren noch einmal an dem Geschehen vorbei – aber aus sicherer Distanz und in Begleitung ihrer Therapeutinnen bzw. Therapeuten. Im weiteren Verlauf der Sitzung verblasst die belastende Erinnerung Stück für Stück und die Symptome des Traumas werden aufgelöst. Die Patienten lernen mit den alten traumatischen Erinnerungen und Gedanken umzugehen und können eine neue, angemessenere Perspektive auf das Geschehen entwickeln.«[732]

9.

WENIGER HIEBE, MEHR LIEBE

Kinderkuren heute

Geboren ist die Kinderkur aus der Idee, Hunger, Elend und Schäden durch die Industrialisierung zu minimieren und den Nachwuchs zu gesunden und fleißigen Arbeiter:innen heranzuziehen. Die hohe Auflage von Johanna Haarers Buch zur Säuglingspflege bis in die 80er-Jahre zeigt, wie akzeptiert Vorstellungen einer streng und hygienisch einwandfreien Erziehung der Kinder,[733] nach starren Plänen fürs Füttern und Säubern statt emotionaler Verbindung und Zärtlichkeit, in der Gesellschaft bleiben. Erst in den 80er-Jahren wandelt sich spürbar der Erziehungsgeist. Alice Miller ist eine der Autorinnen, die vielen ins Bewusstsein ruft, welche Schäden lieblose, kalte und grausame Erziehungspraxis anrichtet. Sie zeigt, dass Gewalt nicht etwas »Böses« aus Kindern vertreibt, den »Tyrannen«, sondern es erst erschafft. In ihrem Buch »Am Anfang war Erziehung«, das 1980 erstmals erscheint, beschreibt sie die verheerende Wirkung Schwarzer Pädagogik auf das zukünftige Leben der Kinder. Insbesondere, wenn die Erfahrungen Schwarzer Pädagogik verdrängt werden, drohen Neurosen, Psychosen, psychosomatische Störungen und Verbrechen.[734] Repressiv erzogene Kinder haben laut Miller keine andere Wahl, als das Trauma zu verdrängen und Täter:innen zu idealisieren. Wer immer brav sein muss, sich immer verstellen muss, um geliebt zu werden oder Zuwendung zu erfahren, der oder die verstellt sich auch im späteren Leben und unterdrückt seine oder ihre wahren Gefühle.[735]

Publizistinnen wie Alice Miller haben viele Nachkriegskinder geprägt, die es anders machen wollen, als sie selber Eltern werden. Sie schlagen ihre Kinder nicht mehr und gehen zärtlicher mit ihnen um. 1983 wird die körperliche Züchtigung von Schüler:innen endgültig in Deutschland verboten. Seit dem Jahr 2000 ist das Prügeln der eigenen Kinder in Deutschland eine Straftat. Zwischen 1992 und 2010 hat sich der Anteil der einheimischen Deutschen, die zu Hause völlig gewaltfrei aufgewachsen sind, mit mehr als 50 Prozent fast verdoppelt[736], auch das »häufige Schmusen« nimmt zu.[737]

Ganz unberührt vom Wandel, der mit der 68er-Bewegung, die sich gegen staatliche Zwänge und Repression auflehnt, langsam seinen Anfang nimmt, bleiben auch die Kurheime nicht. Konzepte werden weicher,[738] Regeln lockerer. So dürfen ältere Kurkinder in den 80er-Jahren manchmal allein Ausflüge in die Stadt unternehmen, sie basteln Gipsmasken oder unternehmen Nachtwanderungen an den Strand, sehen mit den anderen Kindern fern.[739] Zunehmend werden Kinder auch von ihren Müttern begleitet.

Mit der Bewegung gegen hierarchisch organisierte Institutionen geht Ende der 60er-Jahre die Popularität der Kinderkuren in der BRD und der DDR langsam zurück. Die wochenlange Trennung von den Kindern und auch die Herausnahme aus der Schule wollen viele Eltern nicht mehr akzeptieren. Und insbesondere Jugendliche lehnen entschieden einen Kuraufenthalt ab.[740] 1971 raten sogar viele Schulleitungen den Eltern ausdrücklich von Kuren ab, weil die Kinder nach den sechs Wochen häufig den Anschluss verpasst hätten.[741] Und: Viele Eltern wollen jetzt zusammen mit ihren Kindern in die Ferien fahren.

Die Presse zweifelt 1970 die hohen Ausgaben für Kinderkuren an, weil der Kurerfolg nur an Gewichtszunahme gemessen wird.[742] Die Veranstalter räumen ein, dass Kinderkuren gegen Unterernährung, Haltungsschwäche, Skrofulose und Asthma nicht mehr zeitgemäß sind. Bei einer ersten großen Tagung von Ärzten, Entsendestellen und Kurheimträgern im Jahr 1970 sagt ein Arzt, dass es für 95 Prozent der Kurentsendungen keine medizinische Indikation gebe. Der Landschaftsverband Westfalen-Lippe will das nicht stehen lassen. Ein Vertreter setzt dagegen, dass 95 Prozent der Kuren erfolgreich seien. Er gibt aber zu, dass 70 Prozent der Heime ihre Kuren nicht »mit klaren Indikationen und voraus vom Arzt festgelegten Kurmittelanwendungen« betreiben. Die Behörden appellieren an die Erholungsheime, Umstrukturierungen vorzunehmen, um zu überleben.[743] Um auf die wirtschaftlichen Schwierigkeiten zu reagieren, werden viele Kinder Ende der 70er-Jahre nur noch innerhalb des eigenen Bundeslandes verschickt.[744]

Die Krankenkassen zahlen immer weniger Zuschüsse für Erholungskuren, beklagen sich die Heimleitungen, aber es zeigt sich, dass die Eltern ihre Kinder auch dann nicht mehr wegschicken wollen, wenn Sozialämter anbieten, die fehlenden Mittel zuzuschießen. Die Anträge von »Sozialkurgästen« gehen immer mehr zurück. [745]
In der Folge beginnen die ersten Träger und Eigentümer, ihre Heime zu verkaufen oder neu auszurichten. Heilkuren in Spezialeinrichtungen sind auch noch Ende der 80er-Jahre Pflichtleistungen, die jede Krankenkasse zu erbringen hat.[746] Die Belegungszahlen in Kinderheilstätten bleiben deshalb höher als die in Erholungsheimen, aber auch sie beginnen langsam zu sinken.[747] In der DDR sieht der Prozess anders aus. Dort gehen die Kinderkuren langsamer zurück, und ihre Höhe bleibt auch

noch in den 1980er-Jahren relativ konstant bei rund 60.000 Kinderkuren jährlich.[748]

Um auf die Veränderungen zu reagieren, suchen die Kinderkurveranstalter in den 70er-Jahren nach neuen Zielgruppen. Zu den Ideen zählt, geistig und körperlich behinderte Kinder mit ihren Müttern zusammen zu verschicken, Jugendliche gegen Rauschmittelmissbrauch zu wappnen.[749]

Der Begriff der Kinderkur verschwindet langsam hinter der neuen Bezeichnung »Reha«. Das Bundesgesundheitsministerium spricht sich 1970 für eine »größere Beachtung der speziellen Kurheilfürsorge und Rehabilitation im Kindesalter« aus.[750] Schließlich zeigten 20 bis 50 Prozent der Großstadtkinder Anzeichen von »Neurosen«.[751] Viele Kinderkurheime und Heilstätten werden in Rehazentren umbenannt und spezialisieren sich auf neurotische Störungen. Bald gibt es daran Kritik. Schon 1969 sieht ein Vertreter der Jugendpsychiatrie in Kurmaßnahmen für »neurotische« Kinder keinen Sinn und meldet den Jugendbehörden, dass ein Kurheim mit Diagnose und Therapie solcher Störungen überfordert sei. Weder auf die »Störkinder«, wie neurotische Kinder genannt werden, noch auf deren Eltern könnte ein Kurheim psychotherapeutisch ausreichend einwirken. Es würde »nur fragwürdige Ergebnisse« erreichen, sagt der Jugendpsychiater.[752]

Weiterhin wird ab Ende der 1960er verstärkt nach dem Aufbau von Mutter-Kind-Kur-Kliniken verlangt. Hier bleiben die Indikationen häufig die alten. Im Seehospiz Kaiserin Friedrich auf Norderney dürfen Mütter ihre asthmakranken Säuglinge und Kleinkinder bis vier Jahren ab 1978 in bestimmten Jahreszeiten begleiten.[753] Auch die Kinderkurheime St. Johann und Antoniushaus der Thuiner Franziskanerinnen in Niendorf bieten ab den frühen 80er-Jahren die ersten Mutter-Kind-Kuren an; inzwischen sind die Einrichtungen reine Mutter-Kind-

Kliniken. Das Seehospiz Kaiserin Friedrich heißt heute »Seeklinik Norderney GmbH, Rehabilitationsklinik für Kinder und Jugendliche« und ist weiterhin in Trägerschaft der Diakonie. Hier sind die Indikationen auch heute noch Asthma, Infektanfälligkeit, Heuschnupfen oder Neurodermitis, aber auch Adipositas, Magersucht sogar Zöliakie gehören jetzt dazu. Weiterhin nimmt die Klinik auch unbegleitete Kinder auf.[754] Nicht alle Ärzt:innen sind über den Wandel erfreut. Noch 1988 heißt es, dass ambulante Badekuren mit den Eltern für das Kind nicht ausreichten, eingefahrene Verhaltensfehler eines mehr oder weniger geschädigten Kindes könnten bei einer gemeinsamen Ferienreise nicht abgebaut werden.[755]

Heute werden jährlich etwas 45.000 Kinder zur Reha verschickt, meist mit ihren Eltern. Kinder bis zwölf Jahren dürfen eine erwachsene Begleitperson mitnehmen. Manche reisen aber auch heute noch allein. Die Kosten übernehmen die gesetzlichen Krankenkassen oder die Deutsche Rentenversicherung.[756] Organisiert werden Rehas häufig von denselben Einrichtungen, die früher Kinderkuren angeboten haben, wie die Kinderheilstätte Bad Sassendorf, die heute »Kinderfachklinik« der Johanniter-GmbH heißt und seelisch und psychosomatisch beeinträchtigte Kinder und Jugendliche behandelt, die »verhaltensauffällig« oder »adipös« sind.[757] Indikationen sind weiterhin Einnässen, auch Angststörungen oder Schulprobleme, es arbeitet teilweise noch dasselbe Personal dort wie zu Kinderkurzeiten.

Die Kinder wohnen heute in Zweibettzimmern mit Bad.[758] Bis zum Alter von zwölf Jahre können erwachsene Bezugspersonen sie ohne Notwendigkeitsprüfung begleiten. Mit ärztlicher Bescheinigung ist die Begleitung auch bis zur Volljährigkeit möglich. Die Reha findet ganzjährig, auch in der Schulzeit, statt – seit 1994 wird in der Klinikschule Unterricht angeboten. Ein Beschwerdemanagement gibt es inzwischen auch. Die Kinderfachklink bewirbt ihr Angebot so:

»Sie fragen sich, wann die stationäre Aufnahme in die Kinderklinik Bad Sassendorf sinnvoll ist? Immer dann, wenn die Störungen Ihres Kindes chronisch ist oder droht, dies zu werden. Der Aufenthalt bei uns macht nicht nur eine intensive therapeutische und pädagogische Betreuung möglich, sondern sorgt auch für einen Tapetenwechsel. Außerhalb der für Ihr Kind oftmals belastenden Umgebung bietet sich ihm die Möglichkeit der Besinnung – um danach einen Neustart zu wagen.«[759]

Weiterhin werden Kindern Kuren für dieselben Krankheitsbilder geschrieben, einige neue kommen noch hinzu. Der Journalist Christian Schürer stellt in seiner Doktorarbeit fest, dass Klimakuren durch geschickte Öffentlichkeitsarbeit der Ärzte, nicht durch Heilbelege populär wurden.[760] Eine Studie von 2021 im Rahmen einer Doktorarbeit attestiert Klimakuren im Hochgebirge zur Asthmabehandlung aufgrund der niedrigen Allergenmenge in der Luft zwar einen langfristigen Erfolg, stellt aber gleichzeitig fest, dass es bei Kindern zu gesundheitlichen Folgeschäden und erheblichen sozialen und schulischen Beeinträchtigungen kommen könne.[761]

Weiterhin ist mehr Forschung notwendig, um die Wirkung messbar zu machen, die Kinderrehas auf den breiten Fächer an körperlichen oder psychischen Erkrankungen haben, die dort behandelt werden.

Ihr Vorläufer, die Kinderkur, war eine Erziehungsmaßnahme, und die Schwarze Pädagogik, die darin existierte, findet sich auch noch heute in manchen Einrichtungen und Ratgebern. Die TV-Dokumentation »Elternschule« zeigt 2018, dass in der Abteilung einer Kinder- und Jugendklinik in Gelsenkirchen Kleinkinder unter Kämpfen zum Essen gezwungen, schreiende Kinder mit Schlafstörungen allein in dunkle Zimmer gebracht werden. Psychiater Karl-Heinz Brisch nennt diese Therapiemethoden emotionale Gewalt.[762] »Kinder wollen schlafen, Kinder wollen essen. Das sind alles Grundbedürfnisse, die kann man gar nicht abstellen. Wenn Kinder anfangen, das nicht mehr zu tun, dann ist das (...) eine Notfallsituation.« Viele Eltern von heute seien weiterhin bereit, auf diesen Zug der Härte aufzuspringen. Der Kinderpsychiater Michael Winterhoff erzielt bis 2020 mit Buchtiteln wie »Warum unsere Kinder Tyrannen werden« eine Millionenauflage. Er hält viele Jahre lang europaweit Vorträge, auch vor Tausenden Kitaleitungen, ist beliebter Gast in Talkshows. Bei *Maischberger* wurde er als »Kinderpsychologe Nummer eins« betitelt.[763] 2021 deckt eine Journalistin auf, dass Winterhoff Kinder und Jugendliche in seiner Klinik an den Genitalien untersuchte und sedierte.[764] Die einzigen Diagnosen, die er gestellt hatte, war sein selbst erfundener »frühkindlicher Narzissmus« und »Symbiose mit den Eltern«. [765] Ein neues Wort für »Affenliebe«.

Die Kinderkurheime boten ein großes Einfallstor für Machtmissbrauch, weil sie unterbesetzt und wenig kontrolliert waren; Personalmangel und teils unwürdige Arbeitsbedingungen resultierten an zahlreichen Orten in Gewalt aus Überforderung. Inzwischen hat sich viel zum Besseren verändert: Die heutigen Rahmenbedingungen in Kinderbetreuungseinrichtungen sind nicht mehr mit den damaligen zu vergleichen. Doch genau hinzuschauen lohnt sich weiterhin. Fachverbände sehen in steigender Gewalt durch Personalmangel und fehlende Professionalität weiterhin ein bundesweites Problem.[766] Insbesondere Kinder und Jugendliche in der Heimunterbringung sind laut Opfervertreter:innen nicht richtig geschützt: Es fehle an geschultem Personal, Schutzkonzepten und auch die Staatsanwaltschaften seien zu gering besetzt, um Fälle von körperlicher und sexueller Gewalt strafrechtlich verfolgen zu können.[767]

Um die körperliche und psychische Gesundheit von Kindern zu gewährleisten, müssen Einrichtungen kindliche Grundbedürfnisse achten und sicherstellen.

Alice Miller hat schon 1980 versucht, ins Bewusstsein zu rufen, was Kinder wirklich brauchen, und hat am Ende ihres Buches einige wichtige Grundbedürfnisse von Kindern zusammengefasst:

»Sicherheit, Geborgenheit, Schutz, Berührung, Wahrhaftigkeit, Wärme, Zärtlichkeit.«[768]

10.

HOHE MAUERN

Die Aufarbeitung der Kinderkuren

Als ich im Jahr 2017 über Esszwang, Heimweh, brutale Erziehung und auch sexuellen Missbrauch berichte,[769] schreiben mich zahllose ehemalige Kurkinder an, schildern ihre Erlebnisse oder fragen, wo sie weitere Informationen, einen Ort des Austauschs finden können, da es die bis dato einzige Recherche zu den Kinderkuren ist. Immer mehr Journalist:innen greifen das Thema auf. 2019 gründet sich die Initiative »Verschickungskinder«, wie sich viele ehemalige Kurkinder heute nennen; sie tritt im selben Jahr mit 1.000 Berichten an das Bundesfamilienministerium heran. Begleitet von einer groß angelegten Pressearbeit, die das Thema im ganzen Land bekannt macht, fordern die Beteiligten Aufarbeitung von Misshandlung und Gewalt in den Kurheimen, finanzielle Unterstützung und therapeutische Hilfsangebote. Die Familienminister:innenkonferenz fordert daraufhin 2020 die Bundesregierung auf, ihr Leid anzuerkennen und die Vorkommnisse gemeinsam mit ehemaligen Verschickungskindern und involvierten Institutionen bundesweit aufzuklären.[770] Doch die Aufarbeitung bleibt aus: Viele Kurkinder kommen bei ihrer Suche nach Informationen nicht weiter. Die Träger sagen oft, dass sie keine Daten mehr besitzen. Als ich bei der Stiftung Bahn-Sozialwerk, die meinen Vater verschickt hat, recherchiere, schreibt sie 2020, dass ich mich nicht mehr melden soll. Auch die schwarz-gelbe Landesregierung in NRW zeigt damals wenig Einsatzbereitschaft bei der Aufarbeitung. Von der Arbeitsgruppe »Verschickungskinder« im NRW-Gesundheitsministerium, die gerade geschaffen worden war, heißt es auf meine Frage im Herbst 2020, wo Akten liegen könnten, dass es keine Informationen gebe. Der Bund sei jetzt gefordert, eine wirklich umfassende Studie auf den Weg zu bringen, um dieses Feld auszuleuchten. Das für NRW zu machen sei wenig sinnvoll und würde dem Thema nicht gerecht werden.

Dabei waren es die Landesbehörden, die die Kinderkuren organisiert hatten. Im November 2020 ist in NRW aber nicht einmal klar, wo die Aufsicht über die Kurheime lag. Auch das solle der Bund klären. Der Bund spielt den Ball wieder zurück. Das Bundesfamilienministerium kläre noch Zuständigkeiten, heißt es.[771]

Als ich 2020 auf der Suche nach Akten über die Verschickung meines Vaters beim Landschaftsverband Westfalen-Lippe (LWL) anfrage, heißt es aus der Pressestelle, dass man mir nicht weiterhelfen könne. Für Einrichtungen aus dem Klinikbereich, in die Eltern ihre Kinder freiwillig für eine bestimmte Zeit aus gesundheitlichen Gründen untergebracht hätten, sei der LWL nicht zuständig gewesen, deshalb gebe es darüber auch keinerlei Unterlagen.[772] Hier, beim LWL, befand sich die größte Kinderfahrtmeldestelle für Kurverschickungen der BRD und hier liegt, wie sich später herausstellt, ein großer Aktenbestand über Kinderkuren.

Auch Johannes, der 1972 mit acht Jahren in Bad Sassendorf zur Kur war, will 2020 herausfinden, in welcher Einrichtung er gewesen war:

»Man ruft überall an und jeder sagt. ›Aber nee, weiß ich nicht.‹ Man wird dann weiterverwiesen. Irgendwo hat man immer den Eindruck, man will auch gar nicht darüber reden. Das ist irgendwie immer noch ein Tabuthema.«

Eine Aufarbeitung der Kinderkur könne nicht nur für die Träger, sondern auch für die Politik unangenehm werden, vermutet

Stefan Mälzer, NRW-Landtagsabgeordneter der SPD. »Offensichtlich hat es keine staatliche Institution wirklich interessiert, was da hinter Mauern von vermeintlichen Kureinrichtungen passiert ist. Also hat es da auch staatliches Versagen gegeben«,[773] sagt er 2020. Er fordert damals von der Landesregierung, die Betroffenen bei der Aufarbeitung aktiv zu unterstützen.

»Da hören wir immer wieder, dass angeblich der Datenschutz eine sehr große Rolle spielt und dass deswegen Betroffene selbst ihre eigenen Akten nicht einsehen dürften. Und die zweite Behauptung ist, es wären überhaupt keine Akten oder keine Daten mehr vorhanden. Wir haben aber, als es um die Aufklärungsarbeit bei den Heimkindern gegangen ist, schon erlebt, dass, wenn man aktiv danach sucht, man auch Dokumentationen findet.«

In den Jahren 2020 und 2021 berichte ich weiter über das Thema: diesmal über Gewalt in der Kinderheilanstalt in Bad Sassendorf, sexuellen Missbrauch in einer DAK-Kinderkur und das weitere Schweigen der Politik und Träger.[774] Erst nach journalistischer Konfrontation mit einem der DAK bereits gemeldeten Fall räumt auch die DAK Missstände – die sie auf erste Anfrage abgestritten hatte – in ihren früheren Kurheimen ein und beauftragt den Historiker Hans-Walther Schmuhl mit einer Studie. Im Auftrag des NRW-Sozialministeriums veröffentlicht der Historiker Marc von Miquel ein Jahr später ein Gutachten über die Geschichte der NRW-Kinderkuren. Auch Universitäten greifen das Thema auf, Forscher der Christian-Albrechts-Universität Kiel untersuchen Kinderkurheime in Sankt Peter-Ording,[775] die Universität Münster forscht zu Kinderkuren in Bad Sassendorf. Sehr viele Recherchen stellen die Verschickungskinder selbst an. Sie heben Dokumente aus den Archiven und sie bilden Netzwerke zum Datenaustausch. Ehrenamtlich.
Als die Schilderungen von Gewalt in ihren Kinderkurheimen

publik werden, veröffentlichen vereinzelt auch Kurheimträger wie die Diakonie oder die Thuiner Franziskanerinnen Untersuchungen und bestätigen Gewalt. Im April 2023 will Historiker Hans-Walther Schmuhl seine DAK-Kinderkur-Studie vorlegen. Alexandra und andere Betroffene von Gewalt in DAK-Kinderkurheimen sind zu einem Gespräch auf Vorstandsebene eingeladen. Dass ich schon drei Jahre zuvor über zwei Fällt von mutmaßlichem sexuellem Missbrauch in Haus Hamburg der DAK berichtet hatte, bleibt in der Studie, die selbst nur zwei Fällt sexualisierter Gewalt in Haus Hamburg enthält, unerwähnt.
Insgesamt ist ein Mauern und Schweigen der Verantwortlichen festzustellen. Nach einem ersten Gespräch mit Vertreter:innen der Verschickungskinder-Initiative meldet der Bund 2022, dass er sich nicht an der Aufarbeitung beteiligen werde. Auch die Träger bremsen. Als ich die Bad Sassendorfer Kinderfachklinik im Oktober 2022 mit den ehemaligen Kurkindern Bernd, Alexandra und Petra besuche, dürfen wir das Gebäude, in dem Bernd zur Kur war, nicht betreten. Auch Johannes, der inzwischen herausgefunden hat, dass er in der Kinderheilanstalt war, darf bei einem offiziellen Besuch im Rahmen eines Kongresses nicht in das frühere Kurheim hinein.

»Bis auf eine Frau, die Empathie zeigte, war die Heimleitung sehr gefühlskalt, abweisend und sie wollten uns eigentlich gar nicht da haben. Ich wäre sehr gerne in das Haus Knabenhaue, das ehemalige Kinderkurheim, gegangen, das heute Kinderfachklinik heißt. Das wurde uns aber sofort von der Frau der Heimleitung verweigert, darüber war ich sehr enttäuscht, das war wieder wie ein Schlag ins Gesicht. Stattdessen zeigte sie uns gleich einen anderen umgebauten Trakt, wie schön es doch dort ist, was uns aber überhaupt nicht interessierte.«

Nicht nur Betroffene stehen vor verschlossenen Türen, auch Forscherinnen. Historikerin Lena Krull will seit 2022 Akten der ehemaligen Kinderheilanstalt einsehen, die in einem Privatarchiv liegen, aber sie erhält keinen Zugriff.

»Ich bin mir auch nicht sicher, ob sich das jemals ändern wird. Ich finde es persönlich schade, aus Sicht des wissenschaftlichen Diskurses. Da wäre ja das Ziel, dass jeder sich einen Überblick über die Quellen verschaffen kann und dann daraus seine Schlüsse ziehen, das darstellen und jeder diese Ergebnisse überprüfen kann. Es wäre zum Fürchten, wenn nur bestimmte Personenkreise Zugang zum Bestand erhalten und dann eine voreingenommene Sichtweise auf die Geschichte der Kinderheilanstalt rauskommt. Noch viel dramatischer finde ich das allerdings aus Sicht der Betroffenen, weil für diese dadurch oft der Eindruck entsteht, dass es etwas zu verbergen gäbe. Und das halte ich für fatal für die Aufarbeitung.«[776]

Nordrhein-Westfalen (NRW) und Baden-Württemberg (BW) sind bisher die einzigen Bundesländer, die Vereine zur Aufarbeitung der Kinderkuren finanziell unterstützen. Eine halbe Million Euro hat BW in die Aufarbeitung investiert, 60.000 Euro gingen davon für 2021 und 2022 an den Verein Aufarbeitung Kinderverschickungen Baden-Württemberg e.V.[777] Auch wenn BW als erstes Bundesland die Aufklärung des Themas begonnen hat, stehe der Verein heute vor mehr Fragen als Antworten, sagt Andrea Weyrauch, Vorstandsvorsitzende des Vereins. Das Landesarchiv habe zwar ein Kinderkurheimverzeichnis erstellt, Träger und Politik hätten aber bislang keine Forschungsergebnisse erzielt,

»die uns in der Aufarbeitung weiterbringen. Leider erleben wir Betroffenen, wie viel Kraft es kostet, diesem institutionalisierten Verdrängungs- und Verleugnungsreflex zu begegnen und dagegen zu halten.«[778]

Auch der Bürger:innenforschungsverein Kinderverschickungen NRW stellt im März 2023 fest, dass die bei den Trägern »innerbetrieblich erfolgten Nachforschungen wenig Erkenntnisgewinne gebracht haben«.[779] Das Land NRW unterstützt den Verein inzwischen mit 575.000 Euro, auf vier Jahre angelegt.[780] Im März 2023 hat ein runder Tisch mit Verantwortlichen aus Politik und Gesellschaft und ehemaligen Verschickungskindern die Arbeit aufgenommen. Vom runden Tisch erhofft sich der Verein endlich Antworten auf die Frage, warum in so vielen Kinderkurheimen rechtsfreie Räume entstehen konnten.[781] Einen solchen Runden Tisch gab es auch schon für Heimkinder. Simon Lissner, Grünen-Politiker, hält diesen für gescheitert und befürchtet das auch für die Verschickungskinder.

»Es ist ein völliger Mangel an Eigeninitiative bei der Politik festzustellen, wenn es darum geht, Missstände aufzudecken und zu beseitigen. Da wird das Gegenteil gemacht. Man stellt sich vor die Täter, man vertuscht, verheimlicht und man gibt immer nur das zu, wo sehr oft Journalistinnen und Journalisten monatelang recherchiert und das Punkt für Punkt nachgewiesen haben. Und erst dann, wenn überhaupt nicht mehr daran zu rütteln ist. Dann kommen Politiker oder auch Vertreter dieser Institutionen. Ja, wir haben gefehlt. Wir werden jetzt gucken, was wir wiedergutmachen können, und das ist verlogen.«[782]

Die Verschickungskinder bleiben auf Bundesebene seit Jahren ungehört. Erst Anfang 2023 erklärt sich das Bundesfamilienministerium plötzlich bereit, »mit den Ländern und Kommunen in einen Austausch über die Verantwortung für das erlittene Leid und Unrecht der ›Verschickungskinder‹« zu treten.

VI »Ich bin nicht mehr das kleine Kind«

Mein Vater wirft einen Stein

An unserem zweiten Tag auf Sylt strahlt die Sonne. Der Wind ist weg. Mein Vater, meine Tante und ich fahren noch mal zur Seestraße, gehen vorbei an der Stelle, wo das Kinderkurheim Decker mal gestanden hat. Dieser Ort kam lange Zeit im Bewusstsein meines Vaters nicht vor.
Nach seiner Rückkehr hat er viele Jahre nicht über seine Kinderkur gesprochen. Sein Leid hat er mit niemandem geteilt. Später dann als Erwachsener hat er die Kinderkur aber immer wieder erwähnt, aber wie tief greifend diese Erfahrung gewirkt hat, das war ihm nicht klar. »Und immer wenn ich darüber nachgedacht habe, habe ich diese sechs Wochen Dunkelheit und diesen Schwarz-Weiß-Film gesehen.« Aber wie es ihm als Kind dort ging, die große Not, die bleibt hinter dem Film.

»Ich bin mir ganz sicher, dass meine kleine Kinderseele einen großen Teil meiner Gefühle während der Kur verdrängt hat. In meinem Erwachsenenleben hat es sich darin ausgedrückt, dass ich nie nach Sylt wollte. Mich hat das erstaunt, dass du das gespürt hast, dass da mehr ist. Erst als du die Recherchen angestrengt hast, habe ich angefangen, mehr in die Tiefe zu blicken.«

Funktionieren müssen, sich nicht anstellen, Kummer runterschlucken: Das haben viele Nachkriegskinder von ihren Eltern gelernt, und das ist ein Grund, warum auch viele Verschickungskinder so lange schweigen.

Mit dem Haus hier in der Seestraße haben wir jetzt einen Anhaltspunkt gefunden, vielleicht sogar eine Bestätigung – das Diffuse, nicht Greifbare ist konkret geworden. Mein Vater ist überrascht, wie viel Bedeutung das für ihn hat.

»Mir ist aufgefallen, wie froh ich darüber bin, dass jetzt klar ist, dass es dieses Haus gegeben hat. Und wie leicht wäre es für die Stiftung Bahn-Sozialwerk gewesen, uns dabei zu unterstützen, diesen Tatort zu finden.«

Er fordert, dass die Stiftung bei der Aufklärung aller missbräuchlichen Aktivitäten in Erholungsheimen, auch der Eisenbahn, mithilft. Denn die letzte Gewissheit, der ultimative Beweis für ihre Kinderkur fehlt auch weiterhin. Auch seine Schwester Barbara ist vom Sozialwerk enttäuscht.

»Die müssten sich ja eigentlich gar nicht verstecken vor den schlechten Taten, weil sie Geschichte sind. Es hat in unserer Gesellschaft eine Veränderung stattgefunden und es outen sich ja auch andere Institutionen damit, dass sie in der Vergangenheit problematische Dinge im Bereich der Kinderbetreuung gemacht haben.«

Wir nehmen wieder den Treppenaufgang runter zum Strand. Auf dem Sand albern mein Vater und Barbara herum, lachen viel. Vor unserer Reise hatte ich Angst, dass die beiden der Ausflug zu sehr belasten könnte, aber gerade sehe ich das Gegenteil. »Ich bin ganz happy«, sagt mein Vater, »dass wir bei diesem tollen Wetter und mit der Sonne im Rücken und dem blauen Himmel hier sind. Das Außen hat jetzt eine Leichtigkeit und Fröhlichkeit wie das Innen, es ist wie in meinem Herzen.« Sylt war bisher ein Tabu für die beiden. Der Besuch hat das verändert.
Barbara sagt: »Ich sehe, dass ich erwachsen bin und nicht mehr

dieses kleine Kind. Ich finde die Insel wunderschön und kann mir vorstellen, hier mal Urlaub zu machen. Und dass ich hier Spaß habe und unbeschwert bin.«

Die Wellen laufen heute als feine Linien der Küste entgegen; perfekte Bedingungen für Surfer, die mit dicken Neoprenanzügen, Handschuhen und Hauben auf ihren Brettern im Wasser sitzen und eine Welle nach der anderen anpaddeln. Als kleines Kind hat mich mein Vater oft im Urlaub am Meer auf seinen Rücken gesetzt und ist mit mir raus zu den Surfern geschwommen, dann sind auch wir mit den Wellen zum Strand geschnellt, mein Vater war mein Brett. Mit Blick auf die Surfer spazieren Matthes und Barbara an der Wasserkante entlang – hier haben ihre Kinderhände vor 60 Jahren beim Marschieren die Knoten eines Seils festgehalten. Mein Vater schaut zu seiner Schwester: »Auch wenn der Besuch das Schlimme, Dunkle und Böse nicht wegmacht, bin ich froh, dass ich mit euch hier bin.« Rührungstränen blitzen in seinen Augen. »Für mich war dabei auch unsere Geschwisterlichkeit so schön, um die wir in der Kur betrogen wurden.« Der Herbsttag bleibt so warm und windstill, wir bestellen Sylter Friesentorte in einem Café, und dann entschließen sich die beiden zu einem Geschwisterausflug auf die dänische Nachbarinsel Rømø – genießen die Fährenüberfahrt, essen Pommes, trinken Bier und fahren wieder zurück nach Sylt.

Abendsonne, eine menschenleere Bucht im Norden Sylts, Dünengras, glitzerndes Wasser, kleine Schaumwalzen. Mein Vater steht am Strand, hinter ihm ordnen Kite-Surfer ihre Segel. Als kleiner Junge hat er hier Steine am Strand gesammelt, um sich zu trösten. Nun nimmt er wieder einen Stein in die Hand und guckt dabei so konzentriert und ernst, als ob sein Schmerz darin läge. Dann wirft er ihn mit voller Kraft weit hinaus ins Meer.

DANK

Ein Film hat einen Abspann, auf einem Buchcover steht nur ein Name. Aber dieses Buch ist das Werk vieler.

Ganz zuerst danke ich meinem Vater Matthes und meiner Tante Babse für ihr Vertrauen, den Mut, ihre Geschichte zu teilen, für die vielen Gespräche, ihre Geduld bei tausend Nachfragen und die weite Reise, auch in dunkle Erinnerungen und Schmerz. Dafür danke ich auch Marco, Stefan und Gaby, Alexandra, Bernd und Petra – schön, dass ich euch schon so lange begleiten darf.

Ich danke weiterhin ganz herzlich Birgit, Bruno, Günter, Helmut, Johanna, Johannes, Karlheinz, Klaus*, Martin, Nicole*, Rosi, Sabine, Sylvia und allen anderen Verschickungskindern in diesem Buch. Mein Dank gilt auch den ehemaligen Kinderkurheimmitarbeiterinnen Gunild, Petra und Helene für die Gespräche. Ich danke Detlef Lichtrauter von *Aufarbeitung Kinderverschickungen NRW e.V.*, Andrea Weyrauch von *Aufarbeitung Kinderverschickungen Baden-Württemberg e.V.* und der *Bundesinitiative Verschickungskinder* für den kurzen Draht und viele hilfreiche Informationen.

Ich danke auch der Kongregation der Franziskanerinnen vom heiligen Martyrer Georg zu Thuine, die uns in Thuine und in Niendorf empfangen und sich meinen Fragen gestellt hat. Ich danke auch der Kinderfachklinik Bad Sassendorf für die Einladung und die Organisation unseres Besuchs.

Ich danke dem wunderbaren KiWi-Verlag für das Vertrauen: ganz besonders Martin Breitfeld, der an das Thema geglaubt hat und meiner Recherche die entscheidende Ordnung, Struktur und den sprachlichen Schliff gegeben hat. Danke für deine beharrliche Strenge, für Peitsche und Zuckerbrot während des Langlaufs. Ich danke meiner zweiten Lektorin Ilene Houben für den finalen Feinschliff. Danke Martin Kaufmann für das schöne Coverdesign. Ein großer Dank für die eindrücklichen Fotomotive geht an das Museum Salzwelten in Bad Sassendorf, an den Verein *Aufarbeitung Kinderverschickungen-NRW e.V.* und an die anonymen Spender:innen. Martin Scherag danke ich für die schönen Porträts.

Ich danke der Doktorin der Psychologie und psychologischen Psychotherapeutin Marie Hellmann für das Lesen und Lektorieren unter Hochdruck, für Kritik und Lob und moralische Unterstützung. Mein Dank gilt auch Regina Mennig für Vorlektorat und Feedback, trotz doppelten Mutterstresses, und Julia Borries fürs Lesen und für die Anmerkungen. Ich danke außerdem sehr Alfons Kenkmann, für den Austausch und das historische Prüfen der Kapitel zum Nationalsozialismus. Karin Bergstermann danke ich für die Hilfe bei der Suche nach ärztlichen Ratgebern des 18. bis 20. Jahrhunderts.

Großer Dank geht an den LWL und das LWL-Archivamt für Westfalen. Hans-Jürgen Höötmann fand immer wieder prompte Antworten auf meine vielen Fragen, Katharina Thiemann half bei der Aktenrecherche und Ralf Springer vom LWL-Medienzentrum für Westfalen unterstützte mich bei der Filmsuche.

Ebenso großer Dank geht an die Archivar:innen des Bundesarchivs, an Julia Liedtke vom Landesarchiv Schleswig-Holstein, an die Mitarbeiter:innen des Stadtarchivs Lemgo, des Stadt- und Vestischen Archivs Recklinghausen und des Deutsche-Bahn-Museums. Ich danke Melanie Zühlke vom Gemeindearchiv Timmendorfer Strand, dem Archiv des Kreises Nordfriesland und dem Sylter Archiv. Danke auch an Gerhilt Dietrich und Marc von Miquel von sv:dok, der Dokumentations- und Forschungsstelle der Sozialversicherungsträger, für wichtige Auskünfte, und den vielen weiteren Archiven, Behörden und Stellen, die bei der Datensuche geholfen haben.

Ich danke ganz herzlich Christiane Florin (*Deutschlandfunk*), Jessica Eisermann (*WDR 5*) und Raoul Löbbert und Merle Schmalenbach (*Die ZEIT Christ und Welt*), die schon 2017 meinen ersten Kinderkurrecherchen Platz geboten haben, obwohl über die Verschickungskinder noch nichts bekannt war. Großer Dank auch an Julia Schöning und Eva Müller für die Rampe zum KiWi-Verlag. Ein ganz besonderer Dank geht an Mathias Werth (*WDR*): für den Sendeplatz im Ersten und dein großes Engagement für mich und meine Recherche.

Ich danke Christof Hößler »Klingklang« und Jürgen Filter »Chodk Dee« für die Warmherzigkeit im Umgang mit den Protagonist:innen, den Humor und die legendären Pausen bei Edeka in Autobahnnähe. Ich danke Kirsten Becker, dass du mir den Rücken freigehalten hast, als ich im Endspurt war. Und ich danke meinem Büro: Bozi, Lucas, Martin und Suppenmeister Rolf für den Langmut und die Freundschaft, dafür, dass ihr meine Wortkargheit hinter Bildschirmen und die Hektik ertragt, und dafür, dass ihr mich mit Essen und Kaffee versorgt habt.

2021 bin ich zum ersten Mal Mutter geworden und im selben Jahr begann die Arbeit an diesem Buch – die in einem langen Marathon endete. Ohne dich, Mama, würde es dieses Buch nicht geben. Danke für deine liebevolle Fürsorge für dein Enkelkind, während die Autorin tagelang im Archiv, manchmal nächtelang im Arbeitszimmer saß. Danke, dass ich entspannt schreiben konnte, während ich euch so oft zusammen lachen hörte. Danke für deine Engelsgeduld, wenn hohe Wellen schlugen. Großer Dank gilt dabei auch dir, Opa Lutz. Danke León und Marie für Support und Bestärkung, *Nephew-McConaughey*-Liebe, Babysitting, Blumen und Bolognese – ihr habt mir mehr gegeben, als ich es konnte. Vielen Dank auch dir, Frederike.

Danke meinen Freund:innen für warme Worte, Inspiration und schöne Pausen. Danke Julia, Esteban, danke Henrik, Jana und Mila, »Anna-Nils« und Nele, dass ihr trotzdem sooft und irgendwie dazwischen da wart. Ganz besonders danke ich dir, Juliane für deine Oase, die täglichen Telefonate, das gemeinsame Paddeln in ähnlichen Booten, das gegenseitige Überwasserhalten und das viele Lachen.
Danke Frau M. – für den starken Flamingo.
Danke Julian für Schokolade, Einkäufe, Abendessen, Trost und Bestärkung und freie Wochenenden. Danke Birgit und Kai, Adrian, Yvonne, Christian und Emma, Werner und Elisabeth für das liebevolle Landleben für unser Kind.
Dir gilt mein größter Dank. Für das Malen mit Kuli an der Wand, wenn ich E-Mails tippte, für das Auf-den-Boden-Werfen von Breischüsseln, wenn ich eine Textstelle suchte, und für das In-den-Hörer-Quäken, wenn der Lektor anrief – danke, dass du das Leben mit einer Autorinnenmutter so wunderbar meisterst und immer wieder klargestellt hast, was das Wichtigste ist. Ohne dich wäre dieses Buch ein anderes. Zu sehen, was du am dringendsten brauchst, ganz besonders, wenn du krank bist, hat mich erst richtig verstehen lassen, was die Verschickung für deinen Großvater, seine Schwester und viele Generationen Verschickungskinder bedeutet hat.

QUELLENVERZEICHNIS

Archivabkürzungen

ADAK: Archiv der Deutschen Angestellten Krankenkasse

ALWL: Archiv des Landschaftsverband Westfalen-Lippe/LWL-Archivamt für Westfalen

BArch: Bundesarchiv

LASH: Landesarchiv Schleswig-Holstein

MLWL: Film- und Tonarchiv des Landschaftsverband Westfalen-Lippe/LWL-Medienzentrum für Westfalen

SAL: Stadtarchiv Lemgo

Monographien

Alexander, Franz 1950: Psychosomatic medicine. Its principles and applications, New York.

Behm, Karl 1926: Erholungsfürsorge. Ein Leitfaden zur Arbeit an erholungsbedürftigen Kindern, Leipzig.

Birk, W./Keller, A. 1914: Kinderpflege-Lehrbuch, mit einem Beitrag von Dr. med. Axel Tagesson Möller, Berlin.

Birk, W./ Mayer, A. 1930: Lehrbuch der Wöchnerinnen- Säuglings- und Kleinkinderpflege für Pflegerinnen, Schwestern und Mütter, Stuttgart.

Bode, Sabine, 2020: Nachkriegskinder – Die 1950er Jahrgänge und ihre Soldatenväter, Stuttgart.

Bönisch, G./Wiegrefe, K. 2006: Die 50er-Jahre: Vom Trümmerland zum Wirtschaftswunder, München.

Brisch, Karl-Heinz 2022: Bindungsstörungen. Von der Bindungstheorie zur Beratung und Therapie, Stuttgart.

BSW1979: 75 Jahre Bundesbahn-Sozialwerk, Herausgeber: Bundesbahn-Sozialwerk, Frankfurt am Main.

Czerny, Adalbert 1946: Der Arzt als Erzieher des Kindes, Wien.

Ekert, B./Ekert, C. 2005: Psychologie für Pflegeberufe, eins für drei; ein Lehr-, Lern- und Arbeitsbuch; Altenpflege – Gesundheits- und Krankenpflege – Gesundheits- und Kinderkrankenpflege, Stuttgart.

Faßbinder, E./Schweiger, U./Jakob, G. 2016: Schematherapie. Therapie Tools, Weinheim Basel.

Fellner, S./Unterreiner, K. 2012: Puppenhaus und Zinnsoldat. Kindheit in der Kaiserzeit, o.A.

Folberth, Sepp 1964: Kinderheime. Kinderheilstätten in der Bundesrepublik Deutschland, Österreich und der Schweiz, München.

Foucault, Michel 1993: Die Geburt der Klinik. Eine Archäologie des ärztlichen Blicks, Frankfurt am Main.

Foucault, Michel 1994: Überwachen und Strafen. Die Geburt des Gefängnisses, Frankfurt am Main.

Gebhardt, Miriam 2009: Die Angst vor dem kindlichen Tyrannen. Eine Geschichte der Erziehung im 20. Jahrhundert, München.

Godau-Schüttke, Klaus-Detlev 1998: Die Heyde-Sawade-Affäre, Baden-Baden.

Grossmann, K. E./Grossmann K. 2021: Bindung und menschliche Entwicklung. John Bowlby, Mary Ainsworth und die Grundlagen der Bindungstheorie, Stuttgart.

Haarer, Johanna 1941: Die deutsche Mutter und ihr erstes Kind, München/Berlin.

Haarer, Johanna 1951: Unsere kleinen Kinder, München.

Herbert, Ulrich 2014: Geschichte Deutschlands im 20. Jahrhundert, München.

Jähner, Harald 2021: Wolfszeit, Hamburg.

Jarausch, Konrad Hugo 2018: Zerrissene Leben – Das Jahrhundert unserer Väter und Mütter, Darmstadt.

Kenkmann, Alfons 2020: Zwischen Verfolgung und »Volksgemeinschaft«. Kindheit und Jugend im Nationalsozialismus, Göttingen.

Ludwig, Sabine 2014: Schwarze Häuser, Hamburg.

Mann, Thomas 2000: Der Zauberberg, Frankfurt am Main.

Marcus, Adalbert Friedrich 1790: Von den Vortheilen der Krankenhäuser für den Staat, Bamberg und Würzburg; https://www.digitale-sammlungen.de/de/view/bsb10473433?page=12, abgerufen am 20.3.2023.

Meyer, Joseph 1909: Meyers Großes Konversations-Lexikon, Band 20. Leipzig.

Miller, Alice 1983: Am Anfang war Erziehung. Erste Auflage, Frankfurt am Main.

Montessori, Maria 2020: Kinderrechte. Die soziale Frage des Kindes, Freiburg, Basel, Wien.

Müller-Münch, Ingrid 2012: Die geprügelte Generation. Kochlöffel, Rohrstock und die Folgen, Stuttgart.

Nitsch, K./Hartung K. 1961: Klimakuren bei Kindern zur Behandlung von Konstitutionsschwächen, Stuttgart.

Rauch, Thilo 1992: Die Ferienkoloniebewegung. Zur Geschichte der privaten Fürsorge im Kaiserreich, Wiesbaden.

Richter, Hedwig 2020: Demokratie. Eine deutsche Affäre. Vom 18. Jahrhundert bis zur Gegenwart, München.

Rutschky, Katharina 2001: Schwarze Pädagogik. Quellen zur Naturgeschichte der bürgerlichen Erziehung, Berlin.

Scheu, Werner 1970: In Haft: zum Verhalten deutscher Strafgefanger, München.

Schreber, Daniel Gottlob Moritz 1858: Kallipädie oder Erziehung zur Schönheit (originalgetreue Kopie der Elibron-Classics-Replica-Edition von 1858 von Friedrich Fleischer, Leipzig, 2005).

Schürer, Christian 2017a: Der Traum von Heilung. Eine Geschichte der Höhenkur zur Behandlung der Lungentuberkulose, Baden.

Thorun, Walter 2006: Jugendhilfe und Sozialarbeit im lebensgeschichtlichen Rückblick. Erinnerungen. Perspektiven, Hamburg.

Ullrich, Carsten 2005: Soziologie des Wohlfahrtsstaates, Frankfurt am Main.

Wendt, Wolf Rainer 1975: Kindererholung ein sozialpädagogisches Curriculum, Stuttgart.

Wendt, Wolf Rainer 1990: Geschichte der sozialen Arbeit: von der Aufklärung bis zu den Alternativen und darüber hinaus, Stuttgart.

Aufsätze in Sammelbänden

Callensee, W./Ermert, J. A. 1988: Bedeutung der Kinderkur aus der Sicht des praktizierenden Kinderarztes, in: Hellbrügge, Theodor 1988: Kinderkuren und Kinderheilverfahren. Fortschritte der Sozialpädiatrie Band 12, Hansisches Verlagskontor, Lübeck.

Kleinschmidt, Hans 1964: Über die Durchführung von Kindererholungs- und Heilkuren, in: Folberth, Sepp 1964: Kinderheime. Kinderheilstätten in der Bundesrepublik Deutschland, Österreich und der Schweiz, München.

Kraushaar, Hans-Georg 1988: Die Kinderkur aus Sicht der gesetzlichen

Krankenkassen, in: Hellbrügge, Theodor 1988: Kinderkuren und Kinderheilverfahren. Fortschritte der Sozialpädiatrie Band 12, Hansisches Verlagskontor, Lübeck.

Nitsch, Kurt 1964: Grundsätze der Kinderverschickung, in: Folberth, Sepp 1964: Kinderheime. Kinderheilstätten in der Bundesrepublik Deutschland, Österreich und der Schweiz, München.

Schultze, Ernst-Günther 1988: Hinweise zur Geschichte der Kurkliniken und Sanatorien für Kinder, in: Hellbrügge, Theodor 1988: Kinderkuren und Kinderheilverfahren. Fortschritte der Sozialpädiatrie Band 12, Hansisches Verlagskontor, Lübeck.

Zeitschriftenaufsätze, Fachartikel, Studien

Ahnsen, Harald 1997: Kinderarmut – Anforderungen an die Soziale Arbeit, in: Gilde-Rundbrief. Nr. 1/1997.

Ayass, Wolfgang 1993: Die »korrektionelle Nachhaft«. Zur Geschichte der strafrechtlichen Arbeitshausunterbringung in Deutschland, in: Zeitschrift für Neuere Rechtsgeschichte 15 (1993), S. 184–201.

Berger, Manfred 2015: Frauen in der Geschichte des Kindergartens. Louise Scheppler (1763–1837), in: Das Kita-Handbuch, herausgegeben von Martin R. Textor und Antje Bostelmann; https://www.kindergartenpaedagogik.de/fachartikel/geschichte-der-kinderbetreuung/manfred-berger-frauen-in-der-geschichte-des-kindergartens/166/?rCH=2, abgerufen am 25.4.2022.

Berger, Manfred 2015a: Frauen in der Geschichte des Kindergartens: Johanna Haarer, in: Das Kita-Handbuch, herausgegeben von Martin R. Textor und Antje Bostelmann; https://www.kindergartenpaedagogik.de/fachartikel/geschichte-der-kinderbetreuung/manfred-berger-frauen-in-der-geschichte-des-kindergartens/1268/, abgerufen am 22.5.2022.

Berger, Manfred 2020: Geschichte des Kindergartens, in: socialnet Lexikon; https://www.socialnet.de/lexikon/Geschichte-des-Kindergartens, abgerufen am 22.4.2022.

Buchli, R./de Witt-Amrein, C./Heiniger, F. 2017: Traumatische Erlebnisse bei Kindern. Diagnostik und Psychoedukation, in der Reihe: Praxisforschung der Erziehungsberatung des Kantons Bern;

https://assets.ctfassets.net/fclxf70732gj/5EOLCq9OBG4gOEUoG MQwEq/22b0d4a4aed62aec645c8487ed70b0cb/EB_PF_Band_21_ Traumatische_Erlebnisse.pdf , abgerufen am 15.3.2022.

Fuchs, Harry 2004: Prävention und medizinische Rehabilitation bei Kindern und Jugendlichen durch die Träger der Renten- und Krankenversicherung: Geschichtliche Entwicklung, Rechtliche Rahmenbedingungen, Berlin.

Gastpar, Alfred 1922: Das Kindererholungsheim in Heuberg, in: Zeitschrift für Schulgesundheitspflege 1922, 35. Jahrgang Nr. 11; https://archive.org/stream/zeitschriftfrsch35deut/zeitschriftfrsch35 deut_djvu.txt, abgerufen am 15.1.2023.

Hammel, Kassandra 2021: Kinderkuren nach dem Krieg, in: neue caritas Jahrbuch 2021.

Hase, M./Leutner, S./Tumani, V./Hoffmann, A. 2013: Eye Movement Desensitization and Reprocessing (EMDR): Eine ungewöhnliche Form der Psychotherapie, in: Deutsches Ärzteblatt, PP 12, Ausgabe November 2013, Seite 512; https://www.aerzteblatt.de/archiv/148764/Eye-Movement-Desensitization-and-Reprocessing-(EMDR)-Eine-ungewoehnliche-Form-der-Psychotherapie, abgerufen am 15.3.2022.

Kleinschmidt, Stefan 2020: Geschichtswissenschaftliche Dokumentation zur Kinderheilanstalt Bad Salzdetfurth 1969, Diakonie in Niedersachsen.

Kleinschmidt, S./Schweig, N. 2021: Geschichtswissenschaftliche Dokumentationen: Adolfinenheim Borkum; 1946 bis 1996 Helenenkinderheim Bad Pyrmont 1945 bis 1992; Seehospiz Norderney; Marienheim Norderney; Flinthörnhaus Langeoog; Kinderheimat Bad Harzburg 1945 bis ca. 1980, Diakonie in Niedersachsen.

Kucera, W./Meyr-Schwarzenbach, W. 2008: »Schwäbische Kinder in Südtirol«, Dokumentation einer 80-jährigen Erfolgsgeschichte, Awo Bezirksverband Schwaben.

Lehfeld, San. 1922: »Übereinheitliche Regelung der Schulschwestern-Frage 1«, in: Zeitschrift für Schulgesundheitspflege 1922, 35. Jahrgang Nr. 11.; https://archive.org/stream/zeitschriftfrsch35deut/zeitschriftfrsch35 deut_djvu.txt, abgerufen am 15.1.2023.

Möller, Christine 2022: Zwischenbericht: »Stand der Aufklärung der

ursprünglich in Netzwerk B erhobenen Vorwürfe über sexuelle Gewalt und körperliche Misshandlungen in den Kinderkurheimen (St. Antonius und St. Johann in Timmendorfer Strand-Niendorf/ Ostsee und Sancta Maria auf Borkum) der Kongregation der Franziskanerinnen vom heiligen Martyrer Georg zu Thuine. Zeitraum: 1970 bis 1990;
https://www.franziskanerinnen-thuine.de, abgerufen am 21.12.2022.

Paul, Elisabeth 2021: EICAM-Studie zur Wirksamkeit der stationären Rehabilitation im Hochgebirge bei kindlichem Asthma, Dissertation zum Erwerb des Doktorgrades der Medizin an der Medizinischen Fakultät der Ludwig-Maximilians-Universität zu München.

Reicher, Hannelore 2014: Erziehung und Schule im Wandel der Zeit: Einblicke in kindliche Lebenswelten in den Nachkriegsjahren und heute, Institut für Erziehungs- und Bildungswissenschaft der Universität Graz;
https://docplayer.org/22772915-Erziehung-und-schule-im-wandel-der-zeit-einblicke-in-kindliche-lebenswelten-in-den-nachkriegsjahren-und-heute.html, abgerufen am 8.4.2022.

Riedel, Katja, o.A.: Geschichte der Jugendarbeit von den Anfängen bis zum Ende des Zweiten Weltkrieges, Fachhochschule Jena;
https://www.info-sozial.de/data/seidel.html#fn9, abgerufen am 20.4.2022.

Röhl, Anja 2022: Kindererholungsheime als Forschungsgegenstand. Erwachsene Zeitzeug*innenschaft am Beispiel eines Beschwerdebriefes im Adolfinenheim auf Borkum, in Sozial.Geschichte Online 31 (2022), Vorveröffentlichung S. 1–39;
https://sozialgeschichteonline.files.wordpress.com/2022/04/rocc88hl_verschickungskinder_vorverocc88ffentlichung.pdf, abgerufen am 19.3.2023.

Schleißinger, Alexander 2008: Der Kindergarten und die Nationalsozialisten, Seminararbeit im Studium der Sozialen Arbeit an der Hochschule München;
https://www.kindergartenpaedagogik.de/fachartikel/geschichte-der-kinderbetreuung/weitere-historische-beitraege/1735/, abgerufen am 18.4.2022.

Schürer, Christian 2003: Mythos »Höhenkur« und die Gründung der Lungenliga, in: Schweizerische Ärztezeitung 2003; 84 Nr. 50.

Schürer, Christian 2017: Friedrich Mieschers Traum von Heilung, in: Schweizerische Ärztezeitung 2017; 98 (20): 667–669.

Stephani, P. 1922: Das Kindererholungsheim in Heuberg, in: Zeitschrift für Schulgesundheitspflege 1922, 35. Jahrgang Nr. 11; https://archive.org/stream/zeitschriftfrsch35deut/zeitschriftfrsch35deut_djvu.txt, abgerufen am 15.1.2023.

Tenorth, Heinz-Elmar 2003: Pädagogik der Gewalt. Zur Logik der Erziehung im Nationalsozialismus, S. 7–36, in: Sektion Historische Bildungsforschung der DGfE in Verbindung mit der Bibliothek für Bildungsgeschichtliche Forschung des Deutschen Instituts für Internationale Pädagogische Forschung (DIPF) [Hrsg.]: Jahrbuch für Historische Bildungsforschung. Band 9. Bad Heilbrunn, Obb.: Klinkhardt 2003, 351.

Tenorth, Heinz-Elmar 2008: Unterwerfung und Beharrungskraft – Schule unter den Bedingungen deutscher Diktaturen. Befunde und Analyseperspektiven, in: Schweizerische Zeitschrift für Bildungswissenschaften 30 (2008) 2, S. 275–297.

Thobe, A./Lintner, S. 2010: Schwarze Pädagogik in der Geschichte der Erziehung, Seminararbeit, München; https://www.grin.com/document/174053, abgerufen am 18.4.2022.

Todtmann, Julia 2023: Zwischen gesundheitlicher Fürsorge und Machtmissbrauch. Das staatliche Kinderkurwesen der DDR 1949–1989, Masterarbeit im Studiengang Public History an der Freien Universität Berlin.

vom Bruck, Birte 2004: VARIA: Geschichte der Medizin. Davos/Schweiz: Alexander Spengler – Pionier der Klimatherapie, in: Deutsches Ärzteblatt 2004; 101(6): A-357 / B-304 / C-297; https://www.aerzteblatt.de/archiv/40397/Davos-Schweiz-Alexander-Spengler-Pionier-der-Klimatherapie, abgerufen am 15.1.2023.

von Miquel, Marc 2022: Verschickungskinder in Nordrhein-Westfalen nach 1945. Organisation, quantitative Befunde und Forschungsfragen, in: sv:dok, Dokumentations- und Forschungsstelle der Sozialversicherungsträger, Auftraggeber: Ministerium für Arbeit, Gesundheit und Soziales des Landes Nordrhein-Westfalen, 11.1.2022.

Wagner, Sylvia 2019: Arzneimittelprüfungen an Heimkindern von 1949 bis 1975 in der Bundesrepublik Deutschland unter besonderer Berücksichtigung der Neuroleptika sowie am Beispiel der Rotenburger

Anstalten der Inneren Mission, Inaugural-Dissertation zur Erlangung des Doktorgrades der Naturwissenschaften (Dr. rer. nat.), vorgelegt Düsseldorf, März 2019.

Wagner, S./Wiebel, B. 2020: »Verschickungskinder« – Einsatz sedierender Arzneimittel und Arzneimittelprüfungen. Ein Forschungsansatz, in: Sozial.Geschichte Online. Zeitschrift für historische Analyse des 20. und 21. Jahrhunderts, Heft 28.

Weigl, Andreas 2014: Mangel – Hunger – Tod. Die Wiener Bevölkerung und die Folgen des Ersten Weltkriegs (Veröffentlichungen des Wiener Stadt- und Landesarchivs B 90; Wiener Geschichtsblätter Beiheft 1/2014).

Wiegand, Wilfried 1986: Wo Leid und Liebe sich begegnen. 1886–1986. 100 Jahre Kinderkrankenhaus Seehospiz »Kaiserin Friedrich« Norderney, Chronik des Kinderkrankenhauses Seehospiz »Kaiserin Friedrich«, Träger Diakonissen-Mutterhaus »Kinderheil«, Bad Harzburg.

Medienberichte

Berg, Stefan 2016: Turnvater Jahn. Doping fürs Deutschtum, in: *SPIEGEL Geschichte* vom 31.5.2016; https://www.spiegel.de/geschichte/turnvater-friedrich-ludwig-jahn-doping-fuers-deutschtum-a-1096246.html, abgerufen am 25.8.2022.

Bölsche, J./Hinrichs, P. 2005: Muckefuck und Hundewurst, in: *Spiegel ONLINE* vom 4.12.2005; https://www.spiegel.de/politik/muckefuck-und-hundewurst-a-d4a7ddf4-0002-0001-0000-000043510891?context=issue, abgerufen am 8.7.2022.

Brühns, Jürgen 2022: Bombenkrieg: Der Tod kommt ins Hinterland, in: *NDR Geschichte online* vom 2.3.2022; https://www.ndr.de/geschichte/chronologie/Bombenkrieg-Neue-Strategie-im-Zweiten-Weltkrieg,bombenkrieg100.html, abgerufen am 31.8.2022.

Der Spiegel 1954: Dichtung / Thomas Mann. Der Zauberer, in: *Der Spiegel* 52/154 Nr. vom 21.12.1954; https://www.spiegel.de/politik/der-zauberer-a-e05b8bd5-0002-0001-0000-000028958114, abgerufen am 11.3.2023.

Deutschlandfunkkultur 2018: Umstrittener Film »Elternschule«. Die Kinder sind in maximaler Not, Karl Heinz Brisch im Gespräch mit Ute Welty am 6.11.2018; https://www.deutschlandfunkkultur.de/umstrittener-film-elternschule-die-kinder-sind-in-maximaler-100.html, abgerufen am 9.1.2023.

Gerlach, Alexandra 2017: Frauen in der DDR. Gleichberechtigung – ein Mythos; https://www.deutschlandfunk.de/frauen-in-der-ddr-gleichberechtigung-ein-mythos-100.html, abgerufen am 13.12.2022.

Gilhaus, Lena 2017: Heimerziehung. Albtraum Kinderkur 2017, in: *Deutschlandfunk Tag für Tag* vom 1.5.2017; https://www.deutschlandfunk.de/heimerziehung-albtraum-kinderkur-100.html, abgerufen am 7.3.2023.

Gilhaus, Lena 2017a: Kinderkuren: Papas Reise ins Dunkel, *Zeit ONLINE;* https://www.zeit.de/2017/27/kinderkuren-missbrauch-kloster-aufarbeitung?utm_referrer=https%3A%2F%2Fwww.google.com%2F, abgerufen am 9.3.2023.

Gilhaus, Lena 2020: Trauma Kinderverschickung. Die Suche der Opfer, das Schweigen der Täter, in: *Deutschlandfunk Tag für Tag* vom 23.12.2020; https://www.deutschlandfunk.de/trauma-kinderverschickung-die-suche-der-opfer-das-schweigen-100.html, abgerufen am 7.3.2023.

Gilhaus, Lena 2021: Trauma Kinderverschickung. Das lange Schweigen der Politik, in: *Deutschlandfunk Tag für Tag* vom 27.1.2021; https://www.deutschlandfunk.de/trauma-kinderverschickung-das-lange-schweigen-der-politik-100.html, abgerufen am 7.3.2023.

Gunkel, Christoph 2021: »Ich hatte Todesangst. Dann verlor ich das Bewusstsein«, in: *SPIEGEL Geschichte* vom 27.1.2021; https://www.spiegel.de/geschichte/heimkinder-und-verschickungskinder-ich-hatte-todesangst-dann-verlor-ich-das-bewusstsein-a-6084e92f-ed8d-47fd-9e65-b97a29f48d37, abgerufen am 19.3.2023.

Hach, Oliver 2011: Das Paradies der DDR-Kurkinder, in: *Freie Presse*/ Zeitgeschehen vom 20.10.2011; http://www.kurkinder.de/images/download/Artikel_Freie_Presse_20111020.pdf, abgerufen am 29.11.2022.

Hennings, Alexa 2004: Bevormundet – entmündigt. Ledige Mütter in der Geschichte, in: *DeutschlandRadio Berlin* vom 11.2.2004; https://www.deutschlandradio.de/archiv/dlr/sendungen/merkmal/232577/index.html, abgerufen am 20.4.2022.

Hurst, Fabienne 2015: Schweigen ist »Frauengold« vom 30.6.2015; https://www.spiegel.de/geschichte/frauengold-herz-kreislauf-tonikum-der-fuenfzigerjahre-a-1040307.html, abgerufen am 7.3.2023.

Jachertz, Norbert, 2021: Kinderkuren in den 1950er- bis 1990er-Jahren: Versuch einer Aufarbeitung, in: *Deutsches Ärzteblatt PP* 20, Ausgabe März 2021, S. 119.

Jahn, Annika 2022: BW-Initiative im Bund. Gewalt und Erniedrigung – Baden-Württemberg lässt Leid der Verschickungskinder aufarbeiten, in: *SWR Aktuell* vom 24.5.2022; https://www.swr.de/swraktuell/baden-wuerttemberg/leid-der-verschickungskinder-bw-aufarbeitung-100.html, abgerufen am 10.9.2022.

Jung, Stefan 2020: Heilstätte »Mammolshöhe«: Das skrupellose Regiment des Dr. Catel, *Frankfurter Neue Presse* vom 13.1.2020; https://www.fnp.de/lokales/hochtaunus/skrupellose-regiment-catel-eine-zentrale-figur-euthanasie-13562874.html, abgerufen am 5.9.2022.

Knight, Ben 2020: Nazi war criminals may have run children's homes for decades, in: *Deutsche Welle* /History/Germany vom 8.10.2022; https://www.dw.com/en/nazi-war-criminals-ran-childrens-homes-in-post-war-germany-new-research/a-54518440, abgerufen am 8.1.2023.

Kolb, Anette 2022: Prügelstrafe in Deutschland – Ein historischer Rückblick, in: *Bayerischer Rundfunk 24*; https://www.br.de/nachrichten/deutschland-welt/pruegelstrafe-in-deutschland-ein-historischer-rueckblick,TGOW2Et, abgerufen am 14.3.2023.

Kratzer, Anne 2018: NS-Geschichte: Warum Hitler bis heute die Erziehung von Kindern beeinflusst, in: *ZEIT ONLINE* vom 12.9.2018; https://www.zeit.de/wissen/geschichte/2018–07/ns-geschichte-mutter-kind-beziehung-kindererziehung-nazizeit-adolf-hitler, abgerufen am 22.4.2022.

Lorenz, Hilke 2021: Verschickungsheime in Westdeutschland. Leid-

volle Kinderkur mit Langzeitfolgen, in: *Deutschlandfunk Kultur* vom 4.8.2021;
https://www.deutschlandfunkkultur.de/verschickungsheime-in-westdeutschland-leidvolle-kinderkur-100.html, abgerufen am 7.3.2023.

Lorenz, Hilke 2021a: Das Schicksal der Verschickungskinder. Medikamententests im Kindersolbad, in: *Stuttgarter Zeitung* vom 15.1.2021;
https://www.stuttgarter-zeitung.de/inhalt.das-schicksal-der-verschickungskinder-medikamententests-im-kindersolbad.24d0ec5f-827c-4e47-b16d-d204c163a182.html?reduced=true, abgerufen am 15.3.2023.

Lorenz, Hilke 2021b: Der Mediziner Hans Kleinschmidt. Ein Nazi-Arzt im Kindersolbad. *Stuttgarter Zeitung* vom 10.12.2021;
https://www.stuttgarter-zeitung.de/inhalt.der-chefarzt-hans-kleinschmidt-ein-moerder-im-kindersolbad.91cf4780-a82d-4404-b484-919b2ef0be5e.html?reduced=true, abgerufen am 8.1.2023.

MDR 2013: Zur Kur an die Adria: DDR-Kinder in Jugoslawien. Geschichte/DDR, Stand 13.6.2013;
https://www.mdr.de/geschichte/ddr/alltag/reisen-freizeit/kinderkur-jugoslawien-adria-100.html, abgerufen am 29.12.2022.

MDR 2020: Geschichte Mitteldeutschlands – Die Filme 2007. Auf den Spuren von Moritz Schreber;
https://www.mdr.de/geschichte/artikel121072.html, abgerufen am 31.1.2022.

MDR 2021: DDR-Geschichte. 13. Dezember 1948: Pionierorganisation Ernst Thälmann gegründet »Seid bereit!«: Pioniere und das blaue Halstuch, vom 3.5.2021;
https://www.mdr.de/geschichte/ddr/alltag/erziehung-bildung/ernst-thaelmann-pioniere-halstuch-ddr-100.html, abgerufen am 20.12.2022.

Michel, Alexander 2022: Sadismus und Erniedrigung: Das Leiden der Verschickungskinder findet endlich Gehör, in: *Südkurier* vom 17.3.2022;
https://www.suedkurier.de/ueberregional/wissenschaft/sadismus-und-erniedrigung-das-leiden-der-verschickungskinder-findet-endlich-gehoer, abgerufen am 19.3.2023.

Pfeiffer, Christian 2012: Mehr Liebe, weniger Hiebe. Wandel der Kindererziehung in Deutschland, 15.1.2012;
https://www.sueddeutsche.de/politik/wandel-der-kindererziehung-in-deutschland-mehr-liebe-weniger-hiebe-1.1258028, abgerufen am 8.4.2022.

Reitz, Michael 2022: Michel Foucault – Umstrittener Philosoph der Macht, in: *SWR2 Wissen* vom 25.2.2022, Sendungsmanuskript;
https://www.swr.de/swr2/wissen/michel-foucault-umstrittener-philosoph-der-macht-swr2-wissen-2022-02-25-100.html, abgerufen am 25.4.2022.

Rosenbach, N./Stadler, R. 2021: Fall Winterhoff: Umstrittener Psychiater darf weiter Kinder behandeln, in: *Süddeutsche Zeitung* vom 1.9.2021;
https://www.sueddeutsche.de/politik/psychiatrie-kinderschutz-michael-winterhoff-jugendhilfe-1.5398018?reduced=true, abgerufen am 9.1.2023.

Rosenbach, N./Stadler, R. 2022: Kinderpsychiatrie: Razzia bei Bonner Kinderpsychiater Michael Winterhoff, in: *Süddeutsche Zeitung* vom 13.5 2022;
https://www.sueddeutsche.de/politik/winterhoff-razzia-1.5584228, abgerufen am 09.1.2023.

Schultz-Gerstein, Christian 1977: »Das Verbrechen ein Kind zu sein«, in: *Der Spiegel* 24/1977 vom 5.6.1977;
https://www.spiegel.de/kultur/das-verbrechen-ein-kind-zu-sein-a-d004eeca-0002-0001-0000-000040887637, abgerufen am 8.3.2022.

Seifert, Sabine 2021: Kuraufenthalte von Kindern: Wir Verschickungskinder;
https://taz.de/Kuraufenthalte-von-Kindern/!5818643/, abgerufen am 14.12.2022.

Spektrum 2021: Gute Frage: Sind Einzelkinder besonders narzisstisch?, in: *Spektrum Psychologie/Hirnforschung* vom 9.8.2021;
https://www.spektrum.de/frage/narzisstische-einzelkinder/1904167, abgerufen am 19.3.2023.

Spektrum o. A.: Lexikon der Psychologie: Kinderladenbewegung: https://www.spektrum.de/lexikon/psychologie/kinderladenbewegung/7752, abgerufen am 1.5.2022.

Spiegel 2023: Zahl der Gewaltmeldungen in Kitas stark angestiegen;

https://www.spiegel.de/panorama/bildung/kitas-in-nordrhein-westfalen-zahl-der-gewalt-meldungen-stark-angestiegen-a-be929358–95ab-4dbb-85cc-f7f67f4ec1c8, abgerufen am 9.3.2023.

SWR 2019: Systematische Misshandlungen in Kurheimen für Kinder. 1000 Fälle ausgewertet: 60 % leiden noch heute unter Spätfolgen, *Report Mainz* vom 3.12.2019; https://www.swr.de/report/gequaelt-und-geschlagen-wie-kinder-in-kurheimen-systematisch-misshandelt-und-gedemuetigt-wurden/report-mainz-3-systematische-misshandlungen-in-kurheimen-fuer-kinder/-/id=233454/did=24896334/mpdid=25034668/nid=233454/18bwk34/index.html, abgerufen am 14.1.2023.

Tagesschau 2022: Umfrage bei Aufsichtsbehörden. Mehr Verdachtsfälle auf Gewalt in Kitas, Stand 14.12.2022; https://www.tagesschau.de/investigativ/br-recherche/kindertagesstaetten-gewalt-personalmangel-101.html, abgerufen am 25.3.2023.

Tagesschau 2023: Gewalt in Kitas. Wenn kleine Kinder Zeugen sind, Stand 22.03.2023; https://www.tagesschau.de/investigativ/br-recherche/gewalt-kinder-kita-101.html, abgerufen am 25.3.2023.

Taz 2018: Neue Vorwürfe gegen Jugendpsychiater: Schwarze Pädagogik 2.0; https://taz.de/Neue-Vorwuerfe-gegen-Jugendpsychiater/!5791300/, abgerufen am 9.1.2023.

von Bebenburg, Pitt 2018: Regierung lässt tödliche Medikamentenversuche aufarbeiten, in: *Frankfurter Rundschau* vom 23.2.2018; https://www.fr.de/rhein-main/regierung-laesst-toedliche-menschenversuche-erforschen-10987052.html, abgerufen am 1.9.2022.

Weigl, Andrea 2014: Mangel – Hunger – Tod. Die Wiener Bevölkerung und die Folgen des Ersten Weltkriegs, in: Veröffentlichungen des Wiener Stadt- und Landesarchivs B 90; Wiener Geschichtsblätter Beiheft 1/2014, Wien.

Westhoff, Andrea 2008: Kindererziehung und Pflanzenkultivierung, in: *Deutschlandfunk Online* vom 15.10.2008; https://www.deutschlandfunk.de/kindererziehung-und-pflanzenkultivierung-100.html, abgerufen am 31.3.2022.

Internetquellen

Arbeitsgemeinschaft Verschickungskind 2021: Verschickungserlebnisse; https://verschickungskind.de/verschickungsberichte/, abgerufen am 14.3.2022.

Arbeitsgemeinschaft Verschickungskind 2021a: Kinderkurheim Schloss Krumke – Osterburg; https://verschickungskind.de/kinderkurheim-schloss-krumke-39606-osterburg-altmark/, abgerufen am 11.12.2022.

Arbeitsgemeinschaft Verschickungskind 2021b: Es ist vorbei, jetzt bist du ja wieder hier; https://verschickungskinder.de/2021/10/30/es-ist-vorbei-jetzt-bist-du-ja-wieder-hier/, abgerufen am 13.2.2023.

Arbeitsgemeinschaft Verschickungskind 2021c: Kindererholungsheim Dr. Margarete Blank – Pomssen; https://verschickungskind.de/kindererholungsheim-dr-margarete-blank-pomssen/, abgerufen am 13.2.2023.

Arbeitsgemeinschaft Verschickungskind 2021d: Wer weiß, was da noch war, aber ich es nicht mehr weiß; https://verschickungskinder.de/2022/05/27/wer-weiss-was-da-noch-war-aber-ich-es-nicht-mehr-weiss/, abgerufen am 13.2.2023.

Arbeitsgemeinschaft Verschickungskind 2021e: Asthma-Kinderheilstätte – 8230 Bad Reichenhall; https://verschickungskind.de/asthma-kinderheilstaette-8230-bad-reichenhall/, abgerufen am 12.12.2022.

Arbeitsgemeinschaft Verschickungskind 2021f: Kindererholungsheim Hohenhaus – 77776 Bad Rippoldsau; https://verschickungskind.de/kindererholungsheim-hohenhaus-77776-bad-rippoldsau/#comment-1952, abgerufen am 14.1.2023.

Bergstermann, Karin 2020: Johanna Haarer. Die deutsche Mutter und ihr erstes Kind. Ein Erziehungsratgeber und seine Darstellung im heutigen Diskurs um Säuglingspflege vom 19.5.2020; https://saeuglingspflege-blog.de/blog/wie-wichtig-war-johanna-haarer-wirklich-Teil-1/, abgerufen am 8.4.2022.

Bundesarbeitsgemeinschaft der Freien Wohlfahrtspflege 2023. Geschichte der Freien Wohlfahrtspflege in Deutschland;

https://www.bagfw.de/ueber-uns/freie-wohlfahrtspflege-deutschland/geschichte, abgerufen am 7.3.2023.
Bundesarchiv 2009: Akten der Reichskanzlei/Weimarer Republik. Das Kabinett Bauer. Nr. 56. Kabinettssitzung vom 1. September 1919; Unterbringung von Kindern in der Schweiz;
https://www.bundesarchiv.de/aktenreichskanzlei/1919–1933/1000/bau/bau1p/kap1_2/kap2_57/para3_15.html, abgerufen am 15.1.2023.
Bundesarchiv o. A.: Kalter Krieg um Polio-Impfstoff. Bekämpfung der Kinderlähmung zwischen Politik und Wissenschaft;
https://www.bundesarchiv.de/DE/Content/Virtuelle-Ausstellungen/2020–05–07_polio-impfstoff.html, abgerufen am 2.1.2023..
Chefkoch GmbH 1998–2023: Adolfinenheim auf Borkum, alte Kollegen gesucht;
https://www.chefkoch.de/forum/2,22,248130/Adolfinenheim-auf-Borkum-alte-Kollegen-gesucht.html?page=1, abgerufen am 24.2.2023.
Christian-Albrechts-Universität zu Kiel 2022: Studie zur Kinderverschickung nach Sankt Peter-Ording. Schmaler Grat zwischen subjektiver Wahrnehmung und Wissenschaft;
https://www.uni-kiel.de/de/detailansicht/news/20221102-studie-kinderverschickung, abgerufen am 12.12.2023.
Deutsche Rentenversicherung 2023: Reha;
https://www.deutsche-rentenversicherung.de/DRV/DE/Reha/reha_node.html, abgerufen am 9.3.2023.
Don Bosco Osnabrück 2022: 100 Jahre Erfahrung in 60 Jahren;
https://www.donbosco-osnabrueck.de/100-jahre-erfahrung-in-60-jahren/, abgerufen am 15.3.2022.
Ehemalige Kurkinder Seehospiz Norderney 2014–2023: Forum Romanum. Austausch ehemaliger Kurkinder;
https://350928.forumromanum.com/member/forum/forum.php?action=ubb_show&USER=user_350928&threadid=2&onsearch=1&entryid=1093504523&mainid=1093504523&page=3, abgerufen am 8.1.2023.
EMDRIA Deutschland o. A.: EMDR Therapie;
https://www.emdria.de/emdr/emdr-therapie/, abgerufen am 7.3.2023.
FürthWiki o. A. St. Johannis-Zweigverein Fürth;
https://www.fuerthwiki.de/wiki/index.php/St._Johannis-Zweigverein_F%C3%BCrth, abgerufen am 25.3.2022.

Gewerkschaft Erziehung und Wissenschaft (GEW) 2021: Kindererholungsheime. Empathielos streng, fast militärisch; https://www.gew.de/aktuelles/detailseite/empathielos-streng-fast-militaerisch, abgerufen am 8.1.2023.

Grünenthal Stiftung 2020: Stellungnahme zu Studien in Kinderheimen und Heilstätten (1950er/60er), Pressemitteilung vom 1.9.2020; https://www.contergan-skandal.de/de-de/aktuelles/statement-zu-studien-in-kinderheimen-und-heilstaetten, abgerufen am 2.1.2023.

Historische Aufarbeitung Kinderheime Schweiz 2022: Über das Projekt; https://kinderheime-schweiz.ch/hintergrund, abgerufen am 12.12.2022.

Homoia o. A. »Mit Frauengold wirst Du wieder glücklich«, in: https://www.youtube.com/watch?v=VhQ7j29Jd-4, abgerufen am 7.3.2023.

Israel, Agathe 2017: Frühe Fremdbetreuung in der DDR – Erfahrungen mit der Krippenerziehung, in: Deutschland Archiv, 17.11.2017; http://www.bpb.de/259587, abgerufen am 14.12.2022.

Jahrgang 1953 2010–2023: »Eine Seefahrt die ist lustig.« – Nur nicht in den 60er-Jahren zum AOK-Erholungsheim auf Norderney; https://lobster53.blogspot.com/2010/04/eine-seefahrt-die-ist-lustig-nur-nicht_15.html, abgerufen am 13.1.2023.

Johanniter GmbH o. A. 2023: Kinderfachklinik Bad Sassendorf Behandlungsspektrum; https://www.johanniter.de/johanniter-kliniken/-bad-sassendorf/behandlungsspektrum/, abgerufen am 9.3.2023.

Kinderspital 2021: in FürthWIKI; https://www.fuerthwiki.de/wiki/index.php/Kinderspital, abgerufen am 22.3.2022.

Landesmuseum Mecklenburg-Vorpommern o. A.: Virtuelles Museum zur Landesgeschichte. Lebensweise 1900 und 1950; https://www.landesmuseum-mv.de/themen/lebensweise/1900-bis-1950/index.html, abgerufen am 22.4.2022.

Legband, Michael o.A.: »Heyde-Sawade-Affäre« Gesellschaft für Schleswig-Holsteinische Geschichte; https://geschichte-s-h.de/sh-von-a-bis-z/h/heyde-sawade-affaere/, abgerufen am 9.3.2023.

Lungenärzte im Netz o.A. Asthma bei Kindern/Prognose;

https://www.lungenaerzte-im-netz.de/krankheiten/asthma-bei-kindern/prognose/, abgerufen am 8.3.2023.

Märkischer Kreis 2021: Pressemeldungen: Vom Kindergenesungsheim zum Schullandheim auf Norderney; http://www.presse-service.de/data.aspx/static/1087717.html, abgerufen am 22.3.2022.

Meier, Martina 2022: Kinderlandverschickung (KLV). Als Schutzmaßnahme getarnte Umerziehung: Die Kinderlandverschickung im Dritten Reich, in: *Zukunft braucht Erinnerung*, das Online-Portal zu den historischen Themen unserer Zeit vom 24.3.2022; https://www.zukunft-braucht-erinnerung.de/kinderlandverschickung-klv/, abgerufen am 19.6.2022.

Mutter-Kind-Klinik Maria Meeresstern 2023: Geschichte und Auftrag; https://maria-meeresstern.de/unsere-geschichte-und-mission/, abgerufen am 15.1.2023.

netzwerkBplus 2010–2023: Daniel B. – 1977 im Kinderheim Niendorf/Ostsee sexuell missbraucht vom 24.2.2010; https://netzwerkBplus.de/2010/01/24/daniel-b-1976-im-kinderheim-niendorfostsee-timmendorfer-strand/, abgerufen am 7.3.2023.

Nexus Institut 2020: Heimstatistiken, in: Verschickungsheime.de; https://verschickungsheime.de/heimstatistiken/, abgerufen am 26.1.2023.

Nordbayern 2016: Fürths alte Kinderklinik: 70er-Jahre-Charme und strenge Besuchsregeln, in: *nordbayern* vom 30.7.2016; https://www.nordbayern.de/region/fuerth/furths-alte-kinderklinik-70er-jahre-charme-und-strenge-besuchsregeln-1.5380755, abgerufen am 2.1.2023.

NSDOK 2015: Leopold Bubenzer, in: Jugend 1918–1845/Lexikon; https://jugend1918–1945.de/portal/jugend/lexikon.aspx?typ=lexikonID&id=8288&iframe=true, abgerufen am 10.6.2022.

NSDOK 2016: »Erweiterte Kinderlandverschickung« (KLV), in: »Jugend! Deutschland 1918–1945«, ein Projekt des NS-Dokumentationszentrums der Stadt Köln; https://www.jugend1918–1945.de/portal/jugend/thema.aspx?root=26636&id=927, abgerufen am 15.1.2023.

NSDOK o. A.: Einführung der KLV, in: »Jugend! Deutschland 1918–1945«, ein Projekt des NS-Dokumentationszentrums der Stadt Köln;

https://jugend1918-1945.de/portal/jugend/thema.aspx?bereich=projekt&root=26636&id=928&redir=, abgerufen am 7.6.2022.
Ochner, Annika o. A.: Kur- und Erholungsheime. Das Bedürfnis nach Erholung, *Infoportal Diakonie Deutschland;*
https://www.diakonie.de/kur-und-erholungsheime, abgerufen am 20.4.2022.
Quatember o. A. Biographische Notizen/Karl Behm;
http://www.quatember.de/Autoren/bio1.htm, abgerufen am 16.5.2022.
Rath, Martin 2022: NS-Verbrecher Werner Scheu. Ein Mörder aus der Mitte der guten Gesellschaft, in: *Legal Tribune Online* vom 22.5.2022;
https://www.lto.de/recht/feuilleton/f/causa-werner-scheu-ns-verbrechen-aufarbeitung-verurteilung-rechtsgeschichte/, abgerufen am 26.8.2022.
Rösler, S./Hillmeier, H. 2011: Runder Tisch Heimerziehung in den 50er und 60er Jahren – Lehren für die Zukunft, aus: ZBFS – Bayerisches Landesjugendamt Jahresbericht 2011;
https://www.blja.bayern.de/service/bibliothek/fachbeitraege/jahresbericht_rundertisch.php, abgerufen am 22.3.2022.
Schmidt, Wilhelm, R. 2020: Kinderverschickungen – Eine Erinnerung, in: Aus dem alten Lennep vom 27. August 2020;
https://www.lennep.eu/kinderverschickungen-eine-erinnerung/, abgerufen am 26.8.2022.
Schweizerisches Rotes Kreuz o. A.: Erholung für Kinder aus Deutschland und Osteuropa;
https://geschichte.redcross.ch/ereignisse/ereignis/erholung-fuer-kinder-aus-deutschland-und-osteuropa.html, abgerufen am 16.1.2023.
Scriba, Arnulf 2015: Die NS-Volkswohlfahrt (NSV);
https://www.dhm.de/lemo/kapitel/ns-regime/ns-organisationen/volkswohlfahrt.html, abgerufen am 7.3.2023.
Scriba, Arnulf 2015a: Deutsches Historisches Museum, Berlin, 13.5.2015;
https://www.dhm.de/lemo/kapitel/der-zweite-weltkrieg/alltagsleben.html, abgerufen am 1.9.2022.
Sprecher, Thomas o. A.: Davos im Zauberberg;
https://tma.ethz.ch/assets/Uploads/Ueber-uns/Thomas-Sprecher/

Dokumente/6.-Bilder-zu-Davos-im-Zauberberg.pdf, abgerufen am 3.3.2022.

Stadt Münster o. A.: Ellen-Scheuner-Weg, Straßennamen in Münster. Bedeutungen und Hintergründe; https://www.stadt-muenster.de/ms/strassennamen/ellen-scheuner-weg.html, abgerufen am 17.6.2022.

Struck, Bernhard 2015: Kinderlandverschickung/Der Zweite Weltkrieg/Alltagsleben, in: Lemo – Lebendiges Museum/Deutsches Historisches Museum, Berlin, 13.5.2015; https://www.dhm.de/lemo/kapitel/der-zweite-weltkrieg/alltagsleben/kinderlandverschickung.html, abgerufen am 19.5.2022.

SWR 2021: Psychologie: Hospitalismus, in: *Planet Wissen;* https://www.planet-wissen.de/gesellschaft/psychologie/hospitalismus-100.html#Kindheit, abgerufen am 19.12.2021.

Universität Zürich 2019: Höhenkuren im Sanatorium zur Behandlung der Tuberkulose vom 28.10.2019; https://www.uzh.ch/blog/hbz/2019/10/28/hoehenkuren-im-sanatorium-zur-behandlung-der-tuberkulose/, abgerufen am 16.5.2022.

Verschickungsheime 2022: Zeugnis ablegen; https://verschickungsheime.de/zeugnis-ablegen/?entry_id=2921#gaestbook2921, abgerufen am 29.7.2022.

Wibel, Adelheid 2016: Das Ausscheiden von Beamten im Zuständigkeitsbereich des badischen Kultusministeriums 1933–1935, in: Geschichte der Landesministerien in Baden und Württemberg in der Zeit des Nationalsozialismus; https://ns-ministerien-bw.de/2016/02/das-ausscheiden-von-beamten-im-zustaendigkeitsbereich-des-badischen-kultusministeriums-1933-1935/, abgerufen am 16.5.2022.

Fernsehbeiträge

ARD 2020: Gequält, erniedrigt, drangsaliert – Der Kampf ehemaliger Kur-Kinder um Aufklärung; https://www.ardmediathek.de/video/dokus-im-ersten/gequaelt-erniedrigt-drangsaliert-der-kampf-ehemaliger-kur-kinder-um-aufklaerung/das-erste/Y3JpZDovL2Rhc2Vyc3RlLmRlL3JlcG9ydGFnZSBfIGRva3VtZW50YXRpb24gaW0gZXJzdGVuL2YxNDQ3Nz

U1LWE1NDQtNDZmNS1iMTM5LTU4YjFkOGIxMThmMA, abgerufen am 16.2.2023.
ARD 2021: »Warum Kinder keine Tyrannen sind«, die story im Ersten; https://www.ardmediathek.de/video/die-story/warum-kinder-keine-tyrannen-sind/wdr/Y3JpZDovL3dkci5kZS9CZWl0cmFnLTFlZmMzNWE5LWE3ZWYtNDJhMS04MjJiLTc3NjRjMmU3OTY1YQ, abgerufen am 9.1.2023.
MDR 2013: Zur Kur an die Adria: DDR-Kinder in Jugoslawien; https://www.mdr.de/geschichte/ddr/alltag/reisen-freizeit/kinderkur-jugoslawien-adria-100.html, abgerufen am 16.1.2023.
SWR 2020: Das Schicksal vieler Kurkinder. Mit Medikamenten ruhiggestellt; https://www.swr.de/report/das-schicksal-vieler-kurkinder-mit-medikamenten-ruhiggestellt/-/id=233454/did=25320408/nid=233454/x3r2cz/index.html, abgerufen am 12.1.2023.
SWR 2022: *Planet Wissen.* Verschickungskinder – Leid statt Erholung in der Kinderkur; https://www.planet-wissen.de/video-verschickungskinder--leid-statt-erholung-in-der-kinderkur-100.html, abgerufen am 12.12.2022.
WDR 1963: Sonderzug für blasse Kinder, in: Prisma des Westens vom 22.11.1963.

Filme

Allgeier, Sepp 1954: In der Fremde zu Haus.
Engels, E./Neumeister, W. 1958: Vater, Mutter und neun Kinder.

ANMERKUNGEN

1. Gilhaus 2017
2. Gilhaus 2017a.
3. ALWL 620/3523, Zeitungsartikel »Wo Mutterhände ruhen können«, in: *Die Welt* Nr. 46 vom 18.10.1949.
4. ALWL 620/3523, Zeitungsartikel »Nächtliche Kinderzüge«, in: *Westfälische Nachrichten* Nr. 233 vom 5.10.1956.
5. ALWL 620/3386, Schreiben der Deutschen Bundesbahn Generalbetriebsleitung West an die Verwaltung des Provinzialverbandes Westfalen, enthält die Zahl von 753.408 Kindertransporten im Jahr 1951, 9.2.1952/von Miquel 2022:29 geht davon aus, dass sich 14 Prozent der Kindersonderzugfahrten auf Ferienfahrten bezogen, der Rest auf Kurfahrten.
6. ALWL 620/3523, Zeitungsartikel o.T. *Westfälische Nachrichten* Nr. 233 vom 5.10.1956.
7. Todtmann 2023:16.
8. Folberth 1964:90–213.
9. SWR 2022.
10. BArch DR 2 5635/5637, Listen über Kindergenesungsheime und Schriftverkehr Abgrenzung zwischen den Heimarten/ BArch DR 2 355, Schriftverkehr zur Abgrenzung zwischen Genesungsheimen und Erholungsheimen der Landesregierung Sachsen Ministerium für Volksbildung, Zentraljugendamt und den Landesgesundheitsämtern 28.6. – 8.10.1949.
11. ALWL 843/145 Kurplan des LWL 1962/Heilanzeigen der Kurheime S. 28–29.
12. von Miquel 2022:29.
13. ALWL 843/145, Kurplan des LWL 1962 S. 22.
14. ALWL 620/3521 Kinderheilstätte Adolfinenheim. Ärztlicher Bericht vom 26.2.1961.
15. Nexus Institut 2020/Folberth 1964:90–213.
16. Michel 2022/Jahn 2022.
17. BArch DR 2 355, Schreiben der Landesregierung Sachsen/Ministerium für Volksbildung an die Deutsche Verwaltung für Volksbildung in der sowjetischen Besatzungszone, Zentraljugendamt/Liste der Kinderheime und Kindererholungsheime im Land Sachsen, die der Abtlg. Gesundheitswesen als Heime mit ärztlicher Zielsetzung

künftig unterstehen sollen, 28.6.1949/BArch DR 2 5635, Liste über Vertragskindergenesungsheime und Eigenbetriebe für Kinderkuren für das Jahr 1952 und Verzeichnis der Kindererholungsheime des Landes Mecklenburg/BArch DR 2 5637, Kurenplanung 1953 vom 11.11.1952/Todtmann 2023:15.

18. Kleinschmidt 1964:20.
19. Ebd. 26.
20. MLWL INV 6018, »Helft dem Menschen« (1953) von Elisabeth Wilms/INV 14272 »Dortmund November 1947« (1947) von Elisabeth Wilms.
21. ALWL 620/3523 Mitteilung des Deutschen Städtetages über Bundesmittel für Kinder- und Jugenderholungspflege vom 10.1.1958./ALWL 620/3193, Schreiben »Ernährungslehrgänge für Küchenleiterinnen für Jugendgemeinschafts-Verpflegungsstätten« von Dr. med. habil H. Hoske an die Ausgleichstelle für Gesundheitsfürsorge des LWL, 3.2.1955.
22. Fuchs 2004:26f./Kraushaar 1988:74.
23. Kraushaar 1988:74.
24. ALWL 620/3523, Zeitungsartikel »Eine Einrichtung die sich bewährte: Nächtliche Kinderzüge«, aus: *Westfälische Nachrichten* Nr. 233 vom 5. Oktober 1956.
25. Seifert 2021.
26. ALWL 620/3523, Zeitungsartikel (o.T.) in: *Freie Presse Tageszeitung für Bielefeld Stadt und Land* Nr. 133 vom 9.6.1950/Zeitungsartikel (o.T.) in: *WT* (o. A.) vom 2.8.1950.
27. von Miquel 2022:18.
28. Ebd. 30.
29. ALWL 620/3386, Schriftwechsel von Transportbegleiter:innen mit Ausgleichstelle für Gesundheitsfürsorge Provinzialverband Westfalen, 1950–1952.
30. ALWL 620/3303, Runderlass des Arbeits- und Sozialministers zu Heimaufsicht, betrifft Jugendwohlfahrtsgesetz, das am 1. Juli 1962 in Kraft getreten ist, o. A..
31. ALWL 620 3177, Verzeichnis über die Erholungs- und Kureinrichtungen für Kinder und Jugendliche im Landesteil Baden, Stand: 1.4.1974.
32. Nexus Institut 2020/Folberth 1964:90–213.
33. BArch DR 2 5449/0068, Entwurf Richtlinien der Sozialversicherung ab dem 1.1.1951/BArch DR 2 983/0057, Rundverfügung Nr. 94/50 Weiterbildung des pädagogischen Personals in sämtlichen Dauerkinderheimen, Kindererholungsheimen und Heimen der öffentlichen Erziehungshilfe des Ministeriums für Volksbildung an die

Räte der kreisfreien Städte, Kreisräte der Landkreise – Jugendamt –, 19.4.1950/BArch DR 2 5637/0035, Aktenvermerk 10.3.1952.

34. BArch DR 2 5449/0068, Entwurf Richtlinien der Sozialversicherung ab dem 1.1.1951/BArch DR 2 5575/0013ff., Vierte Durchführungsbestimmung zur Verordnung über Heimerziehung von Kindern und Jugendlichen vom 26.7.1951/BArch DR 2 5637/0022, Schreiben »Übernahme der Heime der Versicherungsanstalt Berlin in die Rechtsträgerschaft der Sozialversicherung« von Abt. Jugendhilfe an Rat des Bezirks Frankfurt 11.9.1953/Schreiben »Übergabe von Kindererholungsheimen des Ministeriums für Volksbildung an die Sozialversicherung« von Abt. Jugendhilfe/Heimerziehung an die Sozialversicherung, 25.4.1952/ BArch DR 2 5449/0015, Abschrift »Kinderheim Vergißmeinnicht« der Sozialversicherungsanstalt Mecklenburg an Rat des Kreises Bitterfeld, 22.3.1951/Julia Todtmann im Interview.
35. BArch DR 2 5449/0058, Magistrat von Gross-Berlin an Ministerium für Volksbildung, 26.2.1951.
36. BArch DR 2 5449/0068–69, Entwurf Richtlinien der Sozialversicherung ab dem 1.1.1951/BArch DR 2 5635/0023, Schriftverkehr des Ministeriums für Volksbildung u.a. zur Qualifizierung der Erziehungshilfskräfte in den Kindererholungsheimen vom 29.10.1952.
37. ALWL 620/3523, Zeitungsartikel »Gewichtszunahme: 5–20 Pfund«, in: *Die Welt* Nr. 47 vom 24.2.1950.
38. WDR 1963.
39. Ebd.
40. Ebd.
41. Jähner 2021:31ff./61.
42. Thorun 2006:61/Schweizerisches Rotes Kreuz o. A.
43. ALWL 620/3320, Pressenotiz *Westfälische Nachrichten* vom 6.1.1954/ ALWL 620/3321, Merkblatt zur Verschickung von Kindern nach Frankreich, 19. Juli bis 21. August 1954/ALWL 620/3326/3327, Schriftwechsel der Landesjugendbehörde in Münster und anderen Behörden und Organisationen über Kinderverschickung der Rädda Barnen nach Schweden 12.11.1953 bis 11.5.1954.
44. ALWL 620/3320, Schreiben der kommunalen Gesundheitsämter an Landesrat Wolters vom 27.2. bis April 1954/Schriftwechsel »Hilfsaktion für deutsche Flüchtlingskinder« Sozialministerium NRW und Landesrat Wolters, 14.7.–2.9.1954.
45. Richter 2020:253.
46. ALWL 620/3326, Abschrift Kinderverschickung nach Schweden durch Foreningen Rädda Barnen an das Innenministerium Jugendfürsorge Bonn, 12.11.1953.

47. MLWL INV 6018 »Helft dem Menschen« (1953) von Elisabeth Wilms/INV 14272 »Dortmund November 1947« (1947) von Elisabeth Wilms.
48. ALWL 620/3321, Informationsschreiben des LWL über den Dokumentarfilm »In der Fremde zu Haus« von Sepp Allgeier über die Verschickung von Flüchtlingskindern nach Frankreich 1953/Schreiben an den LVR zur Vorführung des Films/Erlass des Bundesministeriums zur Verrechnung über die Kriegsfolgenhilfe, 30.6.1954.
49. MLWL INV 6018, »Helft dem Menschen« (1953) von Elisabeth Wilms.
50. Allgeier 1954.
51. Lorenz 2021.
52. MLWL INV 6018 »Helft dem Menschen« (1953) von Elisabeth Wilms/INV 14272 »Dortmund November 1947« (1947) von Elisabeth Wilms.
53. BArch DR 2 355, Ministerium für Volksbildung an die Landesregierung Sachsen, Erholungsheime mit ärztlicher Zielsetzung, 3.11.1949.
54. BArch DR 2 5635/0047, Abschrift des Artikels »Die Geduld ist zu Ende« aus der *Tribüne* vom 26.2.1952.
55. Ebd.
56. BArch DR 2 5635/0048, Schreiben »Situation in den Kindererholungsheimen des Landes Mecklenburg« der Landesregierung Mecklenburg an das Ministerium für Volksbildung Berlin, 29.2.1952.
57. BArch DR 2 5635, Abt. Jugendhilfe/Heimerziehung an den Rat des Bezirkes Rostock, Abteilung Volksbildung, »Besprechung am 2.10.1952 in Berlin«, 26.9.1952.
58. BArch DR 2 5635/0048, Schreiben »Situation in den Kindererholungsheimen des Landes Mecklenburg« der Landesregierung Mecklenburg an das Ministerium für Volksbildung Berlin, 29.2.1952.
59. BArch DR 2 5635, Fernschreiben der Abtl. Jugendhilfe/Heimerziehung des Ministeriums für Volksbildung an die Bezirksräte, 10.9.1952.
60. Arbeitsgemeinschaft Verschickungskind 2021.
61. netzwerkBplus 2010–2023.
62. Ebd.
63. ALWL 843/145, Kurplan des LWL von 1962.
64. ADAK, Kindergesundung Jahresbericht 1959.
65. Alexander 1950:300.
66. Lungenärzte im Netz o.A.
67. Hach 2011.
68. Ebd.
69. BARch DQ 1 4186, Klima-Kurreise für Haut-, Allergie- und Asthma-

Patienten mit dem Urlauberschiff MS »Völkerfreundschaft« auf dem Atlantik 1964.

70. BArch NY 4167, Kinderzeichnungen anlässlich Erich Honeckers Staatsbesuch in der Republik Zypern, 14.10.1982.
71. MDR 2013.
72. Ebd.
73. BArch DR 2 355/0007, Landesregierung Sachsen/Ministerium für Volksbildung an die Deutsche Verwaltung für Volksbildung in der sowjetischen Besatzungszone, Zentraljugendamt vom 28.6.1949/ Liste der Kinderheime und Kindererholungsheime im Land Sachsen, die der Abtl. Gesundheitswesen als Heime mit ärztlicher Zielsetzung künftig unterstehen sollen, o.A..
74. Alexander 1950:300.
75. SAL T 7/488, Praktikumsbericht Privatkinderheim »Haus Fredeborg« Sylt, Westerland, 1959.
76. SAL T 7/453, Praktikumsbericht Kinderheim »Seepferdchen« am Timmendorfer Strand, 1968.
77. Nitsch 1964:18.
78. Richter 2020:275.
79. Ebd.
80. Ebd.
81. Homoia o.A.
82. Hurst 2015.
83. Richter 2020:285.
84. ALWL 620/3523, Zeitungsartikel (o.T.), in: *Westfalenpost* vom 30.12.1952.
85. Ebd.
86. ALWL 620/3523, Zeitungsartikel (o.T.), in: *Freie Presse Tageszeitung für Bielefeld Stadt und Land*, Nr. 133 vom 9.6.1950.
87. Richter 2020:285.
88. Gerlach 2017.
89. Israel 2017.
90. Ebd.
91. Ebd.
92. MDR 2021.
93. BArch DR 2 5637, Schreiben »Zur Frage über die Arbeit in den Kindererholungsheimen« der Abteilung Jugendhilfe/Heimerziehung Ministerium für Volksbildung an Kindergenesungsheim der Sozialversicherung »Rosa Luxemburg«, 19.2.1954.
94. Spektrum o.A.
95. BArch DR 2 983/0058, Rundverfügung Nr. 94/50 »Weiterbildung des

pädagogischen Personals in sämtlichen Dauerkinderheimen, Kindererholungsheimen und Heimen der öffentlichen Erziehungshilfe« des Ministeriums für Volksbildung an die Räte der kreisfreien Städte, Kreisräte der Landkreise – Jugendamt, 19.4.1950.

96. Ebd.
97. BArch DR 2 5637/0041, Schreiben »Kindererholungsheim ›Kinderglück‹ in Birkenhain« des Rates des Bezirkes Neubrandenburg an die Regierung der DDR, Ministerium für Volksbildung, 7.8.1953.
98. BArch DR 2 5575/0030, Schreiben »Anleitung der Arbeit in den Kindererholungsheimen« an den Rat des Bezirks Abtl. Volksbildung, 20.3.1953.
99. BArch DR 2 5637/0057, Schreiben »Erziehungsarbeit im Kindererholungsheim in Birkenhain« des Rats des Bezirkes Neubrandenburg an die Bezirksverwaltung der SVK Neubrandenburg, 18.5.1953.
100. ALWL 620/3423, Schreiben der Bezirksfürsorgerin an die Sozialabteilung »Jugendlichenkur für Wolfgang«, 25.11.1959.
101. Ebd.
102. ALWL 620/3523, Zeitungsartikel »Die Geißel unserer Zeit heißt Neurose«, in: *Soester Stadt Anzeiger* vom 4.1.1961.
103. Ebd.
104. ALWL 620/3269, Vermerk Abtl. Erholungs- und Heilfürsorge beim LWL zur Ausweitung der Kurmaßnahmen für neurotische Kinder, 10.9.1965.
105. ALWL 620/3269, Vermerk Abtl. Erholungs- und Heilfürsorge beim LWL zur Ausweitung der Kurmaßnahmen für neurotische Kinder, 10.9.1965/ALWL 843/145, LWL-Kurplan (darin Kinderheilanstalt Bad Sassendorf Abtl. für neurotische Kinder) von 1962.
106. ALWL 620/3269, Vermerk Abtl. Erholungs- und Heilfürsorge beim LWL zur Ausweitung der Kurmaßnahmen für neurotische Kinder, vom 10.9.1965.
107. Arbeitsgemeinschaft Verschickungskind 2021a.
108. Nitsch 1964:18.
109. Ebd.
110. netzwerkBplus 2010–2023.
111. Ebd.
112. Nitsch 1964:18.
113. Rösler/Hillmeier 2011.
114. SAL T7/488, Praktikumsbericht Privatkinderheim Birkenhof Sylt, Westerland, 1960/SAL T 7/492, Praktikumsbericht Kinderheilanstalt in Bad Sassendorf, 1961.
115. von Miquel 2022:128.

116. Hans-Walther Schmuhl im Interview.
117. Arbeitsgemeinschaft Verschickungskind 2021b.
118. MDR 2013.
119. Arbeitsgemeinschaft Verschickungskind 2021.
120. Arbeitsgemeinschaft Verschickungskind 2021c.
121. Arbeitsgemeinschaft Verschickungskind 2021a.
122. SAL T 7/498, Praktikumsbericht, Kindererholungsheim Detmold in Wittdün auf Amrum, 1953.
123. Arbeitsgemeinschaft Verschickungskind 2021d.
124. Verschickungsheime 2022.
125. ALWL 843/63, Tätigkeitsbericht 1955.
126. von Miquel 2022:17/18.
127. ALWL 620/3386, Rundschreiben Nr. E 36/1951 der Verwaltung des Provinzialverbandes Westfalen – Kinderfahrtmeldestelle – »Durchführung von Kindertransporten auf der Eisenbahn zur Unterbringung von Heimen und auf dem Lande« vom 12.11.1951.
128. Ebd.
129. ALWL 620/3523, Zeitungsartikel »Eine Einrichtung, die sich bewährte: Nächtliche Kinderzüge«, aus: *Westfälische Nachrichten* Nr. 233 vom 5.10.1956.
130. Ebd.
131. ALWL 620/3386, Schreiben des Caritasverbandes e.V. Bochum an Oberverwaltungsrat Adolf Wolters, 9.3.1951.
132. ALWL 620/3386, Rundschreiben Nr. E 36/1951 der Verwaltung des Provinzialverbandes Westfalen – Kinderfahrtmeldestelle – »Durchführung von Kindertransporten auf der Eisenbahn zur Unterbringung von Kindern in Heimen und auf dem Lande«, 12.11.1951.
133. ALWL 620/3523, Zeitungsartikel »Eine Einrichtung, die sich bewährte: Nächtliche Kinderzüge«, aus: *Westfälische Nachrichten* Nr. 233 vom 5.10.1956.
134. ALWL 620/3386, Bericht des Transportleiters über Kindertransport nach Juist am 7.1.1952 an Ausgleichstelle für Gesundheitsfürsorge in Münster, Landeshaus vom 19.1.1952.
135. ALWL 620/3386, Schriftwechsel über Bericht einer Fürsorgerin zum Kindertransport am 15./16.2.1951 nach Sonthofen zwischen Caritasdirektor Johannes Kessels und Adolf Wolters von der Provinzialverwaltung Westfalen am 9.3.1951 und 21.3.1951.
136. Ebd.
137. ALWL 620/3386, Schriftverkehr zum Schreiben »Kindertransport am 6.11.1950 nach Norderney« der Werksfürsorge Hoesch AG Kaiserstuhl-Schachtanlagen Dortmund, der Aktiengesellschaft Hoesch

Altenessener Schachtanlagen und der Gelsenkirchener Bergwerks-Aktien Gesellschaft mit der Verwaltung des Provinzialverbandes Westfalen Ausgleichstelle für Gesundheitsfürsorge über Transportbedingungen im Sonderzug nach Norderney im November 1950, 11.-16.11.1950.

138. ALWL 620/3386, Schreiben der Gelsenkirchener Bergwerks-Aktien-Gesellschaft an Oberverwaltungsrat Adolf Wolters Ausgleichstelle für Gesundheitsfürsorge, 15.11.1950.
139. ALWL 620/3386, Beschwerde über Transportbedingungen bei Kindersammeltransport am 6.11.1951 nach Norderney der Hoesch AG Altenessener Schachtanlagen an Verwaltung des Provinzialverbandes Westfalen, Ausgleichstelle für Gesundheitsfürsorge, 4.12.1951.
140. ALWL 620/3523, Zeitungsartikel »Nur ›Holzpolsterklasse‹ für Kindererholung? In *Recklinghäuser Zeitung* vom 15.2.1955.
141. von Miquel 2022:18.
142. ALWL 620/3141, Vermerk »Tödlicher Unfall des Kindes Elisabeth T.« vom 17.2.1955.
143. ALWL 620/3386, Schreiben »Kindertransporte mit Omnibussen« der Bundesbahn Generalbetriebsleitung West an die Verwaltung des Provinzialverbandes Westfalen Münster, 9.2.1952.
144. Ebd.
145. ALWL 620/3386, Schreiben »Reiseorganisation für verbilligte Kurreisen« der Deutschen Bundesbahn Generalbetriebsleitung West an die Verwaltung des Provinzialverbandes Westfalen, 14.9.1951.
146. ALWL 620/3141, Vermerk »Tödlicher Unfall des Kindes Elisabeth T.« vom 17.2.1955 und weiterer betreffender Schriftwechsel.
147. Stadt- und Vestisches Archiv Recklinghausen, Bestand Zeitungsarchiv, Nr. XV: »Westfälische Rundschau«, Unfallbericht in: *Westfälische Rundschau* am 27.7.1966
148. Stadt- und Vestisches Archiv Recklinghausen Bestand Zeitungsarchiv, Nr. XIII: »Recklinghäuser Zeitung«, Unfallbericht in: *Westfälische Rundschau* vom 27.7.1966.
149. Kiz. steht für Kindersonderzug.
150. ALWL 620/3386, Vermerk 15.1.1952.
151. Jähner 2021:14.
152. Ebd. 67.
153. Ebd. 62.
154. Ebd. 61–63.
155. Bönisch/Wiegrefe 2006:41–42.
156. Ebd. 44.
157. Ebd. 46.

158. Ebd. 43/Bölsche/Hinrichs 2005.
159. Jähner 2021:224.
160. Bönisch/Wiegrefe 2006:46.
161. Engels/Neumeister 1958.
162. Ebd.
163. Ebd.
164. SAL T 7/492, Praktikumsbericht Kinderheilanstalt Bad Sassendorf, 1961.
165. SAL T 7/438, Praktikumsbericht Kinder- und Kurheim »Emilienruhe« des Kneippkurortes Bergzabern in der Pfalz, 1960.
166. SAL T 7/484, Praktikumsbericht Kindergenesungsheim Warteberg in Bad Sachsa, 1959.
167. Kleinschmidt 1964:59.
168. Ebd.
169. SAL T 7/438, Praktikumsbericht Kinder- und Kurheim »Emilienruhe« des Kneippkurortes Bergzabern in der Pfalz, 1960.
170. SAL T 7/495, Praktikumsbericht Kindererholungsheim »Schwalenburg« des evangelischen Hilfswerks Lippe in Schwalenberg, 1952.
171. SAL T 7/454, Praktikumsbericht Kindergenesungsheim Timmendorfer Strand, 1953.
172. Kleinschmidt 2020:28.
173. Bode 2020:17.
174. ALWL 620/3193, Anlage zum Rundschreiben Nr. 150/1955 »Abhandlung aus der Zeitschrift ›Gesundheitsfürsorge‹ Heft 8, Jahrgang 5, im November 1955«, Georg Thieme Verlag, »Was geht uns sonst noch an?« Die Ernährung der Kinder und Jugendlichen während der Erholungs- und Freizeiten, 11.11.1955.
175. ALWL 620/3193, Schreiben zu »Anweisungen zur Durchführung von Lehrgängen auf dem Gebiet der neuzeitlichen Ernährung für Küchenleiterinnen der Einrichtungen der Jugendpflege und Jugendfürsorge« von Dr. med. habil. H. Hoske an Ausgleichstelle für Gesundheitsfürsorge vom 3.2.1955ff.
176. ALWL 620/3193, Anlage zum Rundschreiben Nr. 150/1955.
177. ALWL 620/3183, Speisepläne der Kinderkurheime Bad Laasphe und Bad Waldliesborn 24.9.1950 und 1.11. bis 11.11.1950.
178. ALWL 620/3193, Anlage zum Rundschreiben Nr. 150/1955.
179. netzwerkBplus 2010–2023.
180. Kleinschmidt 1964:43.
181. Ebd.
182. SAL T 7/488, Praktikumsbericht Privatkinderheim Haus Fredeborg Sylt, Westerland 1959.

183. SAL T7/461, Praktikumsbericht Adolfinenheim auf Borkum, 1953.
184. Ebd. 108.
185. Kleinschmidt 1964:43.
186. Ebd.
187. von Miquel 2021:53.
188. Ebd.
189. SAL T 7/498, Praktikumsbericht Kinderheim Frida Jacobi in Wyk auf Föhr, 1955.
190. SAL T7/488, Praktikumsbericht Privatkinderheim Birkenhof Sylt, Westerland, 1960.
191. Kleinschmidt 1964:44.
192. SAL T7/488, Praktikumsbericht Privatkinderheim Birkenhof Sylt, Westerland, 1960.
193. SAL T7/461, Praktikumsbericht Adolfinenheim auf Borkum, 1953.
194. SAL T 7/498, Praktikumsbericht Kinderheim Schnell in Hohwacht, 1958.
195. SAL T7/484, Praktikumsbericht Kindergenesungsheim Warteberg in Bad Sachsa, 1959.
196. SAL T7/488, Praktikumsbericht Privatkinderheim Birkenhof Sylt, Westerland, 1960.
197. Wendt 1975: 86–87.
198. Wendt 1975:161/91.
199. Wendt 1975:248.
200. Chefkoch GmbH 1998–2023.
201. Kleinschmidt 1964:48.
202. Ebd. 47.
203. Arbeitsgemeinschaft Verschickungskind 2021e.
204. Verschickungsheime 2022.
205. Chefkoch GmbH 1998–2023.
206. SAL T 7/492, Praktikumsbericht Kinderheilanstalt in Bad Sassendorf, 1961.
207. Kleinschmidt 1964:48.
208. ALWL 620/3183, Verpflegungssatz und Wochenspeisezettel des Provinzial-Kinderkurheims Laasphe an Provinzialverband Westfalen, 28.12.1950.
209. ALWL 620/3111, Lohntabelle für Kinderheim auf Juist von Deutscher Gewerkschaftsbund an den Landkreis Unna Kreisausschuss Emden-Norden, 13.09.1951/Vergütungsordnung Kinderheim Juist/Schreiben über Bezüge der Heimangestellten im Kinderheim Juist von Adolf Wolters an Landkreis Unna, 15.1.1951/Schriftwechsel Einsatz von Kindergärtnerinnen an Freiluftschulverein für den

Regierungsbezirk Detmold an Oberverwaltungsrat Adolf Wolters, 30.11.–11.12.1951.

210. ALWL 620/3111, Vergütungsordnung Kinderheim Juist/Schreiben über Bezüge der Heimangestellten im Kinderheim Juist von Adolf Wolters an Landkreis Unna, 15.1.1951.
211. Ebd.
212. Ebd.
213. ALWL 620/3111, Schriftwechsel Einsatz von Kindergärtnerinnen an Freiluftschulverein für den Regierungsbezirk Detmold an Oberverwaltungsrat Adolf Wolters, 30.11.–11.12.1951.
214. Kleinschmidt 2020:59.
215. Ebd.
216. ALWL 620/3110, Schreiben »Verwaltungsarbeiten bei den Heimen« an LWL Haupt- und Personalabteilung, 31.8.1954.
217. ALWL 620/3110, Schreiben »Verwaltungsarbeit bei den Heimen«, Abt. Vc an die Abteilung I, 6.10.1954.
218. ALWL 620/3110, Schreiben Abtl. 63 an die Abteilung 11, 5.2.1959.
219. ALWL 620/3347, Schriftwechsel Kreisarzt Beckum, Bad Waldliesborn GmbH und LWL, 4.11.1955–18.11.1955.
220. SAL T7/488, Privatkinderheim Haus Fredeborg, Sylt, Westerland, 1959.
221. SAL T7/488, Praktikumsbericht Privatkinderheim Birkenhof Sylt, Westerland, 1960.
222. Röhl 2022:15/18–19.
223. Ebd. 18.
224. Möller 2022:23.
225. SAL T 7/484, Praktikumsbericht Kindergenesungsheim Warteberg in Bad Sachsa, 1959.
226. Möller 2022:23.
227. Bode 2020:21.
228. SAL T7/488, Privatkinderheim Haus Fredeborg, Sylt, Westerland, 1959.
229. SAL T 7/454, Kindergenesungsheim am Timmendorfer Strand, 1958.
230. SAL T 7/438, Kinder- und Kurheim Emilienruhe des Kneippkurortes Bergzabern in der Pfalz, 1960.
231. Ebd.
232. SAL T 7/454, Praktikumsbericht Kindergenesungsheim am Timmendorfer Strand, 1959/Spektrum 2021. Die aktuelle wissenschaftliche Datenlage lässt keinen Rückschluss von der Geschwisterkonstellation auf den individuellen Charakter einer Person zu.
233. Wendt 1975:106–107.
234. Israel 2017.
235. Nordbayern 2016.

236. Kleinschmidt 1964:50.
237. Kleinschmidt/Schweig 2021:147.
238. SAL T 7/492, Praktikumsbericht Kinderheilanstalt in Bad Sassendorf, 1961.
239. SAL T7/454/1, Praktikumsbericht Deutsches Kindererholungsheim am Timmendorfer Strand, 1953.
240. SAL T7/498, Praktikumsbericht Kinderheim Schnell in Hohwacht, 1958.
241. SAL T 7/484, Praktikumsbericht Kindergenesungsheim Warteberg in Bad Sachsa, 1959
242. Ekert/Ekert 2005:118 /SWR 2021.
243. Ebd. /Buchli 2017.
244. Harald Schickedanz im Interview.
245. ALWL 620/3423, Kurüberwachungsschein über *Ulrich* des Landeskinderkurheims Reinhardshausen vom 31.5.1957.
246. ALWL 620/3423, Schreiben »Kurheilfürsorge für das Kind Ulrich« 2005/26 E an das Städtische Jugendamt Siegen 3.1.1958.
247. Kleinschmidt 1964:48.
248. Verschickungsheime 2022.
249. ALWL 620/3344, Schriftwechsel Quarantäne wegen Ruhr-E-Erkrankungen im Kinderkurheim Haus Böving, Westerland, 12.12.1965.
250. netzwerkBplus 2010–2023.
251. SAL T7/454, Praktikumsbericht Deutsches Kindererholungsheim am Timmendorfer Strand, 1953.
252. Kleinschmidt 1964:49.
253. BArch DR 2 5637/0177–0179, Schriftwechsel »Kindergenesungsheime der SVL« Ministerium für Volksbildung des Landes Sachsen mit Ministerium für Volksbildung Berlin, 20.11.1951–5.4.1951.
254. Julia Todtmann im Interview.
255. BArch DR 2 5637, Abschrift des Briefes und Schreiben »Kindergenesungsheim Kinderglück Birkenhain der Sozialversicherung Dresden« an Vertreter Sozialversicherung Berlin, 24.6.1953.
256. Hach 2011.
257. Wendt 1975:100–102.
258. Ebd. 102.
259. Ebd.
260. Harald Schickedanz im Interview.
261. SAL T 7/454, Praktikumsbericht Kindergenesungsheim am Timmendorfer Strand, 1953.
262. SAL T 7/438, Kinder- und Kurheim Emilienruhe des Kneippkurortes Bergzabern in der Pfalz, 1957.

263. netzwerkBplus 2010–2023.
264. Kleinschmidt 1964:72–74.
265. Jähner 2021:12.
266. Ebd.
267. Bönisch/Wiegrefe 2006:51.
268. Ebd. 52.
269. Ebd. 51.
270. Engels/Neumeister 1958.
271. Bode 2020:19.
272. Ebd.
273. SAL T 7/454, Praktikumsbericht Kindergenesungsheim am Timmendorfer Strand, 1953.
274. Kleinschmidt 1964: 74.
275. SAL T7/498, Praktikumsbericht Kindererholungsheim Detmold in Wittdün auf Amrum, 1953.
276. Müller-Münch 2012:6–7.
277. Kolb 2022.
278. Müller-Münch 2012:39–40.
279. Bode 2020:20.
280. Ebd.
281. Jahrgang 1953 2010–2023.
282. Kleinschmidt 1964:72–73.
283. ALWL 620/3243, Schreiben »Bestrafung von Kindern in den Kindergenesungsheimen« von Adolf Wolters an das Sozialwerk der Eisenbahnfürsorge Essen, 20.4.1950.
284. SAL T 7/492, Praktikumsbericht Kinderheilanstalt in Bad Sassendorf, 1961.
285. SAL T7/454/2, Praktikumsbericht Kleinkindergenesungsheim Timmendorfer Strand/Schmilinsky-Stiftung, o.A.
286. Möller 2022:23.
287. Wendt 1975:88.
288. Kleinschmidt 1964:73–74.
289. Wendt 1975:89.
290. Bode 2020:20.
291. netzwerkBplus 2010–2023.
292. Kleinschmidt 1964:74.
293. ALWL 843/145, Kurplan des LWL 1962/Heilanzeigen der Kurheime.
294. ALWL 620/3269, Schriftwechsel »Erholungsfürsorge für Kinder mit neurotischen Störungen« zwischen Senator für Jugend und Sport Berlin und Ausgleichstelle der Verwaltung des Provinzialverbandes 28.3.–4.4.1955.

295. Ehemalige Kurkinder Seehospiz Norderney 2014–2023.
296. Ebd.
297. Wiegand 1986:3.
298. Kleinschmidt/Schweig 2021:128.
299. Ebd.
300. Ebd.
301. Ebd. 147.
302. von Miquel 2022:40.
303. Ebd.
304. SAL T 7/488, Praktikumsbericht Privatkinderheim Haus Fredeborg Sylt, Westerland, 1959.
305. SAL T 7/498, Praktikumsbericht Kinderheim Frida Jacobi in Wyk auf Föhr, 1955.
306. SAL T7/488, Praktikumsbericht Privatkinderheim Birkenhof Sylt, Westerland, 1960.
307. SAL T7/492, Praktikumsbericht Kinderheilanstalt in Bad Sassendorf, 1961.
308. Harald Schickedanz im Interview.
309. BArch DR 2 5637, Bericht der Sozialversicherung über den Besuch im Kinderheim Vogtland, 17.5.1954.
310. Kleinschmidt 2020:32.
311. Ebd. 40–41.
312. ALWL 620/3303, Abschrift Urteil 1 U 23/67 6 0 149/66 LG.Nbg.-F.
313. ALWL 620/3303, Runderlass des Arbeits- und Sozialministers zur Heimaufsicht, betrifft Jugendwohlfahrtsgesetz vom 1. Juli 1962, o.A.
314. ALWL 620/3347, Schriftwechsel Kreisarzt Beckum, Bad Waldliesborn GmbH und LWL, 4.11.1955–18.11.1955.
315. ALWL 620/3303, Runderlass des Arbeits- und Sozialministers zu Heimaufsicht, betrifft Jugendwohlfahrtsgesetz das am 1. Juli 1962 in Kraft getreten ist, undatiertes Dokument/Gesetz für Jugendwohlfahrt 1961.
316. ALWL 620/3145, Unfallkontrolle 1949 bis 1957.
317. ALWL 620/3137, Schreiben »Kur im Luitgartstift Bad Rippoldsau/Kurkind Uwe vom Luitgartstift Bad Rippoldsau an den Caritasverband, 21.5.1955.
318. ALWL 620/3145, Unfallkontrolle 1949 bis 1957.
319. Röhl 2022:17.
320. Ebd.
321. ALWL 620/3246, Rundschreiben Nr. 270/1962 »Heimkurmaßnahmen im Rahmen einer Kur- und Erholungsfürsorge Unfälle während des Heimaufenthaltes und deren Verhütung« des LWL vom 1.9.1962.

322. ALWL 620/3137, Kreisverwaltung des Ennepe-Ruhr-Kreises an LWL vom 15.2.1957.
323. ALWL 620/3137, Schriftwechsel Unfallsache des Kindes Erich 7.10.1954–25.4.1955.
324. ALWL 620/3137, Ärztliche Stellungnahme »Ihr Schreiben vom 30.4.1954: Kind Erich« des Kindergenesungsheims St. Johann Niendorf an das Kreisjugendamt Ahaus, 24.5.1954.
325. ALWL 620/3137, Unfall des Kindes Wolfgang Kinderheim Allerheiligen, 15.7.1966, Schriftwechsel vom 16.7.–6.9.1966.
326. ALWL 620/3143, Schreiben »Tödlicher Unfall des Kindes Wolfgang« des Kurhauses Allerheiligen Oppenau an Städtisches Sozialamt Dortmund, 16.7.1966.
327. ALWL 620/3145, Kondolenzschreiben von Landesrat Wolfgang Straube an die Eltern des verstorbenen Anton, 1.4.1960.
328. Seifert 2021.
329. Möller 2022:31.
330. Ebd.
331. ALWL 620/3141, Telegramm zu Badeunfall des Kindes Dieter von Lübeck Travemünde an Verwaltung des Provinzialverbandes Westfalen, 23.6.1953
332. ALWL 620/3141, Vermerk Badeunfall des Kindes Dieter Kurheim Antoniushaus/Bericht der Kindergärtnerin 22.6.1953.
333. ALWL 620/3141, Kondolenzschreiben Adolf Wolters an Eltern von Dieter, 4.7.1953.
334. ALWL 620/3141, Anklageschrift der Oberstaatsanwaltschaft bei dem Landgericht 4 Js 1219/53 Jug. Sch. An das Amtsgericht – Schöffengericht in Lübeck, 24.9.1953.
335. ALWL 620/4141, Urteil in der Strafsache Kindergärtnerin 4Ms 66/53-II Str. 35/54, Landgericht Lübeck, 30.4.1954.
336. ALWL 620/3140, Tödlicher Unfall des Kurkindes Bernd in Kinderheilstätte St. Luitgard Bad Rippoldsau/Kondolenzschreiben an die Eltern von Bernd vom 6.1.1954.
337. Wagner 2019:144.
338. Ebd. 140.
339. Ebd. 189.
340. SWR 2020.
341. Grünenthal Stiftung 2020.
342. Wagner 2019:150.
343. Nitsch/Hartung 1961:29.
344. Ebd. 35.
345. Ebd.

346. Wagner/Wiebel 2020:10.
347. SWR 2020.
348. ALWL 620/3423, Kurüberwachungsschein über *Ulrich* des Landeskinderkurheims Reinhardshausen vom 31.5.1957.
349. ALWL 620/3423, Schreiben Kur vom 5.11.–16.12.1966 im Kinderkurheim des Landkreises Bielefeld auf Norderney; hier Kurkind Kurt (…) des Kreisverwaltungsrates an Jugendamt Bochum, 3.1.1966.
350. ALWL 620/3423, Schreiben Jugendkurheim »Schau ins Land« Hohegiß Harz, Nichtaufnahme des für die Kur vorgeschlagenen Jugendlichen Wolfgang des LWL an den Landkreis Lemgo, Sozialabteilung, 20.10.1959.
351. ALWL 620/3423, Schreiben »Jugendlichenkur für Wolfgang« der Bezirksfürsorgerin an die Sozialabteilung, 25.11.1959.
352. ALWL 620/3423, Abschrift des Schreibens »Wolfgang« der Westfälischen Klinik für Jugendpsychiatrie an das Gesundheitsamt Lemgo, 22.5.1959.
353. Kleinschmidt 1964:45.
354. Lorenz 2021a.
355. Wagner/Wiebel 2020:12.
356. Grünenthal Stiftung 2020.
357. von Bebenburg 2018/Jung 2020.
358. Wagner 2019:145.
359. Wagner/Wiebel 2020:12.
360. Ebd. 15.
361. Ebd. 17–18.
362. Kleinschmidt 1964:46.
363. Ebd. 48.
364. ALWL 620/3140, Schriftwechsel zum Todesfall des Kindes Dieter zwischen Heimarzt des Kinderkurheims Luitgartstift Bad Rippoldsau und Adolf Wolters, 30.5.1953–29.3.1954.
365. ALWL 620/3140–3142, Todesfälle während Kuraufenthalten B.1–5.
366. ALWL 620/3141, Bericht über den Todesfall Hans-Joachim im Kindergenesungsheim St. Johann an den LWL, 18.07.1955.
367. ALWL 620/3143, Schreiben »Kinderkur im Antoniushaus in Niendorf 24.9.–2.11.1964« des Landkreises Ennepe-Ruhr-Kreis an den LWL Abt.63, 2.2.1965.
368. ALWL 620/3140, Schreiben »Sterbefall Gerda in Jugendgenesungsheim Bodelschwinghhaus auf Langeoog« von Adolf Wolters an Kreiswohlfahrtamt Tecklenburg, 19.5.1950.
369. Nitsch 1964:12.
370. Kleinschmidt 1964:37.

371. ALWL 620/3142, Schriftwechsel »Sterbefall des Kindes Marion«, 25.4.-22.8.1961.
372. Harald Schickedanz im Interview.
373. Bundesarchiv o.A.
374. ALWL 620/3340, Dr. med. Carl Wilhelm Wedel, Leitender Arzt der Kinderheilstätte »Schloß Friedenweiler« an den Leiter der Ausgleichstelle Münster, Landeshaus, Dr. Adolf Wolters, 25.9.1950 /Abschrift »Spinale Kinderlähmung« des Badischen Ministeriums des Inneren an Dr. Wedel, 5.9.1950/»Bisher über 2600 Kinderlähmungsfälle« in: *Westfälische Nachrichten* vom 2.9.1952.
375. ALWL 620/3340, Telegramm an Landesrat Wolters Nordseebad Norderney, 14.8.1952/Schreiben »Bekämpfung der Übertragung ansteckender Krankheiten«, hier: Kurentsendung nach Borkum, der Ausgleichstelle in Münster Westfalen an Sozialministerium des Landes Nordrhein-Westfalen, 5.9.1952.
376. Möller 2022:26.
377. netzwerkBplus 2010–2023.
378. Möller 2022:24/25.
379. Bode 2020:22.
380. Don Bosco 2022.
381. Möller 2022:24/25.
382. Ebd. 35.
383. Gilhaus 2017/2017a.
384. Lorenz 2021a.
385. Jachertz 2021:119.
386. ARD 2020/Knight 2020.
387. von Miquel 2022:12.
388. Bergstermann 2020.
389. Thobe/Lintner 2010:16.
390. Bergstermann 2020/2021.
391. Schultz-Gerstein 1977:200.
392. Ebd.
393. Rutschky 2001/Schultz-Gerstein 1977:200.
394. Miller 1983:25.
395. Sulzer, in: Rutschky 2001:362.
396. Campe, in: Rutschky 2001:53–54.
397. Matthias, in: Rutschky 2001:53–54.
398. Thobe/Lintner 2010:5.
399. Rutschky 2001:53–54.
400. Thobe/Lintner 2010:5.
401. Miller 1983:40.

402. Landmann, in: Rutschky 2001:364ff.
403. Fellner/Unterreiner 2012:9.
404. Johann Heinrich Pestalozzi, in: Thobe/Lintner 2010:18.
405. Thobe/Lintner 2010:19.
406. Czerny 1946:111.
407. Birk/Mayer 1930:266.
408. Keller/Birk 1914:45.
409. Miller 1983:59.
410. Czerny 1946:9.
411. Bergstermann 2020/2021.
412. Miller 1983:59.
413. Fellner/Unterreiner 2012:72.
414. Schreber 1858:27.
415. Ebd. 25.
416. Ebd. 31.
417. Ebd. 51.
418. Ebd.
419. Ebd. 61/62.
420. Ebd. 174/256–257.
421. Ebd. 256.
422. Berg 2016.
423. Schreber 1858:176.
424. Ebd. 188.
425. Ebd. 77.
426. Ebd.
427. Ebd.79.
428. Ebd. 80.
429. Ebd. 80–81.
430. Ebd.109.
431. Ebd. 196.
432. Ebd. 82.
433. Ebd. 198.
434. Ebd. 201.
435. Ebd. 220.
436. Ebd. 203.
437. Ebd. 174.
438. Ebd. 175.
439. Ebd.
440. Ebd. 67.
441. Ebd.142.
442. Ebd.

443. Ebd.127.
444. Ebd. 129.
445. Ebd. 130.
446. Ebd. 161.
447. MDR 2020/Westhoff 2008.
448. Arnold Retzer im Interview.
449. MDR 2020.
450. Rutschky 2001:23.
451. Ebd. 41.
452. Miller 1983:18.
453. Behm 1926:14.
454. Rauch 1979:306.
455. Fellner/Unterreiner 2012:117–119.
456. Ebd. 106–107.
457. Heinz-Elmar Tenorth im Interview.
458. Berger 2020/Schleißinger 2008.
459. Berger 2020.
460. Schleißinger 2008.
461. Berger 2015.
462. Ullrich 2005:23.
463. Reitz 2022:6.
464. Ebd. 5–6.
465. Marcus 1790.
466. FürthWiki o.A.
467. Es sind die Krippe und das Kinderspital, in die in den 1950er- und 1960er-Jahren ein Mann mehrfach einbricht und ein Kind vergewaltigt.
468. FürthWiki o.A.
469. Ebd.
470. Foucault 1994:223/237.
471. Foucault 1993:53.
472. Foucault 1994:222.
473. Meyer 1909:217–218/1031.
474. Hennings 2004.
475. Ebd.
476. Rauch 1992:181.
477. LASH 320.686, Spezialakten des königlichen Landratsamtes in Flensburg, Zwangs- und Führsorgeerziehung, 1.1.–11.5.1916/Darin Antrag auf Unterbringung zur Fürsorgeerziehung von Otto, 10.5.1911.
478. LASH 320/847, Abschrift Monatsbericht von Bezirkspflegerin, 1.7.1918.

479. Lehfeld 1922:257/259.
480. Wendt 1990:77/Ahnsen 1997:2.
481. Heinz-Elmar Tenorth im Interview.
482. Ahnsen 1997:2.
483. Riedel o.A.
484. Ayass 1993:188.
485. Ebd. 189.
486. Ebd. 18.
487. Ebd. 184.
488. Ebd.
489. LASH 320.6 86, Spezialakten des königlichen Landratsamtes in Flensburg, Zwangs- und Fürsorgeerziehung, 1.1.–11.5.1916/Darin Antrag auf Unterbringung zur Fürsorgeerziehung von Otto, 10.5.1911.
490. LASH 320.6 863, Ausfertigung Beschluss Antrag auf Unterbringung des minderjährigen Otto, 11.8.1911.
491. Foucault 1994:385.
492. Reitz 2022:23.
493. Foucault 1994:223/237.
494. von Miquel 2022:8.
495. Ochner o.A.
496. Hammel 2021:3.
497. Wiegand 1986:5.
498. Schultze 1988:3.
499. Rauch 1992:9.
500. Schultze 1988:3.
501. vom Bruck 2004.
502. Schürer 2003:2686/Schürer 2017:667.
503. Ebd./Sprecher o.A.
504. Universität Zürich 2019.
505. Ebd.
506. Schultze 1988:3.
507. Schreber 1858:233–234.
508. Schürer 2017a: 15.
509. Ebd.
510. Mann 2000:90.
511. *Der Spiegel* 1954.
512. Universität Zürich 2019.
513. Ebd.
514. Ebd.
515. von Miquel: 2022:7–8.
516. Hammel 2021:3.

517. Ochner o.A.
518. Ebd.
519. Schultze 1988:4.
520. Wiegand 1986:6.
521. Ebd. 7.
522. Ebd. 8.
523. von Miquel 2022:13.
524. Ebd. 8.
525. Mutter-Kind-Klinik Maria Meeresstern 2023.
526. Landesmuseum Mecklenburg-Vorpommern o.A.
527. Hammel 2021:3.
528. ADAK Jahresbericht 1945–54.
529. Hans Walther Schmuhl im Interview.
530. ADAK-Jahresbericht 1945–54.
531. Ochner o.A..
532. Bundesarchiv 2009.
533. Ebd.
534. Behm 1926:55.
535. Kucera/Mayr-Schwarzenbach 2008:6.
536. von Miquel 2022: 27.
537. Ochner o.A..
538. Rauch 1992:9.
539. Ebd. 15.
540. Ebd. 282.
541. Ebd. 181.
542. ALWL 620/3523, Zeitungsartikel »Wo Mutterhände ruhen können«, in: *Die Welt* Nr. 46 vom 18.10.1949.
543. Ebd.
544. ADAK Jahresbericht 1945–54.
545. Ochner o.A.
546. Behm 1926:15–16.
547. Ebd. 7–8.
548. Ebd. 9.
549. Ebd. 10.
550. Ebd. 132.
551. Ebd. 13.
552. Behm 1926:1.
553. Ebd. 26.
554. Ebd. 27.
555. Ebd. 26–27.
556. Rauch 1992:279.

557. Ebd.
558. LASH 320/847, Handschriftlicher Bericht der Bezirkspflegerin aus Gelting vom 28.6.1918.
559. Gastpar 1922:19.
560. Ebd. 337–338.
561. BSW 1979:14.
562. Hammel 2021: 3.
563. Ebd. 24.
564. von Miquel 2022:14.
565. Ebd. 15.
566. Ebd. 8.
567. Behm 1926:41.
568. Ebd. 30–33.
569. Ebd. 41.
570. Ebd. 34.
571. Ebd. 43.
572. Ochner o.A.
573. Behm 1926:49.
574. Ebd. 50.
575. Ebd.
576. Ebd.
577. Ebd.
578. MLWL 35FA6976inv13638, Kindergenesungsheim Senne der Landesversicherungsanstalt Westfalen Erich Krahn, 1926.
579. Ebd. 133.
580. Ebd. 97.
581. Ebd. 134.
582. Ebd. 210.
583. Ebd. 106–107.
584. Ebd. 97.
585. Ebd. 104.
586. Ebd. 134.
587. Ebd. 115–116.
588. Ebd. 105–106.
589. MLWL 35FA6976inv13638, Kindergenesungsheim Senne der Landesversicherungsanstalt Westfalen Erich Krahn, 1926.
590. Ebd. 175.
591. Ebd. 105.
592. Ebd. 97.
593. Ebd. 106.
594. Ebd. 108–109.

595. Ebd. 94.
596. Ebd. 205.
597. Ebd. 206.
598. Ebd. 207.
599. Ebd. 159.
600. Ebd. 169.
601. Ebd. 170.
602. Ebd. 100.
603. Ebd. 22.
604. Ebd.
605. Ebd. 36.
606. Ebd. 210–212.
607. Ebd. 112.
608. Ebd. 111–112.
609. Ebd. 208–209.
610. Ebd. 40.
611. Ebd. 47.
612. Ebd. 159.
613. Ebd. 192–193.
614. Ebd. 193.
615. Ebd. 190.
616. Gastpar 1922:340.
617. Behm 1926:190.
618. Ebd. 54.
619. Ebd. 171–172.
620. ALWL 132/1249, Ermittlungen und Dienststrafverfahren gegen Adolf Wolters, 26.9.1937–29.11.1938.
621. Behm 1926: 138.
622. Ebd. 214.
623. Ebd. 14.
624. Ebd. 23.
625. Ebd. 26.
626. Ebd. 23.
627. Ebd. 24.
628. Ebd. 25.
629. Ebd.
630. LASH Abt. 320.6 Nr. 828, Entlassungsbericht von Marie aus der Kinderheilstätte Wyk auf Föhr, 26.10.1922.
631. Kucera/Meyr-Schwarzenbach 2008: 7.
632. Stephani 1922: 356.
633. Behm 1926:217.

634. Alfons Kenkmann im Interview.
635. Adolf Hitler in: Reicher 2014.
636. Matthias von Hellfeld im Interview.
637. Jarausch 2018:85
638. Ebd. 81.
639. Kenkmann 2020:15–16.
640. Jarausch 2018:90–91.
641. Sonja Levsen in: Hammel 2021:4.
642. Heinz-Elmar Tenorth im Interview/Weiterführend zur Logik der Erziehung im Nationalsozialismus: Tenorth 2008; und weiterführend zur Schule im Nationalsozialismus: Tenorth 2003.
643. Berger 2005.
644. Berger 2015a.
645. Haarer 1951:103.
646. Ebd. 99.
647. Ebd.
648. Ebd. 19
649. Ebd. 105.
650. Ebd. 18.
651. Haarer 1941:103.
652. Ebd. 173.
653. Ebd. 272.
654. Alfons Kenkmann im Interview.
655. Richter 2020: 239.
656. Ebd. 239.
657. Scriba 2015.
658. von Miquel 2022:12.
659. BArch R 1508/925, Abgabe von DRK-Grundstücken an die NSV, allgemeiner Schriftwechsel und Präsidium, Oktober 1941–März 1945.
660. Stadt Münster o.A.
661. Bundesarbeitsgemeinschaft der Freien Wohlfahrtspflege 2023.
662. ALWL 132/1249, Dienststrafverfahren gegen Adolf Wolters im August 1938.
663. Richter 2020:239.
664. Meier 2022.
665. von Miquel 2022:13.
666. Meier 2022.
667. NSDOK o.A./2016.
668. BArch R 9346 I 26791, Zulassungskarte des Schmalfilms »Das Kindererholungsheim in Bad Münster am Stein«, Berlin, 28.10.1936.

669. BArch R 9346 I 25946, Zulassungskarte des Umlauf-Films »Kindererholung durch die N.S.V.« von Hanni Umlauf, 19.5.1936.
670. SAL T7/419, Praktikumsbericht BDM Kurheim Senne, 1939.
671. NSDOK 2015. Es handelt sich beim Nachfolger des Landesrates Adolf Wolters im Provinzialverband Westfalen um Leopold Bubenzer/ A-LWL 620/3125, Schreiben von Leopold Bubenzer an den Heimbesitzer des Müttergenesungsheims auf Langeoog 9.2.1938.
672. ALWL 620/3125, Schreiben von Leopold Bubenzer an den Heimbesitzer des Müttergenesungsheims auf Langeoog 9.2.1938.
673. Thorun 2006:21–22.
674. Ebd. 22.
675. Ebd. 22–24.
676. ALWL 620/3126, Schreiben des Landesoberverwaltungsrates Bartling an die Ausgleichstelle beim Provinzialverband Westfalen über die Zweckentfremdung des HJ-Kurheims Wicking in Langeoog durch die Luftwaffe seit 1.12.1939, 2.1.1941.
677. Mutter-Kind-Klinik Maria Meeresstern 2023.
678. LASH Abt 510 9585–9587, Schriftverkehr in Rückerstattungssache *Karl* beim Wiedergutmachungsamt bei dem Landgericht in Kiel 15 JR 68/59, 29. April 1959.
679. Wiegand 1986:14.
680. Ebd.
681. ALWL 620/3119, Abmachung zwischen Abt. Ausgleichstelle beim Provinzialverband Westfalen und dem Verein Auguste Viktoria-Kinderkurheim e.V. zur Reduktion der Meldepflicht auf halbjährliche Kurberichte vom 8. und 17.4.1942.
682. von Miquel 2022:12.
683. Brühns 2022.
684. von Miquel 2022:13–14.
685. NSDOK o.A./2016.
686. Ebd.
687. Ebd.
688. Meier 2022.
689. Struck 2015/Jarausch 2018:81.
690. von Miquel 2022:14/NSDOK o.A./2016.
691. ALWL 620/3119, Kurberichte der Ausgleichstelle im Provinzialverband an den Verein des Auguste-Viktoria-Kinderheims e.V. vom 1.4.1943 bis 6.7.1944.
692. ALWL 620/3113, Schreiben Vo. Nr. 4/23 an die Landesregierung Niedersachsen, 14.10.1947.
693. von Miquel 2022:16.

694. ALWL 620/3113, Schreiben des Bad Oeynhausener Staatsbades an die Provinzialverwaltung Westfalen vom 6. August 1949.
695. ALWL 620/3113, Schreiben der Provinzialverwaltung Westfalen an den Landrat des Kreises Unna, 6.2.1946/Schreiben eines Amtsarztes an die Ausgleichstelle für Jugendgesundheitsfürsorge der Provinzialverwaltung Westfalen, 26.2.1946.
696. ALWL 620/3127, Abschrift Abteilung Vc, 13.06.1946.
697. Wiegand 1986:15.
698. Ebd. 16.
699. Ebd.
700. Wiegand 1986:18.
701. ALWL 843/63, Tätigkeitsbericht 1955.
702. Mutter-Kind-Klinik Maria Meeresstern 2023.
703. LASH Abt 510 9585–9587, Schriftverkehr in Rückerstattungssache *Karl* beim Wiedergutmachungsamt bei dem Landgericht in Kiel 15 JR 68/59, 29. April 1959.
704. von Miquel 2022:44.
705. ALWL 843/63, Tätigkeitsbericht 1955.
706. Ebd. 18.
707. Richter 2020:247.
708. Ebd. 267.
709. Ebd. 268.
710. Bönisch/Wiegrefe 2006:174–175.
711. Godau-Schüttke 1998:235/132–149.
712. Lorenz 2021b.
713. von Bebenburg 2018/Lorenz 2021.
714. Gunkel 2021.
715. Rath 2022/Scheu 1970.
716. Gewerkschaft Erziehung und Wissenschaft 2021.
717. BArch DR 2 5637/0050, Abschrift Sozialversicherung Dresden Zeichen D.193.6.53.65 ff./Schreiben »Kindergenesungsheim Birkenhain, Kreis Prenzlau« der Sozialversicherung Dresden an das Zentralkomitee der SED, 26.6.1953.
718. BArch DR 2 5637/0046 ff., Bericht über die Dienstreise zum Kinder-Erholungsheim »Kinderglück« in Birkenhain von FDGB und SVZ an Verteiler, 29.6.1953.
719. BArch DR 2 5637/0050 ff. Abschrift Sozialversicherung Dresden Zeichen D.193.6.53.65.
720. BArch DR 2 5637, Schreiben »Kindererholungsheim ›Kinderglück‹ in Birkenhain« des Rats des Bezirkes Neubrandenburg an die Regierung der DDR Ministerium für Volksbildung, 7.8.1953/»Erziehungs-

arbeit im Kindererholungsheim in Birkenhain« des Rats des Bezirkes Neubrandenburg an die Bezirksverwaltung der Sozialversicherung Neubrandenburg vom 18.5.1953.

721. BArch DR 2 5637/0042, Abschrift »Kindererholungsheim Birkenhain« an die Räte der Bezirke Neubrandenburg und des Kreises Prenzlau, 14.7.1953.
722. BArch DR 2 5637/0041, Schreiben »Kindererholungsheim ›Kinderglück‹ in Birkenhain« des Rats des Bezirkes Neubrandenburg an die Regierung der DDR Ministerium für Volksbildung, 7.8.1953.
723. MDR 2013.
724. Ebd.
725. Claudia Schedlich im Interview.
726. John Bowlby in: Grossmann/Grossmann 2021:33.
727. Marie Hellmann im Interview.
728. SWR 2019.
729. Stand Dezember 2022.
730. SWR 2022.
731. Hase u.a. 2013.
732. EMDRIA o.A.
733. Richter 2020:275.
734. Miller 1983: Nachwort o. S.
735. Ebd. 219.
736. Pfeiffer 2012.
737. Ebd.
738. Wendt 1975.
739. Chefkoch GmbH 1998–2023.
740. ALWL 620/3246, Rundschreiben »Heimkurmaßnahmen im Rahmen einer spezialisierten Kurheilfürsorge ›Kuren für Jugendliche im Alter von 14–21 Jahren‹ des Kreisoberinspektors an den Landschaftsverband Westfalen-Lippe, 28.07.1960/ALWL 620/3471, »Schule vor der Kur. Viele Heime stehen im Winter leer.« In: *Westfalenpost* Nr. 263, 13.11.1971.
741. ALWL 620/3471, »Schule vor der Kur. Viele Heime stehen im Winter leer.«, in: *Westfalenpost* Nr. 263, 13.
742. ALWL 620/3697, Zeitungsartikel »16 Millionen DM für Erholung und Kuren. Professor Gedicke: Stärkere Differenzierung bei Heimen nötig«, in: *Westfälische Nachrichten* Nr. 276, 28.11.1970.
743. ALWL 620/3697, Abschrift WDR Interview mit Dr. Meinard (Bundesministerium) Dr. Gedicke (LWL), o.a./Informationsmappe der Tagung der Abteilung Erholungs- und Heilfürsorge und des Ärztebeirats mit Entsendeärzten, Heimärzten und Heimträgern, 24.-15.11.1970.

744. ALWL 620/3471, Schreiben an die Hauptfürsorgestelle »Durchführung von Kuren für den Personenkreis deren Kostenträger die Hauptfürsorgestelle ist«, 1.2.1977.
745. ALW 620/3471, Zeitungsartikel »Vielen Eltern ist die Schule wichtiger als die Gesundheit. Kinderkurheime ohne Gäste«, in: *Rheinische Post*, 11.11.1971 und weitere Zeitungsartikel/Schreiben »Förderung von Einrichtungen der Familien- und Jugendhilfe« des Ministers für Arbeit, Gesundheit und Soziales NRW an LWL Landesjugendamt, Nov. 1971 Eingang 3.12.1971/Schreiben »Belegung mittelständischer Beherbergungsbetriebe in Kurorten im Lande Nordrhein-Westfalen« des Ministers für Arbeit, Gesundheit und Soziales NRW an LWL Landesjugendamt, 3.3.1977.
746. Kraushaar 1988:74/Ebd.
747. Kleinschmidt/Schweig 2021:122.
748. Todtmann 2023:17.
749. ALWL 620/3697, Abschrift WDR Interview mit Dr. Meinard (Bundesministerium) Dr. Gedicke (LWL), o.a./Informationsmappe der Tagung der Abteilung Erholungs- und Heilfürsorge und des Ärztebeirats mit Entsendeärzten, Heimärzten und Heimträgern, 24.--15.11.1970.
750. ALWL 620/3697, Kinderkuren im Hinblick auf Prävention und Rehabilitation Regierungsmedizinalrat Meinert Bundesjugendministerium/»16 Millionen DM für Erholung und Kuren. Professor Dr. Gedicke: Stärkere Differenzierung bei Heimen nötig«, in: *Westfälische Nachrichten* Nr. 276, 28.11.70.
751. ALWL 620/3697, Abschrift WDR Interview mit Dr. Meinard (Bundesministerium), Dr. Gedicke (LWL), o.a.
752. ALWL 620/3269, Schreiben »Aktenzeichen 622112 von Westfälisches Institut für Jugendpsychiatrie und Heilpädagogik an Landschaftsverband Westfalen-Lippe«, 22.5.1969.
753. Kleinschmidt/Schweig 2021:147.
754. Seeklinik Norderney 2013–2023.
755. Schultze 1988:24.
756. Deutsche Rentenversicherung 2023.
757. Kinderfachklinik Bad Sassendorf.
758. Matthias Kaminski im Interview.
759. Johanniter GmbH o.A.
760. Schürer 2017a: 290–291.
761. Paul 2021:46.
762. Deutschlandfunkkultur 2018.
763. taz 2018.

764. ARD 2021/Rosenbach/Stadler 2021/2022.
765. taz 2021.
766. Tagesschau 2022/2023.
767. Andreas Stark im Interview.
768. Miller 1983: Nachwort o. A.
769. Gilhaus 2017.
770. von Miquel 2022:3.
771. Gilhaus 2021.
772. E-Mail der Pressestelle des LWL vom 12.11.2020.
773. Gilhaus 2021.
774. Gilhaus 2020.
775. Christian-Albrechts-Universität zu Kiel 2022.
776. Lena Krull im Interview.
777. Stand März 2023.
778. Andrea Weyrauch im Interview.
779. Pressemitteilung zur Konstituierung des Runden Tischs Verschickungskinder NRW am 21.03.2023 des Citizen Science Projekt Kinderverschickungen-NRW, 23.3.2023.
780. Stand März 2023.
781. Pressemitteilung zur Konstituierung des Runden Tischs Verschickungskinder NRW am 21.3.2023 des Citizen Science Projekt Kinderverschickungen-NRW, 23.3.2023.
782. Simon Lissner im Interview.

Der Verlag Kiepenheuer & Witsch hat sich zu einer nachhaltigen Buchproduktion verpflichtet. Gemeinsam mit unseren Partnern und Lieferanten setzen wir uns für eine klimaneutrale Buchproduktion ein, die den Erwerb von Klimazertifikaten zur Kompensation des CO_2-Ausstoßes einschließt. Weitere Informationen finden Sie unter www.klimaneutralerverlag.de

1. Auflage 2023

Covergestaltung: Marion Blomeyer / Lowlypaper
Covermotive: © Kunstanstalt Kettling und Krüger, Schalksmühle Westfalen; Getty Images/George Marks; Graph. Kunstverlag H. Dülberg, Soest; privat
Gesetzt aus der Freight
Satz: Buch-Werkstatt GmbH, Bad Aibling
Druck und Bindung: CPI books GmbH, Leck

ISBN 978-3-462-00288-1